经典·新阅读

读懂黑格尔的第一本书

精神现象学

[德]黑格尔◎著　段远鸿◎译

中国華僑出版社

·北京·

图书在版编目(CIP)数据

读懂黑格尔的第一本书:《精神现象学》/(德)黑格尔(Hegel, G.W.F.)著;段远鸿编译.—北京:中国华侨出版社,2012.4

ISBN 978-7-5113-2230-2

Ⅰ.①读… Ⅱ.①黑… ②段… Ⅲ.①黑格尔,G.W.F(1770~1831)—现象学 Ⅳ.①B516.35②B089

中国版本图书馆 CIP 数据核字(20 1 2)第036837 号

读懂黑格尔的第一本书:《精神现象学》

著　　者:[德]黑格尔(Hegel,G.W.F.)
编　　译:段远鸿
责任编辑:刘晓燕
经　　销:新华书店
开　　本:787毫米×1092 毫米　1/16 开　印张:17　字数:202 千字
印　　刷:河北省三河市天润建兴印务有限公司
版　　次:2012 年 7 月第 1 版
印　　次:2024 年 5 月第 4 次印刷
书　　号:ISBN 978-7-5113-2230-2
定　　价:29.80元

中国华侨出版社　北京市朝阳区西坝河东里 77 号楼底商 5 号　邮编:100028
发 行 部:(010)64443051　传　　真:(010)64439708
网　　址:www.oveaschin.com　E－mai l :oveaschin@sina.com

目录

序言

一、当代的科学任务

不少哲学著作作者习惯在序言里阐述自己的著述目的，触发著述动机的环境，以及与同问题、同时代的其他论著的关系，这样的一种声明不仅仅看起来是多余的，而且就一部哲学著作的性质来说甚至是不合时宜、不合目的的，甚至从一开始就有误导之嫌。

哲学之所以存在，在于普遍的因素中包含着特殊。我们尚未占有客观的具体事实，尚未占有这门科学的实质内容，这样一个收集起来的知识材料的堆积实在没有权利被冠名为科学，对其进行谈论的过程和结果是没有什么本质意义的。同样的，对某一哲学著作与讨论同一对象的其他论著所具有的关系进行规定，这种行为不把不同的哲学体系理解为真理的前进发展，而宁可只看不同体系中的矛盾。如此一来，就容易把真理与谬误看成是固定不变的矛盾，而不知道在其中认识相辅相成的环节。

同样，对这一类说明的要求以及为满足这些要求所作的努力，往往会被人们当成是哲学的主要任务。然而，事实上这样的行为不是在掌握事情，而是在脱离事情；这样的知识不是寄身于事情，献身于事情，而是从未离开其自身，只会使真理知识的关键所在为之模糊不清。因为事情并不穷尽于它的目的，而穷尽于它的实现，现实的整体也不仅是结果，而是结果连同其产生过程；目的本身是僵死的共相，结果则是丢开了倾向的那具死尸。

在文化的开端，或者说人类开始争取摆脱实质生活的直接性时，一直是通过获取普遍性原则和观念的知识来进行的，争取第一步达到对事情的一般思想，根据理由给予其支持或反对，按照其规定性去理解它的具体和丰富的内容，并对它作出有条理的陈述和严肃的判断。但是，这个开端工作很快就得全面让位于现实生活的严肃性，因为这种严肃性使人直接经验到事情自身，并且深入到事情更深的意义层面，那么这样的一种知识和判断就会在日常谈话中保有它们应有的位置。

只有真理存在于其中的那种真正的形态才是真理的科学体系。我在本书中所持的目的，就是要促进哲学接近于科学的形式。哲学如果达到了这个目标，就能不再叫做对知识的爱，而是真实的知识。知识必然是科学，要对这一点提供令人满意的说明，只有依靠对哲学自身的陈述。如果我们抛开个人的和个别情况的偶然性，而以一种一般的形式来理解，那么它和内在的必然性就是同一个东西，时间呈现它自己发展环节时所表现的那种形态，哲学就确实被提升到了科学体系的水平。

当我肯定真理的真实形态就是它的这种科学性的时候，我知道这看起来是与某一种观念及其一切结论互相矛盾的，因此有必要就这种矛盾作一个说明，即使这个说明只不过是与它自己所反对的那种观念是一个直接的断言而已。但是，我们绝不是用概念去把握，而是该予以感受和直观；应该用语言表达和应该得到表述的不是绝对的概念，而是对绝对的感觉和直观。对于这样的一种要求，如果我们从更一般的背景来考察它的出现，并且就自觉精神当前所处的发展水平来加以考察，我们就会发现自觉精神已经超出了它的这种直接性，而主要是再度通过哲学把它丧失了的关于存在的充实性和实体性恢复起来。由于这种要求，这里就会有一种急躁的努力和焦灼的热情在自觉精神的行动之中，那就是想使人类从其沉溺于的感性的、庸俗的、个别的事物中解救出来，盼望着能从抽象的神圣事物那里获得一点点的感受，从而由此获得新生。

而现在的当务之急，却似乎与之恰恰相反。这种接受上的轻易满足或给予上的如是吝啬，并不符合科学性质。把多种多样的生活和思想加以模糊，而去追求一种模糊不清的享受，只会找到一种借以大吹大擂、自命不凡的工具，但哲学竭力避免想成为这种有启示性的东西；这种拒斥科学而自我满足的态度，自以为居于精神正中心和最深处，藐视规定和确认，故意回避概念和必然性，只会导致精神漫延到有限世界的纷纭万象之中，而没有一种力量把多样性团聚在一起，这种空洞无物的深度比肤浅强不到哪里去。而且，当这样的精神委身于毫无节制的热情，佯言已经把自身的特性沉溺于本质之中，并佯言是在进行真正神圣的哲学思辨，那么这样的精神会给自我意识披上一层不理性的面纱，并放弃了所有的理解力，自以为是地隐瞒事实，自欺欺人。

此外，精神从来没有静止不动，而是永远在前进运动着。我们不难看出我们的时代是一个新时期的降生和过渡期。人类的精神已经跟旧事物的秩序决裂，跟旧思维方式决裂，着手进行着自我转变。只是科学的发展是从量变到质变的，这一点务必牢记于心。精神慢腾腾地、静静地向着新形态发展，开端乃是四处蔓延的、形式多种多样的，它的内容还没有从细节上详细描述和展开，因此最先呈现出来的是它的直接性和一般性，而抽象、全体、实质上的实现只有待到当所有先前的形态发展到一个新阶段，并且在新的意义中发展和形成后才能达到它的现实。由于在新的形态里，意识看不到内容的展开和特殊化的过程，更看不到将诸差别加以准确规定并安排出其固定关系的那个形式的发展形成过程。没有这种发展形成过程，科学就缺乏普遍理解的可能性，而只存在于它的概念和内在本性中。科学只有在形式上完全规定才是可知性的、可被理解的，并且是所有人能够学会和拥有的东西，科学的内在本性才会被发现。在这里，知性就是思维，是纯粹的自我，而通过知性达到理性知识乃是向科学靠近的意识的正当要求，能使非科学的人步入科学领域。

既然科学开始时在内容上还不详尽，也没有达到形式上的完美，所以免不了会受到谴责。但是如果这种谴责牵涉到科学的本质，那就很不公平了，这就如同不愿意承认科学有继续展开的必要之不合理是一样的。谴责科学不完全与反对科学继续发展显然相互对立，表现为一方炫耀其材料的丰富性和思想的可理解性，另一方则极力藐视这一切，而吹嘘直觉的理性和神圣性。或是出于真理的力量，或是慑于对方喧嚣的声势，前者现在总算归于沉寂，但考虑到那些要求是正当的，他们并未停止过上述要求，不断失望时才会表现为厌倦和冷漠的。另一方有时确实能够方便地在科学内容上作出巨大的拓展，看起来他们仿佛被置于绝对理念的包围之中，并且已成功地发展为一门开展了的科学。然而，仔细考察我们就会发现他们所谓的开展只是同一理念无具体形态的简单重复，只因为理念外在地被应用于不同材料而获得了一种外表上的差异。这种千篇一律的、抽象的普遍性是一种单调的形式主义，这种非现实的空洞形式下的普遍理念被赋予了一切价值，即一切都是一，比如 A=A，根本无力抓住和把握绝对的关键所在。这种形式主义如同人们通常所说的“所有的牛在黑夜里都是黑色的”一样，是十分幼稚空虚的知识，然而它并不会从科学中消失，直到关于绝对现实的知识变得清晰得如同它的真实本性所包含的那样。

二、从意识到科学的发展过程

在我看来，这种看法的正确性只能由体系的陈述自身来予以证明，就是说不仅把真实的东西或真理理解和表述为实体，还必须意识到，实体自身既包括共相（或普遍）或知识自身的直接性，也包含存在或作为知识之对象的那种直接性。而且，只有当活的实体是建立在自身运动上时，或者说只有它是自身转化与其自己之间的中介时,它才真正是个现实的存在,是真正的主体。实体作为主体是纯粹和简单的否定性,是单一的东西分裂为二或树立对立面的过程,而这一过程又是对这种漠不相干的区别及其对立的否定。所以,唯有这种正在重建其自身的同一性或在他物中的自身反映才是绝对的真理,那些认为只认识自在或本质就够了而可以忽略形式,以为有了绝对原则或直观就不需要使本质实现或使形式展开的观点,乃是一个大大的误解。形式对于本质就像本质对于自身一样是必需的,绝对现实绝不能只是被设想和表述为本质自身,而应当设想和表述为形式,并且具有全部丰富内容的发展形式,这样本质才被掌握和表述为现实的东西。

真理是全体。然而,全体只是通过自身的发展而达到完满的那种本质。关于绝对,我们可以说它在本质上是一个结果,是现实、主体、或自我形成,但将其本质地理解为结果又似乎是矛盾的,只要稍微思考一下就能使这个矛盾的假象得以揭示。开初、原则或绝对等最初说出来时只是共相,并未表述出它们所包含的东西,更确切地说它们只是把直觉当成直接性的东西表述出来,这里缺少一个向他物转化的中介。中介是纯粹的否定性,它是一个纯粹的抽象,是一个单纯的形成过程,它通过一个积极的自我引导的过程使自我呈现出自我同一性,使真理成为发展出来的结果,同时将结果与其形成过程之间的对立予以扬弃。因此,如果中介不被理解为绝对的积极环节而被排除于绝对真理之外,那就造成了对理性的一种误解。比如,胎儿自在地是人但并非一个自为地为人,只有具有了有教养的理性才成为自为的人。这里就需要一个单纯直接性的中介,即自为是自觉的自由,它静止于自身,并且不把对立面放在一边置若罔闻,而是与对立面取得和解。

上述所言亦可以表述为:理性是有目的的活动。我们所称之为自然的东西之所以能够被提升是以对思维能力的误解为代价的，特别是否定对外在自然中含有的目的性将一般目的性的理念置于不光彩的地位。目的是直接的、静止的、不动的，但目的又是自我运动的，这种不动而动的目的就是主体。它运动的力量，抽象地说就是自为的存在，或者说是对它的一种否定的行动，即否定它仅仅才是直接的或仅仅才是目的这个片面性。因此，人们也同样可以说展开或实现乃是对体系的根据的一种反驳，但比较正确的观点是把开端的展开视为一种表示，它表明体系的根据或原则事实上仅只是体系的开端。

真理只有作为体系才是现实的，实体在本质上即是主体，它是自满自足的，同时是自在而自为的，这就是“绝对即精神”这句话所要表达的观念。但是，精神的这种自足性基于某种我们所知道的东西，而精神必须取消和超越这种客观形式，进而得到自己的存在形式，即说它必须是自己的对象，是直接的又是扬弃过的、自身反映了的对象。经过这样的发展，精神发现自己被反思，且意识到自身即是精神，即是科学。科学是精神的现实，是精神用自己的天赋的要素为自己所建立的王国。

哲学的开端所假设或需要的意识是绝对的他在中的纯粹的自我认识，但这种因素只有在它的形成运动中才能完成。科学从这一方面出发，要求个体的自我意识去超越这种意识，以便能够与科学一起生活。而个体有绝对的自主性，也有权要求科学给它提供达到这种立足点的梯子并且给它指明这种立足点就在它自身。相反，如果意识保持在自身之中并从不走出自身，以其自己的确定性为现实性原则，那么科学就产生了非现实的特征，完全地失去了精神——它仅仅是作为某种自在的或潜在的精神的内容；它作为目的，在开始时只不过是某种内在的东西；它还不是精神，而只是精神的实体。这意味着科学自在的环节不得不寻找外在的表现，把自己说明为客观的东西，并且努力使自我意识与自己合而为一，除此之外没有别的余地。

在这部《精神现象学》里我所要描述的，就是这个一般科学或知识的形成过程。直接的精神，是没有精神的东西，是感性的意识。为了达到成为真正知识的目的，或者说为了产生科学的要素，产生科学的纯粹概念，必须经历一个漫长而艰辛的旅程。毕竟引导个人的精神从他的非科学的立场来到科学的立场，思考普遍的个人的和自我意识精神形式的发展不是一件轻而易举的事情，更不能期望有捷径可走。

科学置于我们面前的正是这一文化的生成过程及其发展的所有详尽的丰富性和必要性，也展示文化是某种已经沉淀到精神存在中的环节并成为精神的财产。科学所要达到的目标在于使精神洞悉知识究竟是什么，在这个过程中我们必须在每一个阶段停留，因为每一个阶段自身就是一个完整的个体形式，只有当它被当作全面而具体的整体来加以考察时，或者说当全体是在它的每一个独特性之下加以考察时，整个发展阶段才算是得到了充分的和最终的考察。

对于这种行为的方式我们必须加以更精确的说明，即这个过程发生后我们需要对此加以更高级的改造，将具体存在转化为一种理想的表述形式，并超越我们精神所熟悉的那些形式。那种对具体存在本身进行处理的活动仅仅是特定精神的过程，即假定某种东西是已经熟知的了，依此作为固定的出发点又构成固定的归宿点，无论怎么理解和证明只是类似地用来检验这些说法，跳不出固定而僵死的规定性，只是在它的表面上运动而已，因而是没有理解自身精神的表现。反过来讲，真正的知识则是把矛头指向这样构成的表象、指向这种熟知的东西，它是普遍精神的活动和思维的兴趣。

对于一个理念的分析就像这个理念被得出来时一样，不外乎是扬弃它的熟悉形式，扬弃抽象的直接性。当它脱离了自身的周围环境而与某种别的东西相联结着，且实际上只有与别的东西联结在一起时，本身才是一个真正的实体，才是某种自我运动、自我活动的东西，才应当得到一个完全属于自己的具体存在，或者说成了身外别无中介而以自身为中介的那种直接性，最终得到它自给自足的自由和独立，这就是否定性所预示的巨大力量，这就是思想的力量，是纯粹自我的力量。事实上，我们现在急切需要解决的任务就在于通过扬弃那些僵化的和确定性的思想，使纯粹的思想变成概念，而纯粹思想这才真正是纯粹思想、自身运动，这才是它们的实体，这才是精神本质性。

三、哲学的认识

精神的直接的实际存在作为意识具有两个方面：认识和与认识处于否定关系中的客观性。精神诸环节都具有意识的上述两方面的对立，它们都显现为意识的形象。叙述这条发展道路的科学就是关于意识的经验的科学，实体和实体的运动都是作为意识的经验对象而被考察的。精神之所以成为对象，因为精神就是这种自己变成他物、或变成它自己的对象和扬弃这个他物的运动。而经验恰恰也是这种运动，无论它是属于感性的形式还是单纯的思想，先将自己异化，然后从这种异化中返回自身，这样原来未经验过的要素展现出它的现实性和真实性，而且变成了意识拥有的财富。

在意识里发生于自我与作为自我对象的实体之间的不统一性，就是它们内在的区别所在，即一般的否定性。我们可以把这种否定性因素视为这两个对立双方的共同缺陷，但它实在是两者的特有灵魂，是它们运动着的精神。它们在这种否定性的推动下，将自己发展成为一个有机联系的整体的过程，这就形成了逻辑或思辨哲学。

现在，由于对精神经验体系仅只包含了精神现象，因而这个体系看起来似乎对具有真理形式的最终真理科学是一种否定的东西，因而人们也许会不愿意去和虚假、否定的东西打交道，而要求直截了当地走向真理。但是，我们不能不管不问这些看似虚假、否定的东西，这个观点前面曾经提及——这些看似虚假、否定的东西特别阻碍通往真理之路，而且有些真理可能暂时是以否定性形式存在的。

真理和虚妄一般被理解为属于那些严格确定的观念，这些观念声称各自具有坚定不移的本性，各据一方，完全孤立，没有任何共同之处。但必须指出的是，真理不是一枚铸成了的硬币，可以现成地拿过来就用；虚妄也不像魔鬼那样是一种现成的罪恶，它只是实体的否定方面，而实体作为知识的内容还直接呈现于真理本身之中；更何况，我们很可能会做出错误的认识，某种东西被认错了。而某种东西是错误的意味着知识是不充分的，不能等同于它的实体，当知识与实体达到同一性时即是真理。同样，我们也不能因此说虚妄是真理的一个环节或甚至于是一个组成部分。在“任何虚妄都包含着某些真实的东西”这句话里，真理和虚妄是被当成水和油来看待的，它们只是外在地结合在一起而不能在对方被扬弃的地方使用。如同“主体与客体”“无限与有限”“存在与思维”等等这样的表述，当主体和客体被用来意谓是统一体时是不恰当的，并且它们也因此在统一体中不再意谓着原本所表达的意义了，真理和虚妄也是同理。

教条主义作为一种思考方式，无论是在常识中还是在哲学研究中，真理是绝对的真理，是固定不变的，是最终的结果，抑或是直接现成的知识。像这样的一些问题：“恺撒生于何时?”“一弗隆包括多少英尺?”等等，自然应当给予一个直截了当的答案，但这样的所谓真理其性质与哲学真理的性质是全然不同的。与之相关的观念，特别阻碍通往真理的道路，因此我将讨论一下数学知识，数学知识通常被非哲学知识视为哲学所应该争取而一直徒劳地没能达到的理想。

谈到数学的真理，尽管有些定理已经被证明是本质的东西，但数学知识所需要的考察迄今是在事实以外进行的，在证明过程中它采取了确定的特殊要素和关系而放弃了其他，仍然还没有取得成为结果本身一个环节的那种意义和性质，其目的之贫乏和材料之缺乏的否定性应当被称为虚妄。比如，遵守一些规定画出线条，我们除了天真地相信作图会为得出证明的目的服务之外，什么也不知道。证明过程中必然性并不是显而易见的，而是被一个外在目的控制着；数学的目的或原则是数量，而数量正好是非本质的、与概念性背道而驰的关系，并不涉及具体事实本身，并不触及其内在本性或概念，因而不是一种概念性的把握。在那样一种空虚的、无生命的要素里，我们发现的只是非现实的真理，固定的、僵死的命题。例如，数学并不考察线与面的关系，但当数学里比较圆的直径与周长时，它就违反了一种依据于概念的关系，一种脱离了数学规定性的无限的因素；内在的或所谓纯粹的数学，也并不是把时间作为与空间对立起来的时间，并不把它自己当成考察的第二题材，因而它只是实际存在着的概念自身，只是处于一种被限制的、瘫痪了的形式之中，得到的是一种不相干的、外在的无生命的内容；应用数学固然能研究时间，也研究运动和其他具体事物，但是它只是从经验中接纳一些综合命题，且只是在那些作为假设前提的命题上运用固定的公式，很显然这是在给予虚假的证明以价值，得到的依然是一种不相干的、外在的、无生命的内容。

与之相反，哲学并不考察非本质的规定，而只考察作为本质因素的规定性；它的要素和内容不是抽象的、非现实的东西，而是现实的东西，自身建立自身的东西，在自我中生活着的东西，在其概念中存在着的东西；哲学的要素是那种产生自身的环节并经历这些环节的运动过程，这个运动过程构成了肯定的内容和真理，也包含了否定的因素，即被称为虚假的要素。同样，哲学不会把真实的东西或真理视为在一边静止不动的、僵死的东西，而是将其视为自在的存在，生命的运动。有关这种运功或有关科学的方法有许多主要之点，这个方法的概念已经在前面论述中涉及了，不是别的，而是整体的结构在其纯粹和本质的形式中的展现。谈到这一点，我们必须理智地看到，就连与哲学方法的问题有关的观念体系也属于精神文化的一个已经成为过去的阶段。这样说可能看起来有点自夸自负或者富于革命性的气息，但明白这一点是有意义的。

正如前面提及的那样，精神在多种多样的知识中，在丰富的经验中，在感性的具体事物中，也在思想、原则中，或者说在一切现成的东西或一个坚固而稳定的实体中发现它的内容。精神有时候会跟随着它的内容前进不已，有时却以一种任意妄为的方式打断内容间的联系，并俨然以内容的一个外在决定者和处理者自居。排斥日常中的推理过程和科学里学究式的严格推理，那就是藐视上述的科学性，藐视一切科学性。

现在来谈一谈康德哲学体系中的三一体。三一体是由本能的洞察力所重新发现的方法，但是死的，没有概念的东西。在康德那里，它被提升为具有绝对意义的程度，因此真正的形式也就在真正的内容中建立起来了，而科学的概念也就此呈现。但是，这种形式主义认为只要它把图示的某一个规定当作某一个形态的宾语表述出来，就算是已经对真理形态的性质和生命作了概括的把握和陈述。按照这种取自图式而从外面粘贴到现实存在上去的规定性，我们眼见这种形式被降低为成为无生命的图式，成为一种真正的幻象，同时科学的有机组织也就被降低为图表了。这样被表述出来的，就不是内在生命及其实际存在的自身运动，而是像任何形式主义一样是僵死的无生命的知性表述，我们所看到的仅仅是一个干枯的、没有血肉的骨架。

科学，只有通过内在活动及其实际的自我运动才能成为一个有机体系，即一方面它使自己成为他物，即它成为自己的内在内容的过程；另一方面它又把这个展开出去的他物或它自己收回于其自身。在前一种展开运动中,否定性使得实际存在有了区别并建立起来;在后一种返回自身的运动中,否定性是形成被规定了的简单性的功能。这样,内容所显示的特有特征不是从某种外物那里接受过来而外在地粘贴上去的,而是内容给自己建立起规定性来,自己把自己安排为环节,安排到全体的一个位置上。

以上所述,就是问题的核心之所在,真正科学的知识要求忘我地进入认识对象的生命,把自己降低为实际存在的一个方面,综观自身全部内容的整体,深入到物质内容中去,且随着物质运动而前进,从而返回于自身,转化为它自己的更高的真理。就像我们前面已说过的原则那样,实体本身即是主体,一切内容都是它自己对自己的反思。这样一来,实体存在从本质上说就是思想了。在这里,我们发现了其中所包含的原则,即存在就是思维,这就透露出一种与通常关于思维与存在的同一的那种无概念的说法,即这种思维活动不是把内容当成某种异己的、外在的活动,也不是从内容出发而返回自身的反思。科学不是这样一种唯心主义,它既是深入于内容又是返回自身的,是一种瓦解或消融自身的行动,从而把自己变为全体的环节的行动。

如前所述,我们已经从实体的自我意识角度论述了知性的意义,这里将从实体作为存在的角度来论述,以使我们更清楚地看出知性的意义。实存是质,是自我同一的规定性,或者说是规定了的单一性,这就指出了知性是一种朴素的、单纯的思想,表现为稳定的、固定不变的和持续存在的,它的他物就在它自身之内以及它的运动是自身运动,也就是说它包含着瓦解或消融自身的过程。如此说来,知性在本质上就是一个形成过程,也就是合理性。

实存是自己的观念和唯一存在的性质,构成了逻辑必然性。只有逻辑的必然性才是合理的东西,才是有机整体的节奏,它是内容的知识,正如内容就是概念和本质性一样。科学方法的这种性质,部分地在于方法与内容不分离，部分地在于方法以自己的中介来规定其运动的节奏，这种性质就像我们前面提及的那样，只有在思辨哲学中才能找到它真正的表述。也正因为如此，如果有人从反面向我们证明一个真理原来不是如此这般，这个过程相反是如何如何以及说一些相反的断言，它的真理性也同样是不会被驳倒的。——这种态度乃是科学当初在遇到不熟悉的东西时所惯常采取的第一种反应，这是为了借以挽救科学自由，并在外来权威面前挽救自己的权威，也是为了避免接受或学习之所形成的耻辱。同样的，这种反应也表现在对某种不知道的东西的欢呼喝彩与热烈接受里，例如对那种曾经是极端革命的言论和行动的东西的接受。

四、哲学研究中的要求

因此，科学研究者要能够忍受概念反思的艰难跋涉，忍受在观念形式中费力的思维。为此，我们需要专注于基本的、纯粹的和自我规定之类的活动，比如自在的存在、自为的存在、自我同一性等等，而且必须放弃打断概念思维运动的固有的节奏，也必须避免引入从别处得来的意见和反思，即要注意和了解观念真实性的本质条件。这时，我们需要一种叫形式推理的思维，它避免打乱概念的内在节奏，不以任意武断和别处来的智慧进行干涉，本身就是概念的一个本质环节。

概括来讲，形式推理的程序有两个方面，即形式思维和概念思维。这两个方面相互对立，还需要进一步的关注。形式思维的推理对于认识的内容采取否定态度，善于驳斥和消灭内容，但又不能超越自己而达到一种新内容，而是从别的地方抓住别的东西以便重新得到一个内容，这就意味着不但其内容是空虚的，而且本身也是昏庸的。与此相反，概念思维推理就像前面指出的那样，否定方面本身就是内容的一部分，它规定着特殊的否定，而且自身即是内容要返回的那个自身，从而它也是一个肯定的内容。

但如果我们考虑到，这样的推理思维，不论以表象为内容，或以思想为内容或以两者的混合物为内容，总有另一个方面使得它难以进行概念的理解，因为它表述着理念，而理念是作为思维理解的过程而出现的。因此，形式推理主体充实着自己的内容，它不再超越内容，并且不再有别的宾词或偶然性。这样一来，内容不再是主体的宾语，它就是实体，就是所谈东西的本质和概念。在这里，概念思维的进行就受到了阻碍，甚至是遭到了反击。因为它从主体出发，仿佛主体始终可以作为基础，可是当宾语即是实体时，主体转化为宾语已被扬弃，如此思维就不能再自在地存在，而不得不与内容自身同在，被束缚和控制。

上述所说可以更正式地表述为：一般判断或命题涉及主词和宾词的区别，并且容易被思辨的判断所破坏，变成包含着对上述主语与宾语关系的反击，如此一般命题的形式和概念统一性之间则会发生冲突，犹如音节和重音之间在韵律中所产生的那种冲突。哲学命题的形式乃是特殊意义的体现，宾语本身被表述为实体，而主体直接也就在宾语中存在乃至消失在宾语中，如此主语和宾语实现和谐统一，这就是在其中听不到重音了的统一。

人们常常抱怨，即使一个人具备了理解哲学著作的必要文化条件，仍然感到哲学著作难以理解，必须经过反复的研读才能理解。产生这种抱怨的原因在于，上述那种对于思想很不习惯的抑制。哲学命题作为命题，很容易令人想到有关主词和宾词之通常关系的见解，但这种见解很有可能是把思辨和推理这两种思维方式混淆在了一起，没有意识到主词所表述的，有时候意味着它的概念，而有时候仅仅意味着它的宾词或偶然性，因而将思辨和推理两种方式予以混淆，结果就走入了困境。——思辨和推理的方式是互相干扰的，唯有上面谈到的那种哲学表述方式才会有伸缩性，从而能够严格地排除一个命题两个部分之间的那种通常关系。

事实上，非思辨的思维方式也有其权利，只是这种权利是有条件的，即命题的形式绝不能仅以直接的方式予以扬弃，也就是说不能仅仅是通过命题的内容。相反，我们必须给命题这个自身的、内在的、扬弃的辩证运动过程予以清楚的表述，只有这个过程才是现实的思辨的东西，也只有对其进行清晰的表述才算是思辨系统的显现。关于这一点，需要提及的是：辩证的运动同样包含着由命题组成的部分或要素。如果没有提及什么是辩证运动，没有任何内容处在联系之中，并且仿佛它只因为是这个主题的一个宾语就具有意义，那么这种命题就是一个无任何概念性的空洞的形式而已。这样看来，占有哲学是知识和研究的开始，恰恰又似乎是哲学终止的地方。从这方面来考虑，特别需要重新把哲学当成是一种严肃的事业，将其变成是有概念性的具体的形式。事实上，哲学也只有参与到其内容的产生，过程中保持辩证的形式，并且避免掺杂一切没有被概念化理解和不是概念的东西进入到思辨真理的本性时，才有精神意义在其中，才真正配得上真理这个名称。

至于在真正的哲学方面，我们会进一步发现这些需要经其他知识或严格的哲学反思的训练，而不能把自己的思想专注于一个抽象的命题，不能把这样的命题联结而加以陈述，更不能自以为它太过优越而不必进行概念思维，甚至将之说成是天才或灵感的作风，诸如此类的事实是很令人不快的。这种天才作风曾经在诗歌里风行一时，就像它现在在哲学里盛行一时一样。然而，这种哲学思维给市场带来的货色，可以说是由思维搅乱了的想象力所作的任意拼凑——一些非鱼非肉，既非诗又非哲学的虚构创作。

不过，当直觉的哲学沿着健康常识所指引的更安全的路线行驶，被指责所提供的词汇只是一些无关紧要的东西时，那么它会反过来使我们确信，在它内心里确实体会到意义和内容，而且相信别人也是这样。但是，我们的问题关键恰好在于，最好的东西必定不能继续隐藏在秘密的背后，而应当把它从深处取出并置于光天化日之下，而不是简单地阐述那种所谓根本的和最终的真理。否则，一切仅仅是诡辩，诡辩乃是简单常识反对训练有素的理性的口号，就像"想入非非"这个短语，那些不懂哲学的人用它一劳永逸地概括了哲学。

如果有人想知道一条通往科学的康庄大道，那么最简便的捷径莫过于这样一条道路了——依赖常识，并且为了跟着哲学与时俱进，阅读哲学著作的评论，甚至于阅读哲学著作本身的前言和最初的章节。真正的思想和科学的洞见只有通过概念的劳动才能赢得，在那里是深刻的灵感和创见以及严谨思想的火花，思想和科学成功地达到了它们自己固有的天赋的形式的普遍性，而且已经发展到本来形式的真理，成为了一切自觉的理性的财产。

由于我认定科学赖以存在的东西是概念的自身运动，又由于我注意到现时流行的关于真理的性质和形态的观点与我的看法很有出入，甚至是完全相反。如此看来，我拓展科学体系的尝试，是不会令人乐于接受的。但同时我又想到我的企图，即证明科学是一个概念的过程这一声明是正当的，是纯粹概念的活动，是科学性的，并且我将以其特有的方法来系统地发展和陈述这一科学。事实上，当代哲学里优秀的东西在最初阶段也不乏他人的不同看法，它之所以能够最终被人承认和普遍接受，完全由于科学性。在此，我们应该确信真理的本性，即它会在时机成熟时开辟其通往认识之路，而且它只有在时机到来时才会显现出来，永远不会出现太早，也永远不会没有一个成熟的公众来接受它。而且，我们还有必要区分公众和那些自以为是公众的代表者和代言人。当一本哲学著作与自己意见不相投合时，公众宁愿归咎于自己，而这些所谓的"代表们"则恰恰相反，他们深信自己的评判能力，习惯把所有过失推诿于作者。与此同时，我们必须把比较缓慢和渐进的效用区分开来，哲学著作的这种效用，会纠正由于动人的言辞、轻蔑的责难而强行改变的注意力的方向，并且使一部分著作在一个相当时间后仍然享有一大批广大读者，而另一部分则流行一时后再也不能找到后继读者。

此外，在我们所生活的时代精神生活的普遍性已经如此地被突出和强调，精神的全部工作落在任何一个特定个人活动范围的那一部分，只能是微不足道的。鉴于这种情况，作者个人必须如科学性质所表明的那样，尽可能地忘记自我，成为他能够成为的人，做他能够做到的事。但是，正如个人对自己不作奢望，为自己要求不多一样，人们对于作者个人也必须避免要求过多。

导论

在研究哲学绝对真理的具体知识前，我们有必要首先对知识自身有一个了解，因为知识被看成是借以掌握绝对的那个工具，或者说是人们赖以观察绝对的那个手段。这样一种想法或理解有其一定的合理性，但是寄希望于通过知识的手段为意识获得自在存在着的东西，这一想法是自相矛盾、荒谬可笑的，因为知识和绝对之间存在着一条区别两者的界限。不难理解，如果知识是我们借以掌握绝对本体的工具，那么当工具作用于被作用物时我们会看到这个事物不再保持其原来的样子，而是发生形象上的改变。又或，如果知识不是我们活动所用的工具，而是真理之光赖以照亮我们的消极媒介，那么我们所接收到的事物也并非它自在存在着的样子，而是它在媒介中传递过来的样子。在这两种情况下，我们所使用的手段会立即带来其本来目的之反面，或者不如说我们使用任何手段来达成目的根本就是于理不合的事情。

这样看来，我们确实有必要提高对知识这一工具的认识，把我们通过工具而获得的有关绝对的理念里属于工具的那一部分从结果中移除出去，从而得到关于绝对的纯粹真理。但是事实上，这样一种改进将把我们带回到原来所在的地方去。因为，我们用工具将绝对加以改造，然后又把工具所作的改变从这个改变了的绝对里消除掉，那么绝对就会恰恰像它从前的样子那样，而此前种种麻烦事就是画蛇添足，多此一举。又或，如果绝对只是通过这个中介整个地被吸引得靠近了我们一些，而没有受到工具的任何改变，也没有通过任何的辛勤忙碌和费心费神，那么知识就成为一种诡计，因为绝对就其本性而言不会从一开始就直接来到我们身边。又或者，如果我们用一个媒介来表示对知识的检验，获得关于它的折射定律，这时我们把折射即认识本身从结果中清除，那么指点我们的岂不是纯粹的方向和空虚的地方？

但是，我们无须将害怕犯错误的不信任因素引入科学，因为这种顾虑假定某些东西——确切地说是大量的东西——本身倒是应当事先进行审查的，以便看出它是否是真理。它把知识视为一种工具和媒介物的观念开始，并且假定我们与这种知识之间有一种区别，绝对站在一边而认识站在另外一边，认识是滋味的与绝对不相关联的。换句话来说，这样的一种假定，在自称害怕错误的同时，却又不禁使人觉得毋宁说是害怕真理。我们之所以得出这个结论，乃是因为只有绝对是真的，或者说只有真理是绝对的。不同意这个结论的人，当然可以置之不理地作出关于知识无用的观念和表述，或者是我们赖以窥见真理的媒介无用等等，但是这种言论只是那些没有能力从事科学的人从假定的一些关系中所找到的借口，装出一副严肃认真和热忱满怀的样子，借此来逃避科学研究的辛勤劳动。

因此，我们完全不必费心理会这种逃避的托词，也用不着费神地为这一切寻求答复，而应当把它们当成是偶然的和任意的观念予以直接抛弃，甚至于将它所使用的如“绝对”、“知识”以及“客观”和“主观”这些字眼，还有其他无数被假定其意义已经众所周知的字眼，看成是一种欺骗。要知道，这些观点和言论构成的是有关知识的纯粹空虚的表象，当科学出现时它们就会立即消失。

不过出现过程中的科学本身还只是一个现象，还不是真正的、实现了和发展了的科学本身。这样看来，我们把科学想象为一种现象，或是将另外一种不真实的知识称为科学的现象没有什么区别。然而，科学毕竟必须抛弃或驳斥一种不是真理的知识，为此它需要转过身来面对这种现象，而不能简单地拒斥其根本就一文不值，也不能断言它在不真的知识中存在某种真正的和真实的本性。由于这个缘故，我们在这里将对正在显现为现象的知识加以陈述。由于这个陈述现在只以现象的知识作为对象，不是那种自由的、以自己合理的形态自我运动的科学，而是向真正的知识披荆斩棘的自然的科学。或者说，是灵魂通过自身完全或充分的经验认识到自己的自在。

在此期间，由于自然意识直接把自己看成是真正的和真实的知识，并且决心亲自审查一切而只遵从于自己的信念，这条道路也就具有了一种否定的意义，即对于那种现象知识的非真理性的一种自觉的洞悉。因此，这条路可能看作是一条怀疑之路。只有对显现为现象的意识的全部领域都加以怀疑，不寄希望于自然的观念、思想和意见，精神才能善于识别真理，但由于它本身仍然充满着和纠缠着那些自然的观念、思想和意见，事实上依然无力完成它想做的事情。

非实在意识的各种形态的完成，将恰好通过它们之间有序前进的必然性和相互联结的必然性而得以实现。为了使这一点明白易懂，我们可以暂且一般性地指出：把不真实的意识就其为不真实的东西加以陈述，这并不纯然是一种否定的运动，相反当结果被按照它真实的情况那样理解为特定的否定时。新的形式就立即出现了，而否定性就变成了过渡。有了这种过渡，那穿越意识形态整个系列的形式的发展进程就自动地出现了。

目标，对于知识来说也是必须确定的。目标是知识不需要再超越它自身直接的实际存在，就是概念符合于对象、对象也符合于概念的地方，并且朝向这个目标的进程是永不停息的、一往无前的。意识就其本身而言乃是它自己的概念，它直接地是对自身进行超越。有了个别的存在，意识里就建立起了“彼岸”，即使这个彼岸只是并存于界限的旁边，如同在空间直观里那样。因此，意识承受着从自身释放的这种暴力，同时也破坏着自己有限的满足。当意识感受到这种暴力时，恐惧的意识很可能因害怕真理而退缩回来，一方面竭力保护它那陷于消灭危险中的东西，一方面则是藐视任何一种外在的真理，陶醉于自己的知性中——这种虚浮只追求自为的存在，乃是一种逃避普遍、自欺欺人的满足。

关于进程的方式和必然性，我们就暂时地、一般地谈到这里，现在再来谈谈关于系统陈述的方法，可能会有些用处。这种陈述既然被看作是联结科学和现象知识的一个过程，是对认识的实在的一种考察和审查，必须以某种被承认的本质或自在物做尺度。但在这里科学才刚刚出现，无论是科学自身，或者是其他任何的标准都还不能够证明它自身即是本质或自在的东西，如此审查显然也就不可能进行。

这是一个矛盾。如果我们注意一下在意识里知识的抽象规定和真理中的抽象规定是什么，那么这个矛盾的消除将变得明确。因为，意识把自己与某种东西区分开来，而同时又与它自身联系在一起。或者用流行点的话来讲，有着某种为意识的东西；而这种联系过程的特定形式或某种东西为一个意识的存在，就是知识。我们把自在的存在与这种为一个为他物的存在相区别开，这个本质的存在或自在的存在就是真理。至于这些规定里到底包含什么，在这里与我们毫不相干。

现在，我们来研究知识的自在存在。在这种研究里，知识是我们而对象，是我们的存在。这样一来，知识的本质性或自在就为我们而存在了，是为另一个意识的意识。因为前面说过这种意识不超出意识自身，因此考察内容就成了意识与它自身的一种比较，被意识宣布为它自身以内的自在或真理的那种东西，就是我们所用的尺度，用以衡量它的知识。在整个考察研究过程中，我们必须牢牢记住：概念和对象，为它的存在与自在的存在，是自己在考察自己，我们无须携带自己的尺度，只需要按照事物自在的和自为的样子考察它就可以了，我们还能做的就只有单纯的袖手旁观了。

这种方式诚然不错，但对于意识来讲，意识一方面作为对象的意识，另一方面是关于自身的意识，也就是说意识对于它而言是真理的那种东西的意识，又是关于它对那种真理的知识的意识，因而也就不能根据对象来考察它的知识，而是要根据这个现实存在的区别进行比较考察。在这个比较中如果双方不相符合，那么意识就必须改变它的知识，以便使之符合于现象，此时对象自身就保持不下去了，也会相应地发生改变。换句话说，当尺度所考察的内容发生变化时，考察所使用的尺度自身也就改变了；而考察不仅仅是对知识的一种考察，也是对尺度的一种考察。

意识对于它自身——既是对它的知识又是对它的对象所执行的这个辩证的运动，就其为意识产生出新的真实对象这一点而言，恰好就是被称为经验的那种东西。在这里，我们应该更加确切地指出刚才谈到的那个运动中的一个环节，以便我们能够更好地理解下面陈述的科学方面。意识知道某种东西，这种东西、这个对象是本质或自在，但也是意识的自在，因此这种真理就出现了双重意义了。如同我们所见，意识具有两个对象：一个是这个自在，另一种是这个自在的为意识的存在。后者看起来好像仅仅是意识对于自身的反思，但正如我们前面所说，第一种对象在运动中改变了自己，它不再是自在的东西，而是变成了某种自觉的、为意识自在的东西。这样一来，这个为意识的真实自在即真理，即是本质的现实，也就是说它包含着对第一种对象的否定，是关于第一种对象的经验。

在这个对经验过程的陈述中，有一个要素使得这里所说的经验与通常所理解的似乎不大一致。在这里，意识所经历的经验系列将变成一个科学的发展历程，即新对象的产生是由意识本身转化而成的，是一种新的、不同于以前的本质的意识形态。因此，意识的运动过程里就出现一个环节，即自在的存在或为我们的存在，这种存在是为我们研究意识的人所认识的，但意识本身不知道它的出现，因为意识正在忙于抓住经验自身。然而，这种为我们出现的存在，内容却是为意识的，所以就意识而言，这种新出现的东西只是一种对象，而就我们而言，它又是一种形成运动。

由于这种必然性，这条到达科学的道路本身就已经是科学了，并且就内容而言，可以进一步地将其归结为关于意识的经验的科学。

意识对于自身的经验，按其本质而言，是能够包括整个意识系统的，并且真理的各个环节在这个独特的规定性下被陈述成整体的不同环节、意识的各个形态。在趋向于其真实存在的过程中，意识会在某个地点总跟它存在的和作为一个他物存在的东西区分开来，进而使意识的陈述恰恰等于真正的精神科学，最后当意识把握住它自己的这个本质时它自身即是绝对知识的本性。

第一章　感性确定性；这一个和意谓

这里所谓的知识，就是直接地或者本来就存在着的知识，它最初或直接就是我们的对象的知识。我们对待它，同样要以直接的方式接纳它而不加以改变，不受任何成见的摆布和概念的束缚。感性确定性的这种具体内容，使对象彻底地、完整地呈现出来了，好像是最真实的知识。然而，这种确定性所提供的可以说是最抽象、最贫乏的真理。因为它对于它所知道的只说出了这么多：它存在着；而它的真理性就在于存在。从另一方面来说，在这种确定性里，意识不是别的什么东西，只是一个纯粹的自我，不论是作为认识的主体即我还是认识的对象都仅仅是作为纯粹的“这一个”。

但是，如果我们仔细看一下，就可以发现这种现实的感性确定性不仅仅是这种纯粹的直接性，而是这种直接性的一个例子。这种差别表现在纯粹的两个分裂：作为自我的这一个和作为对象的这一个。对这一差别加以反思，便会发现：我之所以具有确定性是通过对象来获得的，反之对象也是通过我而获得其确定性的。这种本质与例子、直接性与间接性的差别正是我们从感性确定性自身中所发现的，因此必须按照承认这种差别。其中，感性确定性所设定的一方是简单、直接的存在或本质，即对象；另一方是通过他物才具有确定性的非本质的东西，即自我。自我是一种认识状态，它之所以知道对象，仅仅是因为对象存在着。这种自我则是可能存在也可能不存在的，但对象却是真实的本质。对象本身的存在与否和认识毫无关系，但没有对象就不会有知识。

因此，我们必须把对象当成感性确定性所包含的对象来加以考察：对象究竟是否真的像感性确定性所表现出来的那样具有现实的本质性，对象作为本质的概念或意谓究竟又是否与其在感性确定性中所表现出来的方式相符。为此，感性确定性本身应该被质疑：究竟什么是“这一个”？“这一个”具有双重的存在形式，即“这时”和“这里”，它所包含的辩证法具有一种和“这一个”本身一样的可以理解的形式。比如，对于“什么是这时”的问题，我们就可以回答：这时是夜晚。为了证明这个感性确定性的真理性，我们将这条真理写下来，但等到了正午时再去看它就已经过时了。

把“这时是夜晚”写下来并保存，也就是说，它写出来怎样就把它当成怎样，但结果它却被证明是某种并不存在的东西。毫无疑问，“这时”仍然保持着本身，只不过成了一个不是夜晚的这时。也就是说，被保存下来的“这时”是某种否定的、间接的东西。这时既不是白天也不是黑夜，虽然它还和以前一样保持本身不变，但已经与任何仍然与它联系在一起的东西毫无关系了。这样一种通过否定作用而存在的实在既不是“这一个”，也不是“那一个”，又与任何一个毫无差别，这样一种东西就被称为普遍性。因而，普遍性实际上就是感性确定性的真理性，是感性确定性的真实内容。

当我们考察“这一个”的另一种形式“这里”时，情形也是一样的。例如，“这里是这一棵树”。当我转过身时，这个真理就消失了，并转化到它的对立面：这里不是一棵树。“这里”本身并没有消失，它会继续保存，只是与树已经毫无关系了。因此,“这一个”又一次成了普遍性。

普遍性既然是事物的真理，那么纯粹存在就依然是感性确定性的本质。但由于纯粹是以否定性和间接性为本质的,那么它就是一种抽象型的存在,就是存在的普遍性。而我们所试图意谓的、具备感性确定性的真理的并不是一种普遍的东西,它就与这种空洞的、不相干的“这时”和“这里”相对立。这样一来，本来声称是本质的现实成了感性确定性的非本质要素,感性确定性的真理性存在成为我的对象的对象,即它存在,因为我知道它存在。这样,感性的确定性就从对象中被迫返回到自身了。关于感性确定性的这种真实性,我们需要看看经验将会向我们揭示什么。

返回到自身后,感性确定性的真理的力量现在就位于自我之内了,就在我所直接看到的、听到的等等直接的事实之内了。“这时是白天”,“这里是一棵树”,因为我看到了它们。然而,这一个我,看见了这一棵树,并坚持这一棵树就存在于“这里”;另一个我,没有看到树并坚持认为这里不是一棵树。这两个真理同样可靠,但是一种确定性却消失在另一种确定性之中了。在这个认识过程中,没有消失的是那个作为共相的“我”,而它所看到只是通过否定作用为中介的简单物,这样一来,简单物都是一样的简单,与所有与它发生关联的东西毫无关系。在这里,自我只是单纯的共相,就像“这时”、“这里”或一般的“这一个”是共相一样。同样,当我说“我”,这一个个别的我时我是所有的我,每一个“我”所说的我都是我,是这一个个别的我。那么,当科学要求“演绎出”“建构出”“先验出”这一个东西或这一个特定的人时，那么提出这个要求的人就有必要说出他所意谓的是哪一个东西或者是哪一个我,可要说出这点却是不可能的。

因此,感性确定性来源于经验,它的自然本质既不存在于对象也不存于自我之中，它特有的直接性既不是对象的直接性也不是自我的直接性。因为我所意谓的都是某种非本质的东西。对象和我都只是共相，在共相里自我所意谓的这时、这里和自我都无法保持或者说根本不存在。这样一来，就只有感性确定性本身在那里保持着直接性，其结果是，先前在那里占有一席之地的对立面都将感性确定性排除在自身外了。因而，我们必须让我们自己同样站在那个特定的"自我"、"这一个"的位置上，因为它才是知道确定性的认识主体，于是我们看到那指出给我们看的直接知识是怎样的性质。

"这时"一旦被指出来，就已经被定格了，而正存在着的"这时"已不是我们所指出来的"这时"了，也就是说，一种东西，正当它存在时其实它已经过时，不复存在了。这就是它的真理性，毫无疑义，这是真的，因为它曾经确实存在着。但是，凡是曾经存在过的东西，事实上都不真实了，已经不存在了，而我们的问题就在于找寻存在。

因此，在这种指出的过程里，我们可以看到如下一个过程：第一，我指出"这时"，并肯定它是真理。然而我们指出"这时"是把它当成某种曾经的存在或被扬弃了的东西，这样我们就扬弃了第一条真理。于是第二，"这时"已成为过去、被扬弃掉了，我现在肯定第二条真理。第三，过去存在的东西现在不存在了，于是我们扬弃了或否定了过去的存在，即扬弃了第二条真理。因而，我否定了对于"这时"的否定又回到了第一个：即"这时存在"，"这时"和被指出来的"这时"构成了既不是这一个也不是那一个直接的单纯的东西，而是一个包含了不同环节的运动。这个返回到自身的第一个已经不完全确信自己的直接性了，而成了某种被自身反思的东西了，这就是真正的"这时"。因此，展现、表述、指出"这时"本身是一个揭示"这时"

之所以为“这时”的真理过程,而指出“这时”使我们经验到“这时”是一个共相。“这一个”的另一方面“这里”,同样如此。

由此可见,感性确定性的辩证过程不外乎是它的经验的历史,而感性确定性本身也只不过是这一历史。朴素的意识也是通过这种过程获得经验,不过有所不同的是,意识总是不断忘记它的经验,又一次次地重新展开同样的过程。然而令人惊奇的是,竟有人反对这种辩证的经验,提出所谓的“普遍经验”,并认为作为“这一个”的外在事物或感性事物的存在对于意识具有绝对的真理性。殊不知,持这种观点的人所说的正是他想说的反面。感性的“这一个”对于意识的真理据说是一种普遍的经验,但其实它的反面才是普遍经验。每一个意识一再扬弃了它所建立的真理,并说出与之相反的话。例如,“这里是一棵树”或“这时是白天”表述它的反面,即“这里不是一棵树”或“这时不是白天”。它将再一次直截了当地扬弃那否定了第一个的“这里”,它也同样是这样一种感性的“这一个”,也同样将被否定或扬弃,于是我们得到这样一种经验:“这一个”是一个共相,它正是刚才把它认作普遍经验的说法的反面。

提出这种断言的人也的确说出了他们自己所意谓的东西的反面,这一事实或许最足以促使他们对感性确定性的性质加以反思。他们所说的外界对象的存在可以明确被规定为现实的、绝对个别的、完全属于个人性质的个体事物,而每一个这样的个体事物都找不到一个和它绝对相同的东西。然而他们却说这样的存在具有绝对的确定性和真理性。他们意谓我正在写作的这张纸,或者说我已经写好的这一张纸,可他们却说不出他们所意谓的东西。因为语言是属于意识的,其本身只不过是纯粹的普遍性的东西或共相,根本无法表达那感性的“这一个”所意谓的东西。

因此，凡是被称为不可言说的东西都是不真实的、非理性的、仅仅是某种单纯地意谓着的东西。如果对于某种东西，我们除了说它是一个现实的东西，一个外在的对象外，别的什么也说不出来，那么，我们仅仅表述了它与一切事物的同一性，而没有说出它与一切事物的相异性，这只不过是把它当成了一种共相。当我说一个个别的东西时，我便立即说出了它的共相，因为任何事物都是一个个别的东西，“这一个东西”就是我们所能设想的一切事物。由于语言能够直接地把意谓颠倒过来，使它转变成共相，因此意谓根本不能用语言来表达。为了辅助语言表达，于是我就得到这样一种经验，即经验到感性确定性的真理是什么：我指出感性确定性是一个“这里”，这一个“这里”又包含着许多其他的“这里”，或者说它本身就是一个“这里”的共相。于是，我就把它看成是共相。这就是说，我不是在认识一个直接性的东西，而是在知觉。

第二章　知觉、事物和幻觉

直接的确定性并不拥有自己的真理，因为它的真理是共相，而它想要认识的是“这一个”。反之，知觉便把它存在着的东西认作是普遍性的东西。由于知觉的原则就是普遍性，因此我们理解知觉的过程不是一系列偶然的理解活动，而是像在理解感性确定性那样，是一个有逻辑必然性的过程。

随着原则的出现，两个过程一起出现：一个是指出和指示的过程，另一个仍是同一过程，只是作为简单的事实——前者是知觉，后者是对象。按本质来说，对象与过程是统一的，过程是两个环节展开和区别开的运动，对象是两个环节被认作一个的结合体。就它本身而言，作为原则的共相是知觉的本质，对这个抽象的本质说来，被区别开来的能知觉者和被知觉者都是非主要的。但事实上，由于知觉和对象都是共相或本质，所以都是主要的，只不过两者处于相互对立的关系，而在这种对立的关系中，只能有一方是主要的。于是，那被规定为简单的一方即对象就是主要的，是本质，不管它被知觉还是不被知觉都是无差别的；而知觉作为认识过程中不经常的，可以有知觉也可以没有知觉，所以它就是非主要的。

既然对象的原则，即共相，在它的简单性中是一个间接的原则，那么它必须明确地表示出这具有间接性的共相就是它的内在本性。这样一来，就表明对象自身是具有许多特质的事物。丰富的感性知识只属于知觉，而不属于直接的确定性，在直接的确定性里，感性知识的丰富内容只不过是作为个别东西平列在那里。因为只有知觉的本质才包含否定性、差别性、多样性。

一、事物的简单概念

在知觉里，“这一个”就被设定为“非这一个”或者被扬弃了的，因而它就不是一个空洞的无，而是一个特定的无，或者一个具有内容的无，也就是“这一个”无。在这里，感觉成分虽然存在，但已经不是作为被意谓的个别东西，而是作为共相或者特质而存在着。扬弃在这里表明它所包含的真正的双重意义，这是我们在否定物里所经常看到的，即扬弃是否定同时也保存；无，作为“这一个”的无，保存着直接性，并且是个本身是感性的却是一个具有普遍性的直接性。

然而，存在是一个通过它包含在自身内的间接性和否定者的普遍者。当它在它的直接性里表示普遍性的时候，它就是有差别的、特定的特质。这样，众多的特质就显现出来，每一个特质都是另一个特质否定者。当这些特质通过共相的简单性表示出来时，彼此间又是不相干的，它们每一个都是独立的，不受对方的约束。

然而，单纯的自我同一的普遍性，其本身又是与它拥有的这些限定的特性相区别和分开的。它是纯粹的自我相关，在这“媒介”里所有这些规定性都取得存在：在它之中，如在一个空洞的、单纯的统一体中，它们相互渗透但并不相互影响。因为正是通过参与这一普遍性，它们相互无关，各自独立。这个抽象的普遍媒介，我们称之为“事物”一般或者纯粹的本质实在。它们不是别的,正是作为“这一个”在分解中而成的“这里”和“这时”,也就是许多“这里”和“这时”的简单的集合体。不过,“这里”的集合体就其限定性本身而言,每一个都是单纯的共相。

这个盐是一个单纯的“这里”,同时又是多方面的:它是白的又是咸的,也是立方体的形状,又是有比重的,等等。多重属性在一个单纯的“这里”存在着,它们彼此相互渗透却并不相互影响。比如,白并不影响或改变它立方体的形状,也不影响它的味道,等等。既然,它们彼此互不干扰,只是通过漫无差别的“又”联系起来,那么这个“又”就是纯粹的普遍者自身,或者是把它们互不相干地联系在一起的“媒介”,也就是“事物”。

除了肯定的普遍性特性,我们还需要考虑到另一方面,即如果这些众多被规定的特质是绝对互不相干的,那它们就不是被规定了的,因为只有当它们之间有了区别,并且当它们彼此间处于相对立的关系时,它们才会是被规定了的。然而,有了这种对立关系后,它们就不能通过同一性集合在一起了。当否定性摆脱了它与对方的这种统一而自在自为地存在着时,它就是单一。

总之,事物成为知觉的真理的过程,在这里已经做了必要的发挥。第一,事物是无差别的被动的共性,是物质集合在一起的;第二,事物同样是单纯的否定性,是单一,是相对于特质的排斥;第三,事物即诸多特质自身,是与无差别的成分相关联,并从而发展成为诸多差别的那种否定性。一方面来说,诸多的差别本身就是有普遍性的,它们只是自己与自己相关联,而不互相影响;另一方面,它们具有否定的同一性,是互相排斥的。作为有差别的特质,它们必然具有对立的关系,除了以“又”联合在一起的关系外,还有其个别的存在。所以,感性的共性或存在与否定性的直接统一,就只是特质,只有当这种直接统一与那些纯粹主要环节的联系完成时,才能达到事物。

二、事物的矛盾概念

知觉中的事物的性质就是如此。以事物作为它的对象的意识,就是被规定为知觉的意识。它只须接受对象,采取纯粹觉察的态度,通过这种过程所获得的就是真理。如果知觉的意识在接受对象时有所活动,并且通过活动有所增加或减少,那么它就会改变真理,从而陷于错觉。知觉者的真理标准是自身等同,他的态度就是把呈现在他面前的东西或者他所认识的多样性的东西当作自身等同的东西把握或联系起来。在这个过程中,如果出现了不等同的情况,那就是由知觉的不真实造成的。

现在让我们来看一看,意识在它的现实的知觉过程中形成了什么样的经验。我们在分析这个过程的时候,发现这经验已经包含了刚才所提到的对象以及意识指向它的态度的发展,而经验只不过是出现在其中的矛盾的发展罢了。

我所认取的对象呈现为一个纯粹的单一体,但它的特质有又确是普遍性的,这样一来,对象就超出了个别性。因此,那使得客观实在具有"单一"意义的最初的存在就不是它真实的存在。既然对象是真实的,那么它的不真实性就是属于主体方面的,认识便是错误的了。由于特质的普遍性,我必须把客观的存在倒不如看作是一般的共同体。

现在我进一步知觉到特质是被规定了的,与他物相对立的,并且排斥他物的,因此我对于客观实在的认识事实上是不正确的。由于特质的规定性,当我把它规定为和他物的一种共同体或连续体时,我必须分割开这连续体，并把它设定为排他的单一体。在分开的单一体上面，我发现许多彼此互不影响、互不相干的特质。因此，当我把对象看成一个排他的东西时，我对它的知觉并不是正确的，反之，对象现在只不过是一个普遍的共同的媒介。在这种媒介之中，诸多的特质作为感性的普遍性存在着，其中每一个特质又是孤立存在的，并且作为特定的特质而排斥他物。

于是，我所知觉的简单和真实的东西也就不是一个普遍的媒介，而是孤立的个别特质。特质之所以是特质，是由于它从属于一个单一体，而且只是由于它和他物有联系，它才是一个特定的、有规定性的特质。这就决定了它只能是一般的感性的存在。现在，那以感性存在为对象的意识也仅仅是一种意谓，这就是说，意识已经完全脱离了知觉而退回到它自身了。不过，感性存在和意谓又过渡到知觉，于是我又回到开始的地方，并且又绕同样一个大圈子，这个圈子的每一个环节作为整体都要被扬弃掉。

于是意识又必须重绕一次这样一个圈子，但同时其方式和上一次却不尽相同。因为它曾经形成了关于知觉的经验，认识到知觉的结果和真理就是它的解体。这样一来，意识就明确地了解了它的知觉过程本质上是如何被构成的，也就是说，这不是一个简单纯粹的认识，而是在它的认识里，同时是从真实超脱出来，回返到意识自身。这一过程是直接地包含在纯粹的认识过程之中的，它对于知觉很重要，却改变了真实。意识同时也认识到这一方面是它自己的，并且也接受这方面在它自身内，这样它就可以达到纯粹的真实对象。

这样一来，像在感性确定性阶段发生的情形一样，现在在知觉里也出现这样一个方面，即意识被迫回返到它自己，不过其意义却与前一阶段不同，就好像知觉的真理性落在意识自身之内。而现在意识却认识到，在知觉过程中的错误或非真理性就是落在意识自身之内了。这样，意识就能够扬弃这种非真理性，然后纠正其非真理性，那么作为知觉的真理性无疑就会落在意识之内。

因此，我们现在必须考察的意识的程序是这样被构成的：意识不再只是知觉(对象)，而且也是对回返自身的反思的认识，同时它还把这种反思与单纯的认识本身区别开来。

所以首先我将察觉到事物作为单一体，并且把它规定下来。如果在知觉过程中，有某种东西和它相矛盾，那么我就认为这是由于我的反思。所以事实上这一事物仅仅对于我们的眼睛来说是白的，同时对我们的舌头来说又是咸的，对我们的触觉而言又是立方体的，等等。这些方面的全部的多样性并不是来自于事物，而是来自于我们；并且我们发现它们又相互分离，因为它们接触到的器官完全不同，比如，眼睛完全不同于舌头。从而，我们才是使这些因素相分离又相互独立的普遍媒介。那么，如果把这看作了我们的反思，我们就保存和维持住了事物的自我的同一性和“单一体”存在的真理性。就像白是黑唯一对立面一样，事物之所以是单一体正由于它与他物相对立，但只要它是单一的，它就并不能排斥在他物以外。一个事物排斥其他事物是通过它的规定的特性，因此，事物自身是在自身及为自身而规定，它们具有使它们能相互区分的特性。

事物又是具有多种特性的。第一，事物是真实的存在，是本身自在的存在；凡在它之内的都是基于它自己本质的天性，而不是由于其他的事物。第二，被规定的特质并不是为了他而存在，而是它自身固有的。但是它们是在事物之内的规定的特性，只是由于它们是诸多的并且相互之间保持着差异。第三，当它们这样在事物之内时，它们是自在自为且彼此互不相干的。由此可见，那白的又是咸的又是立方体的东西就是事物本身。换句话说，事物是那个“又”的集合体，在诸多特性彼此外在地持存着，并不相互涉及或影响，也不相互取消。这样看来，事物就被看作是它真实所是的东西。这就是知觉的认识方式。

于是，意识察觉到，与那个“又“相对立的环节出现了，那就是事物和它自身的一种排斥了差异的同一性。关于事物我们说“它是白的，又是立方体，又是咸的”，等等。但是，只要它是白的就不是立方体，只要是立方体又是白的就不是咸的。因此，把这些特性放进仅仅属于意识的一个“单一体”中，而意识必须避免让它们在事物中相互合而为一。在这种方式下，事物被提高为真正的集合体，既然是集合体事物就不具备“单一性”，而成为仅仅集合或包括诸多特质的一种外壳。

如果我们回顾一下，意识先前承担了什么，现在承担了什么；它先前将什么归于事物，现在又把什么归于自己，我们就会看到，意识在交替地把事物和它自身制作成既是一个纯粹的原子的无众多的“单一体”，也是一个分解为诸多独立构成性要素的“又”即集合体。通过这个对比，意识发现不仅它自己对真理的认识里，包含着向外把握与返回自身这两个不同环节，而且真理或事物也用这两种不同的方式呈现其自身。于是，我们获得了这样的经验：事物在它自身中有一个包含对立面的真理性。

三、朝向无条件的普遍性和知性领域的发展运动

于是，意识又超出对待知觉的这第二种方式，这种方式把事物看作真实的自身等同，同时把意识自身看作它的反面，使同一性超越并返回自身。而现在对于意识来说，对象就是这整个运动，这个运动以前被认为一

部分属于对象，一部分属于意识。事物是单一体，它是回返到自身的；它是自为的，又是为他的，这就是说，对于他物来说，它是一个他物，对于他自己说，它也是一个他物。因此事物具有双重的不同存在，但它又是一个单一体。它的这种单一性与多样性相矛盾，因此意识又必须把事物设定为单一体，归因于自己，并且把这单一体的设定与事物划分开。

因而意识必须说，只要事物是自为的，它就不是为他的。不过同一性也属于事物本身像意识所经验到的那样。事物本质上是返回到自身的，因此那一个"又"的集合或者那各不相干的差别同样可以既出现于事物之中也出现于同一性中，但由于事物与同一性毕竟是不同的，所以它们必然出现在不同事物中。一般客观存在中所包含的统一与差别的矛盾就被分配给两个对象上。这样事物的同一性就保持住了，而同时事物以外的他物和意识以外的他物也得以保持。

现在，虽然对象中的矛盾以这种方式被分配给不同的事物，但是这种孤立的个别事物本身仍然是有差别的。因而不同的事物被设定为自为的，然而它们之间的矛盾不在于不同于自身，而在于不同于他物。事实上，由于差别性是在事物之内，所以差别性必然是事物内部诸多特质的真实区别。但是因为规定性构成事物的本质，由于本质，事物才是自为的，并与他物相区别，所以另外那些诸多的特质就是非本质的。

因此，事物的同一性的意义包含着两方面的限制，通过这两方面的限制，这个对立就不会成为事物本身真实的对立，但是当事物通过它的绝对区别而处于对立状况时，它便与一个外在于它的他物相对立。当然那另外的多样的特质在事物内也仍然是很必要的，所以它们是不能从事物里排除去的，不过它们对于事物来说就是非本质的。

现在，我们再来看构成事物的本质的特性并把事物从一切他物区别开的这个规定性，现在，它是这样认为的：由于规定性，那么事物就是与他物相对立的，但是在与他物的对立中必须自为地保持自身。不过事物之所以为事物或之所以为一个自为的存在着的单一体，只因它与他物没有对立的关系。因为一陷入这种对立关系，就不如和他物建立联系，而和他物有了联系就是自为存在的终止。正由于这种对立，绝对特性才和他物发生关系，而且它本质上也仅仅就是这个关系。但是发生关系就是它独立自在的否定，因而不如说，事物通过它自己的本质的特性而趋于毁灭。

可以说，意识所经验到的必然性因为这种规定性而趋于毁灭。事物是被设定为自为存在，或者为一切他物的否定，因此它就是仅仅自己与自己相关联的绝对否定。这种否定就是它自身的扬弃，换言之，它的本质就在他物之中。

事实上，就它自身演变的结果来看，对象的概念并不包含别的；对象本应是一个本质的特质，这个本质的特质构成它的简单的自为存在，但这种简单的自为存在里又具有多样性在它自身内，这些多样的特质诚然是必要的，不过却构不成本质的规定性。但非本质同时又是必要的，这就无异于取消了它的自身，换言之，也可以叫做自身的否定。

这样一来，分隔自为的存在和为他的存在的最后一个条件就完全撤销了。从同一个角度来看，对象是它自身的反面：它是自为的，只因它为他物，它为他物，只因它是自为的。它是自为的返回到自己的单一体，但这种自为的、返回自己、单一体是和它的反面分不开的。也就是说，这种自为存在与他物发生关系同样是非本质的。

通过这一过程，对象在它的纯粹规定性中同样是被扬弃了，就像它在它的感性存在中成为一个被扬弃的东西一样。纯粹的规定性似乎表示了本质特性，但是它们只是一个带有为他存在的自为存在。为他存在和自为存在既然在本质上都是在一个统一体中的，那么现在那无条件的、绝对的共性就出现了。在这里，意识才真正进入知性的领域。

这样，感觉的个别性就消失在直接确定性的辩证运动中，而成为感觉的共性。既然意谓的阶段消失了，代之而起的就是知觉。知觉把对象认作自在之物，或者把对象认作共相一般，因此在知觉里，个别性就表现为真实的个别性，表现为单一体的自为存在或者为返回到自身的存在。只不过它还是一个被制约的自为存在，在它旁边还出现了另一个自为存在同它并列，即普遍性。

单一性和普遍性这两个矛盾着的极端，不仅是彼此并列，而且是在一个统一体中。知觉玩弄了一点诡辩伎俩想要使这两个环节不陷入互相矛盾，并且想通过做出两种看法，用"又"或"只因"等词语，把这两个环节保留并固定下来，最后再通过区别开非本质的一面和与它相对立的本质的一面来把握真理。这些只不过是救急的办法，不但不能解除知觉认识中的幻觉，反而正表明它自身是虚幻的。最后事实证明，知觉通过这种逻辑所获得的真理，是以无差别性和无规定性的普遍性为其本质的。

个别性与个别性相对立的普遍性，与非本质的成分联系着的本质，以及虽非本质但同时却又是必要的一种非本质的东西，这些都是力量，这些力量的相互作用和转化就构成了知觉的知性，也就是我们通常所说的理智。这种理智是健康的，它总是把自己认作为意识，但在知觉阶段，它只是以上这些抽象观念的互相转化。当它自以为它是最丰富时，它一般却是最贫乏的。当它被这些虚妄的观念从这一个观念被迫转到另一个观念时，它便凭借它的诡辩伎俩同时努力交替并坚持着这一观念以及和它正相反的那一观念，它处处与真理作对，认为哲学仅仅是从事于这类“思想的东西”，仅仅玩弄观念。

事实上，哲学的确是在从事于“思想的东西”的研究，不过哲学也同时认识到这些力量的规定性，从而成为它们的主人，而那个知觉的理智却把它们当作真理，并受它们的驱使，而它自己却完全没有意识到自己被支配着，正如感性确定性不知道它自己的本质是空泛抽象的纯粹一样。事实上，知觉所能依据的也只有这些抽象的东西，它们是它联结和支配一切材料和内容的原则，它们是知觉的运动和知觉所包含的真理在其中得以进行的媒介。这个过程就是对真理的规定和对于这种规定的扬弃经常循环往复的过程。在这个过程里，它永不停歇地发展，直到这些本质的终极因素或规定都同样被扬弃；但是每一个个别环节中，它只意识到那一个给定的特性作为真理，然后，在另一个环节里，又以它的对立面作为真理。

无疑，知觉的理智也怀疑它们的非本质性；并且试图采取诡辩的办法把它们从那迫近的危险中拯救出来，比如它会把刚才认为是不真的东西，现在却宣称为是真实的。其实，这正是那些非真实体的本性想要强迫理智去做的，即集合并取消和超越那些概念。比如，关于“普遍性”和“单一性”的概念、关于“又”和“一”的概念、关于必然与一个“非本质性”相联系的“本质性”的概念，还有关于一个又是“必须的”的“非本质的”的概念——理智力图通过把自己当作一个概念来抵御。但其实，理智成了这些抽象的牺牲品，它们支撑理智围绕它们转圈子。

当理智试着通过这样一种方式给它们真理时，却又把它们的幻觉称作只是一个由于事物的不确定性和不可靠性而出现的现象，并且把本质的东西与对它是必然的而事实上是非本质的东西区分开来,而坚持前者是它们的真理并与后者保持对立——当理智采取这个线路时，它并没有为保证它为真理,反而证明自身是非真理。

第三章　力和知性；现象和超感觉世界

在感觉确定性的辩证过程中，意识发现看和听等感觉消失了，并且在知觉阶段中达到了一些观念，但这些观念起初被它概括为无条件的共相。这个无条件的共相，如果被当作静止的单纯物质来看是自为存在的极端那一面；如果与非存在相联系则又证明了自己曾从有条件的自为存在中解脱出来，并返回了它自身。——这个今后是意识真正对象的无条件的共相。意识与对象本质上必须加以区别，对意识来说对象是从一个他物关系中返回到自身，而内在地成为了自在的概念；但意识还不是明确的或自为的概念，它返回自身的对象就是它自己，它认识不到自己，还须从所形成的东西中退出来，以至于对意识来说，后者就以客观的形式成了本质的事实。

这样一来，知性就扬弃了自己的不真以及对象的不真，它由此只是作为自在地存在着的真理，还缺乏意识的自为存在，还不是概念或真理。因此，我们在分析这一认识过程时，首先必须站到意识的地位，使对象作为一个存在着的东西呈现在意识前面，使意识能够用概念来把握它。这个结果内在地具有一个积极的意义，它建立了自为存在和为他存在的同一性，换句话说绝对的对立被直接建立为同一的东西了。确切来看，那对立面除了在结果中产生的东西外不可能有别的本质，也就是在知觉中被当作真理的内容事实上只属于形式，并且消散在它的统一体之中。这个内容是普遍的，它的本性和本质的真理是无条件的共性，结果同时也彻底是普遍的。

然而，由于这个无条件的共性是意识的对象，所以形式和内容的区分就出现在它里面，并且在内容形态中诸环节有着它们最初呈现的外貌——一方面是许多实体要素的普遍媒介，消解了事物的独立存在；另一方面是回返自身的同一，是事物的自为存在。很明显，它们存在于这无条件的共性之内，根本不是彼此外在的因素，而本质上是一些它们自身扬弃的方面，被建立起来的只是它们彼此的相互转化。

一、力与力的交互作用

于是，其中一个环节被表现为被抛在一边的本质，或者表现为独立质料的持存。然而，这些质料的独立只是这个媒介，也就是说共相完全是这些不同共相的复多性。共相本身与复多性有不可分离的同一性，它们是绝对可被通过与渗透的，或是被取消和扬弃的。换句话说，被设立为独立的成分直接过渡到它们的同一性，同一性又直接过渡到展开为复多性，而复多性又被归结为统一，这种运动过程就叫做“力”。力的一个环节，即力之分散为各自独立存在的质料，就是力的表现；当力的这些各自独立存在的质料消失其存在时，便是力本身，或没有表现的和被迫返回自身的力。但是，被迫返回自身的力必须表现其自身，且在表现中力仍然存在于自身内。

当我们把两个环节保持在直接同一性中时，它就是知性的作用，力的概念是属于知性的。但是，知性是把不同的环节作为不同环节统摄起来的概念，所建立的只是力的概念，不是力的现实性。因此，我们首先必须把实体设定为本质上自在自为地持存着的整个力,其次必须把力的诸多质料设定为自身持存着的环节。力,作为返回自身的力是一个自在的排他性的同一,对它来说那诸多差异的展开是另一个持存的东西,这样就有两个不同独立面被建立起来。但是,力也是整体,它按照自己的概念持存着,如此返回自身的真正的力和诸多质料的展开将不会同时存在,或者以对立面的方式存在。这就是我们须考察的内容,即这两个环节之独立存在和自我扬弃其独立存在的过程。

这个过程正是知觉的过程,其中知觉和被知觉两个方面,即力的两个环节在认识真理的过程中是同一不可分的,然而它们同时返回自身时又各是自为的,分裂的,而同一性正是它们的中项,由于这种分裂两极端才存在。因此,这个以前被表明为矛盾着的概念之自身毁灭的运动在这里就具有对象性的形式,并且就是力的运动,而且力的运动产生了非对象性或事物的内在存在,即无条件的共性。

像这样被规定的力,既然被当作力本身或者返回自身的力是它的概念的一方面,那么那些展开了的质料就被排除在它外,成为在它之外的他物。而力本身是那诸多质料借以持存的媒介,本质上具有扬弃质料的存在方式。因此,我们必须撤销之前力是一个单一体、他物是从外面到它这里来的设定,明确从外面诱导力又使它返回自身的他物正是力本身,返回自身的力也正是力本身。有一个为它的他物,同时它也为那个他物,这里同时出现了两种力。这两种力的概念诚然是同一的,但是却从它的同一性过渡到它的二元性,看起来是两种相互离异、相互对立的力,不受同一性的支配。不过仔细考究一番,我们会发现第二种力之所以具有诱导作用是因为它的对方是被迫返回自身的力,换句话说因为第一种力的存在它才能够成为诱导者,它是被对方诱导这样做的。而力之所以能够使诱导者具有这样的行为,乃是因为诱导者在本质上是属于力的,这种规定性毋宁就是力本身,这也是知觉力运动过程的意识所可觉察到的。由此可见,就本质而言,能诱导的或者自为存在着的力与被迫返回自身的力看似是对立的自为存在,实则是同一的,是一种被对方所建立起来的存在,是一种相互间的辩证运动。

力的诸多环节的现实性,它们的实体性和它们的运动不停顿地一起冲向一个无差别的同一性中,这个同一性不是被迫返回自身的力,而是力的概念本身或真正的概念,这也正是力的真理所在。因此,力的实现同时就是实在性的丧失,它变成了完全不同的东西,也就是知性首先或者直接地把这个共性看作力的本质,而且这个共性本身也应当在力的实在性中、在力的实体中表明它是力的本质。

二、力的内在本质

既然我们把第一个共相看作是知性的概念,在这里力还不是自为的存在,那么第二个共相就是力的本质,被表明为自在自为的东西。或者相反,我们把第一个共相看作是媒介,对意识来说它就是一个现实的对象,那么第二个共相就被认为感性的、客观的力之否定,它是力的真实本质,是作为知性的对象的力。前者是被迫返回自身的力,也就是说作为实体的力;后者是事物的内在存在,即概念本身。

(一)超感官世界

现在事物的真实本质就这样被认为不是意识的直接对象,而意识与事物的内在核心有一个间接关系,且意识以知性的形式通过力的交替作用观察事物的真实背景。这个联结两端,即知性和事物内在核心的中项是力发展了的存在,它现在与今后对知性来说是一个消失着的过程,因此被称为现象;因为一个本身上直接就是非存在的存在,我们称之为假象,但它不纯粹是假象,而是现象、假象的一个整体。这个作为整体或共性的整体就是构成内在世界的东西,是通过相互作用而返回自身的力。力的交替作用是发展了的否定,但真理却是肯定,亦即共相,自在存在着的对象。

对于意识来说,这个对象的存在是意识通过现象运动而间接引起的,对知觉的存在内容和感性的客观世界却只有否定意义,因而意识便作为真理返回到自身,又把这真理当作对象事物的内在核心,并将事物的这种返回与它向自身的返回区别开来。而且,这个内在核心是一个与意识相对立的极端,但正因为如此内在核心就像在事物自身中拥有了自己的确定性,就是它自为存在的环节,但它没有意识到自己自为存在的根据还只是对象性的、消逝着的现象,并且还不是它自己的特有的自我存在。因此,意识只能将之视为概念,仍不认识概念的本性。

在这个内在的真理中,这个绝对的普遍东西已经消除了普遍和特殊之间的对立,并且变成知性的对象,启示了超出感官世界和现象界之外有一个超感官世界作为真的世界,超出消逝的此岸,有一个长存着的彼岸——一个自在的世界。超感觉界被设立为可感的和知觉的真理,而可感和知觉的真理就是现象,因此超感觉界就是现象本身。至此,我们的对象就有了一个三段论式的推论形式,这个推论的两个极端是事物内在核心和知性,中项是现象界。这个推论过程提供了知性借助中项考察内部世界的进一步规定,并且提供了知性对于推论中诸环节相互结合、互相推移的关系的经验。就知性来说，事物的内在世界是一个空洞的纯粹的彼岸，因为意识还没有在它里面发现自己。然而，这并不是由于理性太过短视，或者受到限制等等，而是对象本身性质的单纯，因为在空虚中什么也不会被知道，或者说它恰好被规定为意识的彼岸。

知性——这是我们这里考察的对象。知性通过中介与内部世界发生的关系，就是它自己的运动过程，通过这种运动这内在世界充满内容。但是力的交替作用对知性是直接的，对它来说真实的真理是空洞而单纯的内在世界，它的运动仅仅以同样的方式作为单纯的某物才是真的。在前面我们已经了解到力有这样一个特性：被另一个力诱导而运动的力，对另一个力来说是诱导者，那个能诱导者只有通过被诱导才成为诱导者，这两个力是同一的，形式与内容上差异相同，这样一来，当把它们放置于差异之上时，出现在运动过程中的特殊的力一般来讲相互间的差异消失了，两种力就混同为一了。既没有力、没有引起和被引起的力，又没有作为稳定媒介的特性和作为返回自身的统一体的力；既没有某种独立个别的东西，也没有种种不同的对立面，这种作为普遍者的差异就是力的交替作用本身中的单纯成分，而且是力的交替作用的真理，即力的规律。

（二）规律作为差别与同一

超感官的世界是一个静止的规律王国，当然是在知觉世界的彼岸——因为知觉是通过经常变化来表达规律，然而却同样现存于知觉世界之中，作为它的直接的，静止的模写。这一规律的王国诚然是知性所能认识的真理，但规律在现象界中没有全部体现出来，并且在不同情况下有不同体现和现实性，还有一般性、不确定的缺点，这种复多性违反了知性的原则。对于作为认识单纯内在世界的知性来讲，只有自在的同一性才是真理,因此知性必定要让诸多法则结合为一法则,通过这一概念表示普遍现实性的一个规律,但是让诸多规律结合为一个单一的规律,规律就永远变成空泛而表面的东西了,知性仅仅就只是发现了规律的概念本身而已。例如,把一切法则联合成万有引力规律,除了表示本身的单纯概念,并认为这概念为存在着的之外,并没有说明更多的内容。规律的纯粹概念不仅超出了规律(这规律由于本身是特殊规律与别的特殊规律的对立),而且超出了规律本身。

这时候,就需要我们在规律中直接地认识到差别,并将这种差别包括到共相中去,使得规律所要表示的各个环节持存着各不相干的和独立存在的纯粹本质。由此,规律就表现为双重的形式:一方面表现为法则,在其中诸差别被表现为独立环节;另一方面它以一种单纯的形式返回自身,从而再一次被称作力,但不是那种被迫回到自身的力,而是一般的力,一种把能吸引和被吸引的东西的差别都消融在自身内的力。

单纯的力对于它的规律是漠不相干的,因为力的存在是完全没有必然性的,而是由别的力使然,具有为他物存在这一规定性。而且,在运动的规律中,共相无疑是在自身内分割成不同部分,这些从一个根源派生出来的东西彼此之间也是漠不相关的,没有本质上的联系,因此运动就仅仅被看成是它们外表的联系,而不是它们的本质。如果把运动表象为单纯的本质或力,那么无疑运动就是重力,但重力一般并不包含这些差别在内。知性虽说具有这个差别本身的概念,使规律部分地是内在世界或自在存在的东西,但它同时具有诸差别,不过被它本身立即扬弃了,这种过程叫做解释,这样一个规律就宣告成立。

由此可见,这个过程直接面对的是自己的对立面,是它自身取消了差别的自我同一，这就像力的交替作用中能诱导的力和被诱导的力互相抵消一样，因此有人说力的性质恰好和规律相同。如此，现象界的转化和变化现在就透进超感官世界本身了，我们的意识从作为对象内在世界进入到另一方面，进到知性，并且在知性中发现转化内容。

（三）关于纯粹差别的规律

这个转化不是事情自身的转化，而是其自身为纯粹的转化。作为概念，知性的概念既然是和事物的内在核心是一样的，所以对知性来说这个转化就是内在世界的规律，因此知性认识到这是现象领域一个规律，即建立差别实际上没有差别。换句话说，它认识到自我同一的东西就是自我排斥的，并且诸差别自身不同一的东西却相互吸引。这里我们得到了第二个规律，它的内容与前面所谓的规律，即不变和永恒的自我同一的差别，是相反的；因为这个新的规律表明等同的变成不同的，不同的变成等同的。概念要求那尚未达到思维阶段的意识把这两个规律合而为一，从而意识到它们对立。

在力的运行中，第二个规律被证明正是这个绝对的过渡和纯粹的变化，它的对方必须表现为一个独立的区别于它的他物，又因为它是本身没有差别，因此它是自己排斥自己的东西，那静止的规律的王国、那知觉世界的直接的模写就反而转到它的反面了，等同者成为不等同，不等同者至成为等同。按照这种方式，规律看起来就变成了与它完全对立的规律了，即从摧毁相异的敌对存在而复原自己变成了别人的自我的毁灭了。凡是尝到甜味的东西，就其本质而言在事物中是酸的。

但事实上，规律中相互排斥的成分会互相抵消，以至知性又从内在世界出来，退回到它原来的位置上，那一个被设定的世界就是一个知性的世界,而它的自在世界作为它自身的颠倒或反面,那么甜的东西就会是酸的东西的内在本质,就是一个和后者一样实在的东西,也就是一个酸的东西。

三、无限性

颠倒这个观念构成了超感觉世界一方面的本质,我们必须从那里排除把诸多差别固定在一个不同持存性的要素内的感性的看法,而差别的绝对概念必须被纯粹地理解为内在差别、自我同一本身的自我排斥和不等同者的等同。我们必须思考纯粹的变化、自身内的对立或矛盾。因为作为颠倒了世界的世界,超感觉世界同时也超出了另一个世界,并把另一个世界包含在自身之中。只有它意识到是自己是被颠倒的世界,也就是说,它意识到它是自己的反面,它自己和与它对立的世界在一个统一体中,它才是内在差别的差别或自我差别,或者说它是无限的。

通过无限性我们看到规律获得了内在必然性的形式,而现象界的所有环节被吸收到内在领域中。说规律的单纯和最终的本性是无限性,根据前面的分析就是说:第一,规律自我等同,然而也是内在的差别。它自我排斥、自身分裂为两个要素。所谓单纯的力双重化自身并由于它的无限性的就是规律。第二,被分裂为二的成分,亦即构成规律中的诸部分,被表明为持存性和稳定的东西。如果脱离了内在差别的概念来考察,这部分本身是漠不相关的。第三,通过内在差别的概念那些不等同和不相关的成分变成一个无差别的差别,或者仅仅是一个等同东西的差别,它的本质是同一性。有差别的双方持存着,它们是它们自身的对立面,把对立面包含在对方之内,并且它们只是一个单一的统一体。由于本质是一切差别及一切差别之扬弃,是诸多差别的循环往复,这个单纯的无限性或绝对的概念是与自身相关联的自身等同，是分裂为二的，即每一方本身就是它自己的对立面。这就是说，同一性是分裂为二的过程，分裂为二的过程和自身等同的过程仅是一种自我扬弃的过程，那成了自身等同的东西因而就与分裂为二的过程相对立了，也就是它自己因而把自己放在一旁，它真实地变成被分裂的东西。

无限性的绝对非静止性在某种情况下是规定性的对立面，然而只有在内心界中它自身才自由出现。现象界或者力的交替作用的运行已经显示了它的活动，但它归根结底是意识的对象，意识能够以它所是的样子认识它，这样意识就是自我意识。知性的解释功能起初仅仅是描述自我意识是什么，扬弃了存在于规律中的差别，并把它们置入一个单一的统一体——力。这种等同化的过程就是分裂为二的过程，它创造了一个新差别，即规律与力的差别，然而这个差别却同时没有差别，这种运动的过程或必然性仍然是一个知性的必然性和过程，运动本身并不是知性的对象。也就是说，意识仿佛是在认识某种别的东西，但事实上它始终只是在认识自己。

在那对立的规律中，亦为第一个规律的颠倒，或者在内在的差别中，无限性本身诚然是知性的对象，但它把内在的差别、自我同一的东西扬弃了，不等同东西之相互吸引，分割成两个世界，仍然没有把握无限性的真性质，而经验性地将之视为一个纯粹的概念。在意识直接拥有这个概念时，又出现为意识特有的形式或新形态，这个特有形式或新形态在过去没有认识到自己的本质，反而把自己看作某种完全不同的东西了。当这种无限性的概念成为意识的对象时，意识就成为了本身自为的、对无差别者划分差别的意识，这种对一个他物、一个对象的意识无疑是自我意识，是意识返回到自身、在对方中意识到自身，而且自我意识是自为的，尚未达到一般意识的统一。

在现象界的内在核心里,知性所认识的除了现象本身以外,就是力的交替在它绝对普遍环节和那些环节的运动,事实上知性所认识的只是它自己。一经提高到知觉之上,意识通过现象作为中介便可以直接进入现象界背后的超感官世界,将纯粹的内在世界和直观纯粹世界的内在世界结合到一起,结果它们作为两个极端以及中介都消失了,意识的诸样式如“意义”、“知觉”和“知性”也消失了。我们此时拥有的就是自我意识,不可能立即洞察那个纯粹内在领域的内在存在。当意识知道它自身时它知道什么,还需要更多的条件,更是长远曲折的途程,这就是下面所要讨论和阐述的。

第四章　自身确定性的真理性

在此前考察过的各种确定性中，意识的真理是某种不同于意识自身的东西，而且它不是真正的自在，而是为他物而存在的一种方式。真理的概念让位于实在的、具体的对象，或者说在我们经验到它的过程中消失了。但是，在此前的那些关系中没有建立的东西，现在产生了，即我们达到了一种确定性。确定性消失其自身于真理性中，因为确定性本身就是它自己的对象，确定性和真理性是等同的，而意识本身即是真理。或者，换一种方式来讲，意识自在地存在着，又以一个他物存在着，它是自我本身与一个对立方相对立，并且统摄着对立方，这个对立方同样是它自身。

自我意识的这种现象与真理性的对立只是以真理性——自我意识从感性和知觉世界的存在反思而来，并且本质上是从他物的回归，亦即以自我意识和它自身的同一为它的本质。在这里，自我意识就拥有了双重对象：一个是直接的感觉和知觉的对象，但这个对象在此标志着否定的特性；另一个就是意识自身，它是真正的本质，就在于有第一个对象和它对立。自我意识在这里将其自身呈现为一种运动，在此运动中它和对象的对立被扬弃了，而它与自身的同一性建立起来了。在此过程中，那个被自我意识当作到它自身，通过这种对自身的返回对象就成了生命。但这种统一正如我们所看到的那样，同样地是自身对于自身的排斥，换言之是有差别的东西的统一。诸多差别的无限统一是对自我意识而存在的，对象仅仅是这个无限统一的本身，它不是自为存在的，而是意识具有多少独立性，它才同样具有多少独立性。

生命的这一原则的规定，是从生命的概念或一般结果中获得的，我们带着这一规定进入了一个新的领域，即生命的本质是扬弃一切差别的无限性，是运动的各个环节在其中消融差别的独立性，而且这种分离的扬弃需要通过他物才能实现，仍然只在于实际的形式之内的。这种流动性正是各个独立形式的实体，这种实体是无限的，因此各个形态即在它的持存中，或者说它包含着分裂或自为存在之扬弃。

如果我们再精确地区分，那么就会发现这种单纯的普遍的流动性是自在之物，而那有差别的诸多形态则是他在之物，但是流动体本身将会通过这种差别成为他在之物，它因为差别而存在，差别本身又是自在自为的，因此是无限的运动（那个静止的媒介是为这无限的运动所消耗着）——亦即是作为活生生的过程的生命。那被消耗的只是本质的现实性，即个体性，这个个体以牺牲普遍性为代价来保存自身，并给予自己一种与自身相统一的感情，取消了与另一方的对立，唯有如此它才是自为的存在。

生命的这种简单的实体性因此就是把它自身分裂为诸多形态并且同时就是这些持存着的诸差别的解体，而分裂过程的解体也同样是一种分裂或解体的过程，这样一来事先被区别开的整个运动的双方，即那在独立存在的普遍媒介中静止地彼此并列着的各个形态与生命的过程就合而为一了，即生命固然是扬弃个别形态的过程，也同样是个别形态形成的过程，并且在这种运动中简单地保存自身的整体。

我们从最初的直接统一出发，通过形态的形成和运动诸环节而返回到两种环节的统一，返回到了最初的简单实体，但是这个返回了的统一是不同于最初的统一的。第二个统一包含着那些环节中被扬弃的成分在内，它在生命的自身运动中也不是独立存在的，而是指向一个它自身以外的他物，即指向意识，对于意识而言生命是作为这种统一或类而存在着的。然而，第一种统一则是作为简单的本质而存在，以纯粹的自我作为对象。

这个纯粹的自我即是这个类或纯粹的共相，它被预设为独立形式之否定的本质，只有对象自己肯定自己时它才能获得满足，只有扬弃它的对方它才能确信自己的存在。由于对象就其自身而言即是否定，因而它是独立的，它就是意识。就意欲的对象生命而言，否定要么在于其对方，要么以一种确定形式与另一个不相关形态相反对，要么是以生命的无机的普遍本性的形式来否定生命。但是上述一般的独立的本性，在它那里否定是绝对的否定，就是类本身或是作为自我意识的类。自我意识只有在另一个自我意识那里才能得到它的满足。

自我意识的概念在三个环节里得以完成：(A) 纯粹无差别的自我是它最初的直接对象。(B)然而，这种直接性本身就是绝对的间接性，必须通过扬弃那独立的对象才能存在，即自我意识返回自身，确定自己变成了客观的真理。(C)这种确定性的真理实际是双重的反映，是自我意识的双重化，即自我意识的对象诚然要扬弃它的独立自存性，又在这种否定性中保持独立，这种独特性中的流动性便是一个有生命的自我意识。一个自我意识面对着一个自我意识，这样一来一个自我意识既是它的一个自我，又是它的一个对象。到此为止，精神这一概念已经出现在我们面前了。

精神究竟是什么的经验，这正是意识需要进一步认识的。精神是这样一个绝对的实体，它和它的对立面处于相互独立、互相差异的统一体：我就是我们，我们就是我。意识第一次在自我意识，即精神的概念里找到了它的转折点，在那里它走出了感性五彩缤纷的假象，走出了超感官世界之空洞的黑暗，进入到现在世界的精神的光天化日。

一、自我意识的独立与依赖；主人意识与奴隶意识

自我意识为另一个自我意识而存在，它由于被对方所承认或认识到，而能够自在自为。这种在双重性中的同一性的概念，亦即在自我意识中实现着其自身的无限性的概念是多方面的，它所包含的诸环节具有多重意义，一方面各环节之间保持着严格的差别和界限，另一方面在这种差别中它们又被认作没有差别，或者必须从相反的意义上去了解它们。这种双重性包含于自我意识的本性，对自我意识在这种双重性中的精神同一性概念的详细阐述，将会把认识其的过程置于我们面前。

（一）双重的自我意识

自我意识有另一个与它相对的自我意识，它来到它自身之外。这有双重的意义：第一，它发现自身是另外一个存在，它丧失了自身；第二，它没有认识到另一个存在是本质的、真实的，反而在对方中看到了自身，因而扬弃了另外一个存在。扬弃这个对方时，这个过程是对于第一个双重意义的扬弃，因而它自身成了第二个双重意义，它必须首先扬弃另外一个独立存在，以确信自己的存在，然后它便进而扬弃了自身，因为这个对方就是它本身。

这种对于它的双重意义的他在之双重意义的扬弃也是双重意义的返

回到自身。第一，它通过扬弃它的对方与自己统一了，它得以返回自身；第二，在对方中它是它自己，它在扬弃对方时也扬弃了自己在对方中的存在，让对方得到了自由，让对方同样返回到了自己的自我意识中。

这个自我意识与另一个自我意识的联系过程，在刚才的方式下被呈现为一个自我意识的单独运动。不过这一运动本身具有双重意义：它们彼此独立，封闭在自身内，在对方里面没有什么东西不是通过它自身而存在的，即一个行动既是对自己的运动，也是对对方的运动，而且双方的运动是分不开的。在这种运动中，我们看到那表明为力的交替过程又重复出现了，不过现在是在意识中出现罢了。自我意识是中项，它自己分化成两个极端，每一方都是对方的中项，每一方都通过对方作为中介同自己相结合，正是因为此它们自为地存在着，彼此相互承认着它们自己。但它们作为极端是相互对立着的，一方仅仅是被承认者，而另一方则只是承认者。

（二）对立的自我意识的斗争

自我意识最初只是自为的简单存在，通过排斥一切对方于自身之外而与自身同一。它的本质性和绝对对象为自我，并且是自我存在的纯粹事实，它是一个个别的存在。但是对方也是一个如此的自我意识，这就出现了一个个人与一个个人互为对立面的局面。就当下出现的情况来看，这些意识形态彼此相互之间没有表明它们为纯粹自为的存在或自我意识。而在前面的叙述中，我们已经了解到自我意识因为对方而存在，它也为对方而存在，而这种不确定对方的存在行为势必会导致它们对自己存在的确信也没有了真理性。

要想表明自身为自我意识的纯粹抽象，就要说明它自身是它客观形式之纯粹的否定。这种表明过程是一个双重活动，即对方的运动和通过自身的运动。就对方行动者而言，每一方都想破坏对方，置对方于死地；就自我活动而言，因为前一种行动意味着要冒生命危险，两个自我意识不再把对方看成自己的一部分，而是当作他物，为此它必定要扬弃对方的存在，以确信自己是自为存在，进而将自己提高到客观真理的地位。

意识通过这种斗争无疑能够获得自己的确定性，但是它们既扬弃了由此而得来的真理性，也扬弃了位于自然的存在之异己要素中的意识。换句话说，它们扬弃了它们自身，并且扬弃为各自寻求其自为存在的两个极端。它们的行动是抽象的否定，而不是意识的否定，本质的环节就此消失了，自我意识就此分裂为无生命的统一体。

在这种经验里，自我意识认识到生命与纯粹的自我意识同等重要，一个纯粹存在着的自我意识与一个以物的形态出现的非纯粹自为的意识虽然最初是不等同的，并且相互对立，但它们都是主要的。不同的是，前者是独立的，它的本质是自为存在；后者是依赖的意识，它的本质是为对方而存在。前者是主人，而后者是奴隶。

(三)主人与奴隶

主人是自为存在着的意识，这个意识是通过另一个意识而与自身结合起来，即其本性隶属于一个独立的存在，或者说它属于一般的物。在斗争中主人是纯粹的主要的行动，有力量支配自己的存在，而这种存在又有力量支配它的对方另一个意识，即奴隶，如此奴隶就扬弃了自己的自为存在或独立性，它只是一个非主要的行动，它的行动正是主人自己的行动。

但是，要真正地承认这一点还需要一个环节，即凡是主人对奴隶所做的，它也应该对自己那样做；而凡是奴隶对于它自己所做的，它也应该对主人那样做。这里，产生了一种片面的和不平等的承认。非主要的意识为主人的对象，这对象构成了它对自身具体的确定性的真理。但是显而易见，这个对象并不符合于它的概念。在主人有效地成为主人的地方，它却真切地发生了作为一个独立的自我意识所不该有的事情，它所完成的不是一个独立的意识，而是一个被抑制于自身内的意识。因此，它所达到的确信性并不是以自在存在为它的真理，反而是非主要、非本质的意识和行动。

所谓奴隶只是相对于主人而言的，它同样是一个自我意识，我们现在要进一步考察它的自在自为是什么。首先，就奴隶而言，主人是本质，因此它的真理性是自为存在着的意识，不过这种真理性不是奴隶本身固有的，它感受到了对绝对主人的恐惧，对于整个存在怀有恐惧。这一切彻底地动摇了它的整个实体，自我意识的简单的根本性是绝对的否定性，是纯粹的自为存在，这一切从而包含在这种意识形态里。再则，这种奴隶意识并不仅仅是普遍的转化，它乃是在服务中现实地完成这种转化的。当行动符合主人意识时，非本质的关系落在奴隶身上，主人自身保有其对于对象之纯粹的否定，享有十足的自我感。反之，劳动是被限制和被压抑的欲望，亦即延迟或延缓了满足的欲望；换句话说，劳动陶冶事物。对于对象的否定关系转变成对象的形式并且转变成某种持久性的东西，奴隶就会在劳动中外在化自己。

劳动是一种与它相对立的异己、外在的现实性的过程，借此奴隶意识到自身并非一个否定的意义、外在的东西，而是一个真实的和客观的自我存在，还意识到了它拥有并就是一个他自己的精神，进而进入了重新发现自己、返回自己的过程中，本身成为了一个自为存在着的东西。

在返回自己的过程中，恐惧的环节和一般服务以及陶冶事物的环节是必要的，而且这些环节必须以普遍形式存在。没有服务和服从训练，恐惧只停留在表面形式上,不会在现实生活中震撼人的整个身心;没有陶冶事物的劳动,恐惧只停留于内心中,意识也得不到提高和发展;如果意识没有承受过绝对的恐惧,而只是一些轻微的焦虑,那么它的实体还没有彻头彻尾地受到对方的影响,自然意识的整个内容还没有动摇,则它本身仍然还是一种特定的存在,它的"精神"只是一种尚未超越奴隶之见的自由。这种意识之对个别的事情有一定的应付能力,但却不能掌握普遍力量和整个客观的现实。

二、自我意识的自由:斯多葛主义、怀疑主义和苦恼的意识

一方面,只有纯粹抽象的自我才是独立的自我意识本质,另一方面,当这个抽象的自我进一步发展并分化自己时,这种分化出来的东西不会成为自我意识的客观的自在的真实本质。因此,那个被迫返回自身的意识在陶冶事物时以自身为对象,同时在主人那里看见了自己的自为存在。但是对于被奴役的意识而言,自身为独立的对象和以这个对象为意识是分裂的,因而它为自己固有的本质,形式和自为存在是一回事,除了是意识外它不会是别的实体了。

这样,一种新形态的自我意识,即一种以无限性或者说以意识的纯粹运动为本质的意识出现了。这是一个具有自为存在、以自身为对象的意识。在思维里,我是自由的,单纯地和独自地与我自身相联系,并且那对我是客观存在着的对象是自为与自为存在的统一,即我的运动即在我自身内的运动。然而,这一形态的自我意识的规定性必须牢记:这种形态是一般的思维意识,不过只是最初大体上作为一般的存在而出现,还没有作为客观存在之多方面丰富内容的发展和运动出现。

(一)斯多葛主义

自我意识的这种自由,就其作为一种自觉现象而言,被称为斯多葛主义。它的原则是:意识本质上是能思维的,并且任何事物只有当意识作为思维的存在去看待它时,它对于意识才是真正的本质的东西,或者说才是真的和善的。因此这个意识对主人和奴隶都采取一种否定的态度。在主人地位时,它的行动不以奴役奴隶而获得真理性;在奴隶地位时,它的行动也不以服从主人的意志、为主人服务而获得真理性。这种意识的本质是自由,它使得自身执著于个别的东西,并且停留在奴隶意识里面。

斯多葛主义的自由与此相反,这种自由是直接从奴隶意识中超脱出来的,并返回到思想的纯粹普遍性里,并且它只有在存在着普遍的恐惧和奴役的时代才能出现,也只有当精神的教养已经普及并且已经把文化提高到了思想的水平,它才会出现。

因此,当斯多葛主义被问及什么是一般真理的标准,更确切地说,即被问及思想自身的内容时,它就处于困惑的境地,只能以无内容的思想来回答。这种思想的自我同一性只是纯粹的形式,没有确定的东西在里头,并不能达到任何广阔的内容,它们不久就变得令人厌烦了。

(二)怀疑主义

怀疑主义就是那种在斯多葛主义那里仅仅是概念的东西之实现,并且是什么是思想的自由之实际经验;它本身且本质是否定的,并且它必须这样表明自己。随着自我意识返回到自身,独立的存在或持存的规定性就脱离了思想的无限性,思想完全变成了一种否定思维,它否定了具有多方规定性的世界,而自由的自我意识之否定性在生活的这种多样性形态中则成为了真实的否定性。

综上所述，斯多葛主义与作为主人和奴隶的关系而出现的那种独立意识的概念相符合，所以怀疑主义就与主奴关系之实现于对方、对欲望和劳动相符合。那些有差别的事物，在自我意识的纯粹思维里仅仅是有差别的事物的抽象，而在怀疑主义这里却成为了一切的差别事物，并且一切有差别的存在都成为了自我意识的一个有差别的存在。

这样一来，大体上对怀疑主义的行动就有了一个明确规定，即指出了由感性确定性、知觉和知性所构成的辩证运动。在怀疑主义里，作为否定进程的辩证法是自我意识的一个环节，在这种否定里自我意识的知觉功能以及它对于它有失掉危险的东西加以稳定下来的努力，它的诡辩和它自己规定、自己确立的真理性也一同消失了。通过这种自觉的否定进程，自我意识为自身争得了自由的确定性，获取了达到那种自由的经验，并因此将这种经验提升到真理的高度。

凡是有差别的东西自身没有永久性，因而必将在思想面前消失。思维就是对有差别的东西的这种本性的深入洞见，就是单纯事物的否定的本质。于是，怀疑的自我意识在一切想要在它面前固定其自身的事物之变化中经验到它自己特有的自由，并且把这自由认作是它自给自予和自收自受的。它意识到了自己是这样一种自我思维的思想，即它自身的不变的、真正的确定性。这种确定性不是从某种外在和异己的东西中产生出来的结果，而是把它全部的复杂发展包含在自身之中，而这一结果也将其生成过程的抽象结果抛于身后。意识自身就是绝对的辩证的不安息，感觉和思维表象的混合体，这种表象同一又会分解其自身为多，使意识成为绝对偶然的混合体，这就带来了自相矛盾的紊乱——意识所趋向的是对它没有实在性的东西，它所服从的是对它没有本质性的东西，它所实现的和它所做的，是它自己也知道没有真理性的东西。

但是，意识对所有的事物又予以全盘的否定、漫无差别的看待，并因此又一次返回到前面提及的那种偶然性和混乱之中，并被偶然的东西所占据。从自身同一的自我意识一端到偶然的、紊乱模糊的意识一端，往来反复摇摆不定，它自身并不能统一它的两个思想。它让非本质的内容在思想中消失，它也因此成为了一种非本质的意识，具有自身同一和不同一性两重矛盾。这就像两个孩子吵架，一个说甲，另一个就说乙；一个说乙，另一个就说甲，互相反对着争辩着，并乐此不疲。

意识在怀疑主义里经验到它的自相矛盾性，从这种经验出发它又前进到了一个新的形态，这个新形态把怀疑主义分离开来的两个思想结合在一起，成为了一种双重意识，一方面意识到它是自己解放自己、不变的、自身同一的意识；另一方面又意识到它是绝对的自身紊乱的颠倒混乱的意识，自身出现了二元化——这就是苦恼意识。

（三）苦恼的意识，坏的主观唯心主义

苦恼意识兼有一个自我意识对于另一个自我意识之直观，这两者的统一就是它的本质；但它还没有客观地、自觉地成为这个本质自身，还没有实现两者的统一。这两者是彼此异质的、互不相干的现实存在，自我意识必须假定单纯不变的一方为本质，杂多变化的一面为非本质，同时必须进一步从非本质的一面将自己解放出来，即从自身中解放自己。

在这里，意识经验到它的对立面才是它的本质并且意识到自身的虚妄不实，于是它就超脱于这种境地而过渡到不变的意识，但是这种超脱仍然是同一个意识，因此这种超脱就是对立面的意识，即意识到它自身的个别性，并且那进入到意识的不变的东西将以个别性的形态而出现。

个别性出现在不变者和不变者出现在个别性，于是意识认识到个别性在不变的本质内，并且也在不变的本质内发现它自己的个别性。在意识面前，就有了三种不同的个别性与不变性相结合的方式。第一，意识在自身面前表现为不变的本质之对立面，并退回到斗争开始的情况，这种斗争始终是构成整个关系的主要原则。第二，意识发现不变的本质以个别性的形式出现在它里面，于是个别性就成了不变的本质之具体形态，从而整个存在的形态都转变为不变了。第三，意识发现自身是不变本质中的这种个别事实。那第一个不变的本质对于意识而言只是异己的本质，它对于个别性采取裁判态度；在第二个方式里，不变的本质只是个别性的一种形态；在第三个方式里意识发展成为精神，它享受着在精神中发现自己的愉悦，并且意识到它的个别性和普遍性得到了统一。

这里所陈述的不变意识的形态和关系，事实上就是自我意识在它的苦恼中所经历过的经验。这种经验不是它的单方面的运动，也是不变意识和它的对方——个别意识同时作用的运动。这个运动包含三个环节：不变的意识与一般个别意识相对立；个别意识本身与其他的个别意识相对立；不变的意识与个别意识合而为一，后者正在我们的研究中，暂且不论。出于这些原因，不变的意识在它所表现出的形态和关系中保有分割与分离自我存在之特性和基本特征，但也接受了个别性的形态，提高到完全而彻底的融合与同一。在个别意识看来，这个统一部分地无疑是它自身所做出的，但也要部分地归功于不变的意识。

如果最初那分裂的意识之纯粹概念要扬弃自身作为个别的意识并且要想成为不变的意识，那么它今后努力奋斗的方向就是扬弃没有具体形态的纯粹不变意识的关系，并且只采纳它对于已具有形态的不变意识的关系。但是，它必须把那种表现成形态的不变意识当作一个异己的现实东西的那种外在关系，提高到绝对的合而为一。

要达到这种统一运动，非本质的意识需要一个三重化的过程。第一，作为一个纯粹的意识；第二，作为一个个别的存在，这存在以欲望和劳动形式对待现实性；第三，作为对它自己的自为存在的意识。现在，我们就来看一看它的存在的这三种形态在那个总体关系中是如何建立、如何构成的。

作为一个纯粹的意识而言，苦恼意识似乎是自在自为的，但是它自在自为的本身是什么样子，像前面提及到的那样还没有实现出来，它只是不完善的、不真实的。不过，它已经超出了纯粹思维，完全脱离了个别性的斯多葛主义的抽象思想和怀疑主义的单纯的永不安宁的思想，它把纯粹思想和个别存在联结保持在一起，在那个点抽象思想接触到了意识的个别性本身了，它就是纯粹思想和个别性的统一，那在它看来本质上具有个别性形态的不变意识，就是它自身，即是它自己的这种意识的个别性本身。

因此，当意识在不变的意识里直接达到自身时，却发现自身与那不变的思维是对立的，它并不能免除这种对立，所以它不仅没有抓住真正的本质，反而只是抓住了非本质的东西。如果把本质视为个别的东西，那么本质就不是共相，因此意识只能走到它自己的生命之坟墓。除非，它不再把不变的个别性当成现实的东西来追寻，或者不再企图抓住消逝了的不变的个别性，它就能找到真正的个别性或具有普遍性的个别性。

情感生命返回到自身，在它自己看来是具有现实性的个别存在。它是纯粹的情感，它意识到自己同本质分离了，它曾经感觉到它的纯粹情感的对象，但它本身还是一种自我情感，而这个对象就是它自身。在这里，它作为自我情感或某种自在的现实的东西而出现的。在这种返回于自身中，我们发现它的第二种态度出现了，即欲望和劳动的态度，劳动使意识扬弃和享受异己的存在，确信它自身的内在确定性。

然而，苦恼意识发现它自身只不过是在欲求着和劳动着，并没有看到自己内在确定性的依据，它的内在生命仍然还对它自身保持着一种苦恼破碎的确定性。所以它必须自觉地否决这种对它自己存在之证实，但只是关于它的自为状态即它之分裂为二的证实。

对这种意识来说，欲望和劳动趋向的现实性已不再是本身虚无的东西，而是一个分裂为二的现实性，一方面是本质的虚无，另一方面却是一个神圣的世界。如果意识是自为独立的，而现实对它而言是自在自为的虚无，那么意识在劳动和享受中就会达到自己的独立感，采取能动的此岸的态度，有一个能动的现实性相对立，两者是相互关系。反之，鉴于意识能够消灭现实性而获得享受，那么它就会承认对方是它的本质，并且把自己的行动本质归功于彼岸，放弃自己的表现形态，以供意识使用。这种行动平衡并补偿了意识的行动，而意识也会感谢它，犹如它放弃了自己的本质那样，于是就理所当然地产生了意识与不变的本质的统一。但与此同时，这个统一又受到了分裂的侵袭，再一次在自身内分裂为二，于是又发生了普遍性与个别性的对立。

于是我们进入了这个意识运动的第三个态度，这个态度的意识是继第二和第一态度而出现的，它已通过意志和行动证明了自身的独立。在第一种情况下，它只是现实意识的概念或者是在行动和享受方面尚未实现的内心情绪。第二个态度里它已经实现了外部的行动和享受，意识到了自己是自在自为的真实意识。在这里，敌人以其特有的和最奇特的形式出现了。在工作和享受中，它以非本质存在之实现，放弃自己的表现形态以供意识使用遭到了否定，它只好返回于自身，并且是进一步返回到作为一般现实性的自身。在其中这种真实的现实性成为与普遍本质对立的对立面，以表明现实性只是虚妄。对于这种关系发展的过程，我们仍须加以考察。

在这个对立关系中，意识将自己的实在性视为直接的虚无，它的实际行动成为毫无行动的行动，它的享受成为对自己苦恼的感觉。因而，行动和享受失去了普遍的内容和意义，因而它们将会具有自在自为的存在，并且双方都会退回到一种意识企图要加以扬弃的个别性。这些具体的个别性活动并不是不自觉地或自然地作出来的，而是在它被打倒的情况下创造出来的，且不能为精神获得重要性和本质的价值，如此意识发现自身竟然在动物性的生命活动中，它不但不能除掉敌人，反倒是与敌人纠缠在一起，并且发现自己不断被敌人所玷污。所以，在这里我们看到这样一种人格，它局限在狭隘的自我和琐碎的行动中，总是怀念着自己不幸的贫乏的可怜的处境。

苦恼不幸的情绪和行动之贫乏可怜，使意识对它的现实存在加以直接的毁灭，而这是以不变的本质思想为中介的，而且只发生在它与不变本质之统一当中。这个中介关系是一个连贯起来的推论过程，最初确立自身且与自在的本质相对立的个别性通过一个第三者与它的对立面结合在一起，行动的内容即意识对它的个别性所采取的否定或消灭的过程。中介者由于和不变的存在有着直接的联系，便尽义务劝导关于什么是对的和正义的。这样一来，它就会放弃自作决定的权利和自由，放弃从劳动得来的财产和享受，最后意识真正地放弃了它自己的内在的和外在的自由，或者说放弃了它自为存在的现实性，它已经确信了那种外在化它的自我，并且把它的直接的自我意识变成了一个事物，一个对象性的存在。就这样，意识一方面扬弃了它个别性的独特行动，另一方面也自在地消除了它的苦恼境遇。

然而，这种苦恼的自在消除，乃是出于这一推论过程中另一项的影响，这个项是内在的和根本的现实性，然则非本质的那一项的牺牲也不是单方面的消极行动，因为在放弃意志的过程中它同时肯定意志作为一个他物，并且明确肯定了意志的本性不是个别的而是普遍性的东西。这种客观存在和自为存在的统一是意识的本质和对象，但是意识并没有把这种统一认作它的行动概念，它的苦恼在于它的行动能够自在地带来自我满足，而行动和它的具体行动又是贫乏和无意义的，它的享受仍然是一种痛苦，而对这一切的扬弃仍然达不到彼岸。但是在这个对象里，它发现作为这种个别的意识，自己的存在和行动是自在的，于是对它来说就出现了理性这一观念，出现了意识确信在它的个别性里它就是绝对自在的存在的这一观念。

第五章 理性的确实性和真理性

当获得了个别意识即是绝对本质这一思想时，意识便返回到自身。就苦恼意识而言，自在的存在乃是它自身遥遥相对的“彼岸”。但是这个意识运动已经在自身内得出了这样的变化：它被迫将它的自我存在外在化，并转化成一个客观的事物。同时，由于意识将自身保持在这个否定性之中，这个统一对意识而言就是它的本质。意识的真理性就是推论过程中被视为中项的东西，它对不变的意识表示个别的意识已经否定了自己，而对个别的意识则表示不变的意识已与它和解为一，即它自己是一切真理。

理性是意识确信它自己即是一切实在的确定性，唯心主义就是这样表述理性概念的。作为理性出现的意识直接地包含这种确定性，唯心主义也直接表示这种确定性：我即是我，意思是说，作为我的对象的“我”是唯一的对象，是一切实在。但是，自我意识更确切地证明了自己是一切的实在，而且还是自在自为的实在。如此，根本原因在于它变成了这个实在，或者说它证明了它就是这种实在。

理性循着这条道路证明了自己：首先，作为自在之物的他物，消失自己于意谓、知觉和知性的辩证运动过程之中；然后，仅为自我意识而存在的他物，为自我意识而使自己消失于通过主奴意识的独立、自由思想、怀疑的解除、分裂的意识之绝对解放斗争等种种运动过程之中。这里出现了两方面的运动，一方面本质对于意识具有存在的特性，另一方面本质具有只为意识而存在的特性。这两者最终归结为一个唯一的真理，即存在的或自在的东西只于它为意识存在时存在，而那为意识而存在的东西也就是自在的真实，保证了它即是一切实在。然而，这个意识只是作为真理的确定性来到我们面前，它自身并不理解这个事实，已经忘记了它达到这个结果的过程，且那些没有走过这条路的人会认为这个保证是不可理喻的。

直接从真理的纯粹保证出发的那种唯心主义，是一个既不能理解自己又不能使自己被他人理解的单纯的保证而已。它所宣称的是一个直觉的确定性，与这一个直觉确定性相对立的还有其他的、只是在那条证明道路上才消失了的直觉确定性，它们有权要求自己与它并存。理性的基础就在于各个意识的自我意识：我即是我，我的对象和本质现实性就是我；而且没有哪一个意识否认理性的这个真理性。依靠这个诉求，它也就认可了其他的确定性之真理性，即对我有一个他物存在，我从他物中将我退回而作为一个实物出现在他物之旁。只有当理性超脱于这个对立的确定性而作为一个反思出现时，它的自我肯定才不仅仅是确定性和保证，而是唯一的真理。真理的出现乃是它现成存在之抽象的形式，是它自己的发展进程。意识根据它处于世界精神发展的阶段，以不同的方式决定它与他物或对象之间的关系。

但是，理性确知自己是一切实在的确定性还只是一个普遍的东西，是实在的纯粹抽象，自我仅仅是存在物的单纯范畴。范畴是指存在物的内在本质，意味着存在与自我意识本质上是同一个东西，它于他物中或绝对差别中直接与自身相同，它呈现为一种众多性，在这种众多性中包含着与纯粹范畴相对立的他物。而片面的、坏的唯心主义会把这个统一作为意识摆在一边,而将一个自在的现实性摆在另一边和它对立起来。而且,它还会将范畴中的众多性或者说他物当作一种发现物来看待,这就不能再谈到意识自身否定物这类东西了,这实在可以说是对科学的一种诽谤。

众多性事实上是与纯粹范畴相矛盾的他物,因而纯粹范畴必须扬弃它们,这个作为否定统一的纯粹范畴即是个别的单一性——一个新的范畴,这是一种排斥的意识,即是说在它之外的一个他物存在这样的意识。个别性是范畴从它的概念转变为一种外在的现实性的过渡,是纯粹的图式。它既是意识,又是对于一个他物的指示。纯粹范畴指示着类属,类属转化为否定范畴或个别性,但后者又转回头来指示着前者,而在这个范畴中,意识同样也是他物自身,这个他物在其存在中消失,而又在消失中再一次成为存在。

在这里,我们看到双重意义下的纯粹意识。一方面,它是往复运行于它的一切环节的不安静的活动,在此过程中它看到把握又被扬弃的他物;另一方面,它是确知它的真理性的静止的统一。在这个统一中,那不安静的活动构成了他物,而这个统一成了他物。意识和对象就在这两种相反的、对立着的规定中彼此更替。因此,有时意识发现自身即是往复不断地寻求,它的对象是纯粹的自我和本质。时而又意识到它是单纯范畴,它的对象是有差别的运动,作为本质的意识乃是这个过程的全部;它从作为单纯范畴的自身出发向个别性和对象过渡,又在对象中直观这个过程,将对象当成区别物予以扬弃而又据为己有,并且宣称它自身即是一切实在,既是它自身又是它的对象。

这种空洞的唯物主义仅仅将最初的理性作为理性,将事物表述为感觉或表象，自以为是已经指明了完全的实在，而感觉或表象是寄托在外来的冲击里的，这就是一个绝对的经验主义，如怀疑主义一样是自相矛盾的。因为外来的事物总归不属于这个统一的东西，在这里确认的正是那种属于理性的一个他物的知识，即属于我们先前所见的意谓、知觉和知性的知识。不过，现实的理性并非这样毫无成果。理性确信它即是一切实在的确定性时，它在这个概念中意识到作为确定性、作为自我，它还不真正地是自我，是一切现实性，因而它被迫已经将它的确定性提高到真理性，并以具体内容充实了空虚的我。

一、理性的观察

这个意识，即存在因它而取得"他性"的意识，现在看来重新进入了意谓和知觉，但是意谓和知觉却不再是确定仅仅有一个他物，而是确定这个他物就是它自身，在这里它需要自觉地运用观察和经验。理性开始着手寻找真理，即在事物性中寻找它自己的意识，又因为它知道他物正是它自身，因此它是在寻找自己的无限性。

理性最初只是揣测它自己在实在中，或仅仅知道实在是属于它的，现在它发现在它的"财产"中还有外在的他物，这个他物是抽象的理性并不包含于自身内的。于是，理性预感到自己是比纯粹自我更深刻的现实性，它要求将那些有差别的、多样性的存在变成自己所特有的。但是，它必须应当先将纯我自身作为现实予以直观，发现自身即是现存着的形象和事物，首先在其中完成它自身，以便随后能经验到它自己的完成。

意识进行观察，这意味着什么呢？这是说，理性想要发现自己是现实的、感性的存在对象。如果意识知道理性既是事物又是它自身的本质，并且知道理性只能以它独有形态呈现，那么它将会沉入它自身的深处，在那里寻找理性，并会将理性重新从那里推向具体的现实，此时感性基本上可以当作一个概念看待。可是，当理性只作为理性即是一切现实性这个意识确定性的形态直接出现时，存在的环节与我的环节就会分开，理性观察就会走向事物，自以为它所认识的事物是感性的，是与自己相对立的，并且声称事物只有作为概念才具有真理性。在这个过程中，它所认识的只是事物，只是意识自身；它运动的结果，只是从自在的变成自为的。

为此，我们必须在这个观察阶段观察理性各运动的环节，看它如何将自然、精神以至于将自然和精神这两者的关系作为感性存在来理解，它如何在这个运动历程中寻找作为存在着的现实的它自身。

（一）对自然的观察

1.对无机物的观察

如果无思想的意识表示观察和经验即是真理的源泉，那么这种说法很有可能会造成仿佛味、嗅、触、听、视是整个真理源泉的假象。那么，很明显它忘记了同样本质的一个事实，那就是在它感觉时它已经为自己规定了这个感觉对象了，而且这对于意识而言和那种感觉本身一样重要。同时，它所关注的并不是简单地知觉一下而已，因为被知觉的东西应当具有普遍存在意义或共相，而不是感性的、个别的“这一个”。

这里所考察的普遍首先是持续自身等同，它的运动是同一个运动始终如一的重复。当意识在对象中找到普遍性或抽象的自我性时，它必须将对象特有的运动承担起来，而且至少要对这个对象进行记忆。所谓记忆，就是将那种在现实里只以个别形式现成存在着的东西以普遍的形式表述出来，即对事物进行描写活动。这个对象一旦被描述了，意识对它也就失去了兴趣；当一个对象被描述了，就必须着手描述另一个，并且永远地寻找着对象，以便不断地继续这个描述的进程。当不容易发现整个的新事物时，就必须返回到那些已经被发现过的事物，剖析它们以便发掘出事物的新方面。这种寻求和描述看来似乎关注的仅仅是事物，但是我们须知，事物赖以被认知的自身属性比那些感性的属性更加重要，是事物所不可缺少的，而意识认识自己与认识事物同样是本质的。

面对这种双重的本质性，认识陷入了一种彷徨状态，不知对于知识是本质而必要的东西是否对于事物也同样如此。一方面，特征应该只为认识服务，以便知识据以区分事物；另一方面，知识所必须认识的不是事物的非本质的性质，而应当是事物赖以将自身从一般存在中区别开来的特征，是赖以将它自身从他物中分离出来而成为自为存在的特征。

从理性的原则和意图来看，这一点是必要的。因为事物自身若不能将自己从他物中区分出来，当矛盾开始起作用时它就完全湮没消失了。静止的存在和关系中的存在是相互矛盾、相互冲突的，后一种情形下一个事物对于前一种情形下的事物来说是某种不同的东西。所谓个体，就是那种能在与他物的关系中保持自身的事物。但是，凡是不能在这种关系中保持自身的事物，凡在经验方式下由一事物变成了另一不同事物的事物，就使认识陷入混乱，发生斗争，不知自己究竟应当坚持于哪一方面。

因此，在普遍的自身等同的这样一种系统里，自身等同具有双重含义，既是知识或认识的自我同一，又是事物自身的自我同一。每个保持等同的规定性，虽然从容描述着它的发展程序，但是经过这样一扩展，它们必然会走向它们的反面，导致差别和本质混淆在一起，各个原则之间彼此过渡。观察自以为将差别和本质清楚地分开了，现在却发现自己受到各种反例的驳斥和折磨，这些反例剥夺了它的一切规定性，将它再次还原为无思想的观察和描述。因此，理性要离开那种看起来保持不变的规定性，进入到它与它反面的关联中进行观察，探索那些本质上不是自为的而是向其反面过渡的规定性，无疑它所寻求的就是规律和规律的概念了。

在观察的意识看起来，规律的真理性存在于经验中，而不是自在自为的东西，是与概念和自在的普遍互相对立的。换句话说，在意识看来规律不是理性的本质，它含有某种外来的、异己的东西。但是，意识自己所表现的事实就驳斥了自己的这个观点，因为它事实上并不认为一切个别的感性事物都在规律面前显示出规律现象，这样的规律才算是具有普遍性。比如说，被举离地面的石头松手后它将会下落这个规律，根本不需要我们用所有的石头来做试验以后才能成立。意识很可能是指，这条规律的成立至少要试过大量石头后才能以类比法推出如此推论。类比法的结果归根结底是或然性的，但不管或然性或大或小，当它与真理相对而言的时候也就什么也不是了。

然而，理性的本能事实上却把那种或然性的规律当成真理来看待的，以便指出那还没有洞见到纯粹概念意识的真理是有缺陷的。基于这种简单直接的普遍性，规律对意识具有真理性。因此，意识经验到的规律就是存在，就是概念，两种情况相结合时，规律对意识来说才是真的。规律所以为规律，乃是因为它既显现为现象，同时自身又是概念。

我们说规律自在地就是概念，这种意识的理性本能就会不自觉地去纯化规律及其环节，用实验来检验规律。理性这样做是有充分理由的，因为它本能拒绝被假设的意见和一切其他“应当是”之难以理喻的非现实性的东西之误导。凡不是作为一个真我而被意识认识到的东西，在意识看来就什么也不是。这样一来，规律看起来似乎越来越深入到感性之中，但是感性存在却在这个过程中消失了。

结果，理性没有意识到它利用一切感性存在来检验规律，所扬弃的恰恰是规律的感性存在，而且当它把规律理解为物质时这个环节的本质性已经变成了普遍或共相，就可以说是一种非感性的感性存在，这个真正是结果和本质的东西是作为意识的一个对象而来的，它与意识的关系是另外一种类型的观察。

2.对有机物的观察

有这样一种对象，如果在它自身中具有概念的单一性过程，那么它就是一个有机物，有机物在与外物的关联中保持着它自身。无机物以规定性为它的本质，只与一个另外的事物一起才构成概念环节的完整性，成为为他存在的规定性。理性本能地在这里进行的观察的两个规律方面，首先就是互相联系着的有机的自然和无机的自然。

由于无机物一进入运动就自行消失，于是这里所观察到的规律表现为自然要素和有机物之形成过程的关系，有机物有时将自然要素置于自身之外并与自己对立起来，而有时又将自然要素呈现在它自己的有机结构里。这种关系的两个环节自身互不干涉因而并没有表现出必然性，所以有机物与自然要素之间的这种关系事实上并不能称为规律，相反它已经离开了现实，是与规律相反对的一种关系，这种关系就是平常所说的目的性关系。根据前面有机物的定义来看，有机物事实上就是实在的目的本身，那么在与自然要素的联系中它就是通过概念来反思自身的，这既是最初的、开始运动的起因，也是它所实现了的目的，即有机物所产生出来的东西，是本来已有的。

我们必须进一步讨论这种规定，看它自在着是个什么和理性本能又是什么，以便了解理性是如何在规定性中发现自身又不知自身的。目的概念既然被理性所意识，它就是当作一种现实的东西给予理性的，它是自在自为的。无论是在走向终点的过程中或行动的结果，它仅仅只是返回于自身而已。于是，它被置于一旁与意识对立起来，本能地分裂为二，从而它发现它自身，即发现了目的，而又发现这个目的是事物。不过，这个目的不是落在了观察着的意识里，而是落在了另一个知性里。

在这种存在里，观察的意识看不到目的概念，并不知道别处的知性正是作为一个事物存在着，也不知道自我存在与自我保持之间的区别，相反它发现这种活动与它所产生的结果似乎只有偶然关系或漠不相干，如此前一种活动和后一个目的被割裂了，出现在观察意识面前的有机物就成了一种对立，它们所表示的是自我概念和实际现实之间的对立。我们看到的目的概念是就事物的内在而言的，而现实性则是就事物的外在而言的，它们产生了这样一个规律：外在是内在的表现。

如果仔细考察，我们就会发现事物的内在及外在规律中的关系和以前不一样了。第一，在以前的规律里它们都是作为独立事物而出现的，各表现为一个特殊实体；第二，这种对立只是纯粹形式上的对立，它的两个实在的对立面都以同一个自在为本质，在观察中各自呈现自己独特的内容，但只是同一个实体的不同形式而已。

以上所述，有机物独有的关于有机物环节关系的规律乃是就这些环节的双重意义而言的，即一种意义下的环节是有机形体的一部分，另一意义下的环节是通行于上述一切系统的普遍流动性的规定性。因此，这样一种规律的两个方面都是能够被观察到的，是表示那两方面关系的规律却又不是观察所能及的。这些有机规律之所以不能观察，并非因为观察意识过于眼光短浅，而是这种规律的思想被证明根本就不具有真理性。

为了改变这种困境，知性必须立足于有机关系的另一环节上，即必须根据有机物是自身反映的存在这一事实。但是这种存在已经完全反映到了自身，与规定性直接地合而为一，因而其自身已经变成了一种质的差别，它恰好表明它是一种漠不相干的区别，即数量形式的区别。在这里，概念消失了，必然性也消失了。

虽然被理解为有机规定性的客观对象在其自身中含有概念，因而与知性的对象有所不同，但是由于知性在理解它的规律内容时所采取的方式是单纯的知觉，如此规律内容又会变成一种固定的规定性。从一个单纯的感性规定换成一个有机的规定性，这样的转换重新丧失了意义，因为知性还没有把规律扬弃掉。

3.将自然当作一个有机整体来观察

现在有待考察的是有机物的外在方面，当它单独自在时是什么东西以及这个外在的内在与外在之对立是如何规定的。正如我们起初考察过的，外在和内在一样存在内外之对立。就其本身来看，外在就是有机物的一般形态，也可以说有机物的为他存在，或自为存在的对象。这个外在是作为它的外在的无机物而出现的。因为有机物既是绝对自为的，又与无机物保有一种普遍的和自由的关系，因此这种无机物并不能在有机物之外构成一个规律的方面；如果以有机形态本身来规定这两方面的关系，则我们看到真正的有机物乃是一个中项，在这里有机物是绝对自由的，而又与他在各不相干。

我们必须注意，首先这个概念不能被视为过程或其环节的发展，我们必须将它视为单一的内在，有机形态客观存在所依赖的要素。其次，必须注意为他存在，或现实形态的规定性，当它被接纳到它的本质时，它同样是一个单纯的普遍的非感性的规定性，表现为生命现象中所展示出来的全部差别；如果我们比较有机物整体的两个大方面的内在方面，有机物的一个大方面是内在，而另一个大方面是外在，而每个大方面又各有其内在和外在，那么内在方面之内在就是概念，是抽象的不停息的活动，使人误以为要去建立规律；后者自身就是它的规律的一个方面的规定性，普遍性中包含着持存的规定性，在那里一切运动和联系的进程都已消灭。

考察有机物时，外部只考察其形态，而内部只考察形态的内在方面，这样的考察方法将原本相互联系的两个方面视为互不相干的，因而那构成有机物的本质的自身反映被扬弃掉了。事实上，这已经不再是对有机物的考察，因此这种内在与外在的关系仍然要在它自己特有的领域加以考察。

在这个过程里，当无机物的一方面是一种它的自我存在的运动过程，凝聚性被规定为对立的单一性，或他物中的自我存在，那么这个过程就会成为比重扬弃自身的特定活动，凝聚性本身和比重的特定数量完全不相干，仅是比重没有实体性内容的、空洞的抽象。相反的，当无机物的另一方面不是被视为一种过程，而是被视为一种静止的存在，那么它就是通常的凝聚性。凝聚性是一种单一的感性属性，而站在它的对立面的是他物的自由和松散的环节，它分散为许多互不相干的属性。

因此，我们看到一系列的物体其差别表现为它们的比重，而另一系列物体其差别在于属性，这两系列的物体不平行，如此就有肯定的或否定的并且被扬弃的东西，一般是属于概念的东西。但是概念通过属性被视为单纯的存在的实体的那条道路已经被排除掉了，因此在这种存在里，每一个属性如其他属性同样存在着,而且它也不以任何别的方式指出自己在整体内部组成上的地位。在一个具有平行差别的系列里,概念仅仅把本质呈现出来,实际上还不是事实本身。

此前,我们曾把呈现于观察意识面前的有机形态的内外两方面的关系立即转移或者说是应用到了无机物的领域。现在我们可以详细说明之所以这样做的原因,并从而看到这种关系的另一种形式。

有机物作为一种自为存在,其自身内包含着他物或对方的原理,有机物的统一体就是自我同一和纯粹否定性之统一。这个统一,就其为统一而言,是有机物的内在,有机物因此内在而本身是普遍的,或者说它就是类属。但是,类属相对于其实现的自由却是与比重相对于形体的自由不同的。后者的自由是存在着的自由,它是作为一个特殊的属性站在一边的,本质上属于形体的一个规定性。类属的自由乃是一种普遍的自由,而且与这个形体漠不相干。因而,虽然无机物里的规定性只是作为一种属性出现可它毕竟还拥有作为本质的价值,而纯粹否定就其个别规定性而言就是一个数,数的固定规定性是适用于漠不相干的纯粹存在,所以只能视为有机物中的一个偶然,而不能视为本质特性。

现在我们已经指出纯粹的否定性亦即过程的原则并不落于有机物之外,并且说明有机物并不在其本质把纯粹否定性当作一种规定性,而且这个纯粹的单一性倒退为纯粹内在的普遍性之外。因此,在有机物的自我发展的个别性和有机共相或类属之间,出现了有规定的共相,即种。简单的规定性作为种的规定性,乃是以一种无意识的方式出现在类属之中的,具体实现是从类属开始的。换句话说,那被发现表示实现的东西不是类属自身,即是说根本不是思想。真正的普遍性按照其被规定的情况而言,在这里只是内在的本性。作为种的规定性的普遍性，它是站在个别性那一边的，而普遍的个体是落于有机活体以外的。

现在，普遍的生命作为类属的简单本质从它自己这方面发展着概念的区别，并且必须把这些区别表述为一个具有简单规定性的系列，那么这个系列就是一个由不相干的区别所构成的系统，或者说是一个数的系列。类属要么按照数的普遍规定性将其自身分化而为种，要么以它的实际存在的个别规定性如形态、颜色等作为其分化的原则。可是当它着手从事这一业务活动时遇到了来自普遍的个体的暴力，普遍的个体作为绝对的否定性，它们的性质与类属的区别的性质是不一样的，并使这些区别胜过类属的系统化进程。因此，类属的活动就大受限制，它只能在那些强有力的要素中展开活动，并且系统化工作到处中断，残缺不全。

由于上述种种，在有机的实际存在里观察到的只是作为生命一般的理性自身，并不包含理性的排列和组织。有机物和无机物的差别，根本谈不上什么规律和必然性，而是止于一种所谓的“巨大影响”的观念而已。同样的，当个别性不具有地球的意义而只具有内在于有机生命的一的意义时，观察所及的只不过是制造一些机智的意见、找出一些有趣的关联、发现一种对概念的友好迎合而已。但是机智的意见并不是必然性的知识，有趣的关联终归不过只是有趣而已，并没有超出兴趣之外。至于说一个个体具有暗示一个概念的友好性也只不过是一种孩童般的友好性，如果它自以为是有价值的或者想要成为任何有价值的东西，那它就太幼稚了。

(二)对自我意识的纯粹自身及其与外在现实的关系的观察：逻辑规律与心理学规律

在观察自然的时候，观察的意识发现在无机物中有实现了的概念以及一些规律,它们的环节是具体事物而事物同时又以抽象自居,有机自然的生命则是返回自身的简单性。这种生命自身内的对立,普遍性与个别性在生命本质里并不彼此分离。观察这种自由的概念,发现它的普遍性正好绝对地包含着它发展了的个别性,这种自由概念只有在作为概念而存在着的概念里观察到,即只有在自我意识中观察到。

当观察的理性返回自身并将自己导向自由而现实存在着的概念时,它首先发现的就是思维的规律。思维的规律是这样一种个别性,它是自身中的思维,是一种抽象的、完全返回于简单性中的否定运动,而且思维规律居于实在以外,没有实在的纯粹形式乃是思想之物或者说空洞的抽象,因为没有分裂就没有内容。但从另一方面看,既然思维规律是纯粹思维的规律,而纯粹思维是自在的共相,那么这些规律就是绝对概念,从而必然地既是形式又是本质。自身运动的普遍性是分裂为二的概念,未经分裂的概念是自身中的内容,而且是这样一种内容:它是一切内容,但唯独不是一种感性存在。

感性存在是一种内容,它既不与形式相矛盾,也不与形式相分离,它本质上就是形式自身。这种形式既然是为观察的,它就获得了一种内容的规定性,它就是一种被发现、被给予的,亦即仅仅存在着的内容。它也就成了许多关系或大量分化了的一种静止存在,这些关系或必然性作为一种固定的内容在它们的规定性里本身就具有规律的真理性。

然而,当我们考察这些规律就会发现,它们是与自我意识的同一性相矛盾的,换言之是与思维和形式相矛盾的。所谓的规律,只是自我反映于同一性的一个环节,是作为一种不能持存的数量而出现的。它们是没有形式的内容,而且观察并不是知识自身,而是把知识的本性转化为一种客观存在的形态,即它把知识的否定性理解为存在的规律。思维的这种否定的统一是自为的存在着的,或者说思维的否定性就是自为存在和自为性,就是个体性原则,它的实在就是一种行动的意识。

因此,观察的意识就被引导着去观察思维规律实在,即观察行动的意识。行动的意识是自为的,因为它扬弃对方并以对自身亦即否定性的这种直观活动为其现实。于是,在意识的行动现实里一个新的领域打开了。观察的心理学起初只陈述观察所发现的、行动意识所表现的是一般形式下的知觉,随后却发现有各种各样的能力、爱好和情感,简直就是一个集合体。于是,观察的心理学不得不为之感到惊讶。在对这些能力的陈述中,观察站在普遍性的一面,而各种能力的统一体则是普遍性的对立面,是现实的个体性,它们的关属本质上带有偶然性的个别要素。

不过,既然有意识的个体性是以精神普遍性为本质的,因此把个体性纳入普遍性形式,那么找出个体化规律的行动就有可能,有必要去达成了。有关双方关系的规律,现在必须包含和表明外在的普遍的东西对个体性产生了什么样的作用和影响。但是,由于个体性本身也是普遍性的东西,它又对它们持反对的态度,从而转换或改变它们;又再,在个别情况下它也完全不加可否地对待它们,既不受它们影响,也不影响它们。因此,个体受到了什么影响,严格地讲完全取决于自身,只是它根据外在世界自在自为地在它自身内特殊化了自己,即是说个体既可以听任现实之流对自己的冲击,也可以截住它,颠倒它或改变它,构成其普遍性方面的那种自在而自为的实际存在消失了。或者换句话说,个体性和普遍性这两个方面自为地存在着,它们之间不存在必然性和规律。

(三)对自我意识与其直接现实的关系的观察:面相学和颅相学

心理学的观察既然发现自我意识与对立的世界之间并没有规律,双方互不相干,于是不得不退回到现实的个体上,来观察现实个体自己特有的规定性,或者说观察开始以它为对象。个体是自在地和自为地存在着的,它是一个自由的行动,个体的这一规定性显示个体自身体内存在对立,它既是意识的运动,又是一种显现为现象的固定的现实存在。由于个体仅仅是由自己制造出来的,所以它的身体也就是由它自己所产生的关于自身的一种表示,或一种符号,既是一种符号,那就不再是一种纯粹直接的事实,而纯然是个体借以显示其原始本性的东西。

现在所考察的正是作为个体自我实现之表现的个体形象,亦即个体的活动本质所表现的特征与形式。个体不仅包括着特定的原始固定部分,而且也包含着内部活动所形成的部分。客观的外在存在是个体内在之一种表示,亦即是说个体构成一种意识或一种过程的表示。同样,这种内在不再是无任何自身内容和规定性的自发活动,也不再像以前那样居于外在环境里了。相反,个体的内在乃是原初的、自在的规定性,只以活动为其形式的那种个性而已。于是,我们在此就来考察一下,看着两方面之间的关系具有怎样的规定性,并且看看所谓外在里面的内在究竟是怎样的。

1.器官面相学的含义

这个外在,首先只作为器官而表示着内在,使内在成为看得见的东西,或者作为一种为它的存在。至于内在,就其存在于器官中而言,内在就是活动自身,如说话的口、劳动的手、走路的腿等等,它们都是实现和完成内在的器官,既是内在自身又是活动自身;内在通过这些器官获得的外在性就是行为,行为是一种从个体分离出来的现实。语言和劳动都是外在表现，在这里个体不再保有它的内在于自身内，而是使内在走出自身以外，并且将自身变成了某种他物。

此时，内在的行为包含两种相反的含义，它可能是内在个体性而不是内在个体性的外表，也可能是一种脱离了内在而完全不同于内在的外在现实。如果说外在形象只有当它不是器官也不是行动而是持存的整体时，它才能够表现内在个体性，那么它就会将内在当作一种外物接纳到自己的存在里，从而自身变成内在的符号，这是一种外在的、偶然的表现。这样一些互为外物的东西任意关联，当然并不能构成任何规律。

但是，面相学据说与这些毫无希望的研究有所不同。因为面相学考察特定的个体，是就其内在与外在亦即有意识的本质与具体存在着的形象之间必然的关系中考察的，并且这内外两个环节是互为关联的，所以它们必然会构成一种规律的内容。

如前面所说的，活动的器官既是内在自身又是活动自身，或者说它既是自在存在的又具有一个为他的存在。根据这个规定，我们可以对器官产生一种与前不同的看法。行动是在器官里发生着的，同时构成器官的外在性，作为行动的行动与那完成了行动的行动是不同的，内在与外在互相分离，彼此互为或可以互为外物，所以器官必须被视为两者的中项，并且它实现了内在和外在的统一。所以，器官的存在就不仅仅局限于直接的行动手段了，外在表现乃是它的一种自身反映。因此，手掌上的简单线条、声调和语音等语言上的个人特点都是内在的一种表示。

2.这种含义的双义性

个体对于自己的外在行动不是缄默无言的，但当它行动时会把自我清楚地表示于外。我们还必须看看，这种统一体即反映中所包含的必然性究竟是怎样一种性质。首先，这种反映不同于行动自身，它可以是并且可以被视为某种不同于行为的东西。比如，我们观察一个人的面部表情，以看出他所说的或他所做的是否出于真诚。但是反过来，反映是内在的一种表示，却也是一种存在着的表示，仅仅是对于个体的一个符号，而这种符号与它所指的东西漠不相关，它既可以是个体的真实面目也可以是它随便丢掉的面具。也就是说，表象并没有与内在自身合而为一。

个体性渗透着或体现于自己的形象，在形象里运动，在形象里说话。但是形象同样可以抹掉存在先前所具有的意义，使它不再含有个体性对自身的反映或真实本性，反而把真实本性放到意志和行为中去。在这样做的时候，个体性就违背了负责观察自觉的个体的理性本能为内在和外在所建立的关系。

不过，我们可以据此了解面相学——如果我们愿意称之为科学的话——的真正的思想基础。观察中的这种对立，就其形式而言乃是实践和理论的对立，但这两者又都落在实践方面本身，因为观察所理解和接受的这种对立，恰恰是与表象里的对立正好颠倒的。实践的意识包含意图和行动内外两个方面，观察如果选择前者作为真正的内在，真正的外在表现就是个体精神的感性的当前存在。意图的独特性和自为存在的单一性，两者合起来就是主观上所"意谓"的那个精神。因此，观察乃是以一种"意谓"出来的存在作为自己的对象的，并且从中寻找规律。

揣测对意谓中的精神呈现作出"假定"，这是日常习用的面相学，这种面相学只消看一眼就立即对个体内在性和外在形象的性格作出判断。例如，根据面貌、字体、声调等判断一个人的行为性格。但是，这种内容是属于"假定"或意谓的，因此想把所谓的识人科学或者日常面相术上升为科学是一种既无基础又无结局的东西。而且,它的研究对象恰恰就是精神反映自身并从感性存在返回于自身这个事实,通过它发现的所谓的规律根本就什么也说明不了,只是纯粹的空谈。

李希屯·伯格在描写面相学观察时说了这样的话:“如果有人说,你的行动诚然像个老实人,但是我从你的面相看得出来,你是装出来的,你在内心里是一个流氓无赖。毫无疑问,像这样的说法,直到世界的末日,任何一个勇敢的家伙都会报之以耳光。”这句话正是驳斥了这样一种臆测的“科学”之基本的假定,即一个人的现实就是它的面相等等。的确,人的真实存在是他的行为,在行为里个体性是现实的,而且把“意谓”或“假定”的东西予以扬弃正是人的行为。

行动是一种简单规定了的普遍的东西,是可以在抽象中予以把握的东西。它是一次杀人罪行,它是一次慈善行为或一次见义勇为等等,总之我们可以说出它是什么,如此行动的存在不再仅是一个符号而是事实本身,有什么样的行为就有什么样的个人。无疑,当问及作为存在的存在时,他的形象和行动这种双重存在是彼此对立的,两者都声称是他的现实。在这里,我们只能肯定行动是他的真正存在,因为形象所表示的乃是他通过他的行动所表达的所谓意谓的东西。同样,当他的行动与他的内在意图相对立时,那么只能是前者被视为他的真正现实,因为行动的对象性并不改变行动本身,它只是表明行为是什么。

把这种现实的存在分解为意图,将现实的行为解释为一种意谓的存在,这种思维无非是相信无为而治的懒汉思维,想否定行为有理性的性质,从而轻视它,说它不是人的存在,以至于把形象、外貌等说成人的自在存在,那么他就应当得到上述所说的那个回敬的耳光,因为——形象并不是自在,而是一种可以采取行动的对象。

3.头盖骨相学

如果现在检查一下自我意识的个体性和它的外在方面全部可供观察的关系,我们会发现,还有一项关系必须由观察当作自己的对象来加以观察。在心理学里,事物的外在现实据说是把精神当作它自己有意识的映像,而且它还能使精神变得可以理解。但在面相学里则相反,在尚待考察的规定性里,精神的外在要素是一种完全静止的客观性,它自身不再是像语言或话语这样一种存在,而是从自我意识的进程中分离出来,自为地将自身呈现,它与自觉的运动完全无关,而只自为地呈现为一种纯粹的事物。而且,自我意识把它的现实性当作某种漠不相干的东西来看待。要想有效地对实际存在发生作用,它自身就必须是一种存在,虽然不必是真正的对象性存在,但应该被指明是一种器官。

在日常生活中,比如说,愤怒这样一种内在行动被认为是位于肝脏的。但是,个体的肝脏运动不能被视为完全是个体内在的、完全反映于个体自身的运动。因为肝脏运动已经转化为个体的躯体,变成了一种动物性的、反映外界现实的具体存在。反之,神经系统乃是有机物在其运动过程中的直接稳定性。各种神经器官虽然具有对外倾向的意识,但大脑和脊髓是自我意识的直接呈现,是持存的。这种器官一旦为它的存在,或为对象性存在,那么它就是一种死的存在,就不再是自我意识的呈现。

由于精神自身不是抽象而单纯的实体,而是一种过程的系统。在此过程系统中,精神将其整体分化成不同部分的存在,而且似乎非这样设想不行。因为精神在大脑中的自我反映的存在本身仅仅是它的纯粹本质和它的分化了的肢体的中项,因而它必然含有两端的性质,而后者由于分化了肢体的缘故，本身也就一定含有存在着的分化。如果说大脑和脊髓是精神的身体性的自为存在的前一个极端的话，那么头盖骨和脊椎骨就构成了那分离出去的另一个极端。当想到精神之真正所在的时候，人们总是想到头脑而不会想到脊椎，也有人会想到精神位于脊椎，但脊椎被视为与之对立的实际存在要证明的东西太多了。于是，如果我们乐意的话，脊椎骨就可以名正言顺地排除在外了，是谈到头盖骨的时候了。

在这里，首先规定的仅仅是这么一点：大脑是活的头，头盖骨是死的头。既然头盖骨本身是有机物的一部分，那就必须设想它也有一种能动的、活生生的自我形成作用。头盖骨通过自己的形态对大脑施加压力，替大脑规定外部界限，而且它作为比较坚硬的一方也确实有这种能力如此做。既然自我存在的规定性属于大脑这一方面，而具体存在的规定性落在了头盖骨这，那么在有机的统一体之内，这两方面之间就可以建立一种因果关系，即它们的形态和形象相互通过对方而被规定。但是，我们还不能确定究竟一个精神环节是在强的情况下占有一个比较扩张的脑器官，还是在弱的情况下占有一个比较收缩的脑器官？又或是恰好相反。同样还不能确定的问题是，大脑的形成和发展究竟会使器官扩大还是使器官缩小，究竟它把器官弄得更粗糙还是更精致。

但是，由于头盖骨不是一种行为活动的器官，也不是一种说话的运动，这种实际存在着的形式也不具有符号的意义。因此，头盖骨自身终究是一种漠不相干的主体，它的现实不再是反映自身的存在，而是纯粹直接的存在。其次，头盖骨自身也没有感觉，有些确定的感觉由于接近头盖骨或许可以使我们能够通过它们的接近关系而从中发现头盖骨可能传达的含义。但是，作为感觉中心的感觉必然伴随着所有的痛苦，我们难以分辨出哪种感觉是头盖骨的纯粹感觉。

头盖骨上的骨节或空隙既可以指示某种现实存在，又只指示一种潜在，而由于潜在不确定将成为什么东西，所以它所指示的只是某种根本不实在的东西。既然潜在是一种原初的存在，根本不参与精神的活动，那么头盖骨当然更是这样一种存在。没有参与精神活动的东西，对意识而言就只是一个事物，它不是意识的本质而是意识的反面，因为意识正是通过这种无精神存在的否定和扬弃才是自为的实在。由此可见，头盖骨不是真正自在的东西，不是精神的现实性。

自我意识的理性通过本能观察成功地猜测知识问题，却只以外在无精神的方式来理解认识。越是坏的思维，它的坏处确切在什么地方，因而就越不容易加以分析。因为说一种思想愈坏，就是说它以之为本质的抽象愈纯粹和空虚。

头盖骨学里的对立，一面是有自我意识的个体性，另一面是由外在简化而成的一种纯粹事物的抽象——这也就是说，精神的内在存在被理解为固定的无精神的实际存在而与精神内在存在相对立。达到这一步，理性的观察似乎实际上也达到了它的顶点，因为只有坏透了的东西才含有完全向其反面转变的内在而直接的必然性，观察的理性必须作一个一百八十度的完全转变了。

当综观上述所讨论过的、构成了观察之内容和对象这一系列的关系时，我们会发现早在第一种样式的观察里，即对无机物的观察里感性存在就已经消失了，它的关系环节将自身作为纯粹抽象和单一的概念呈现在观察面前，结果只能被证明是一种纯粹的运动和一种普遍或共相。这个自由的、自身完成了的过程虽仍保有客观事物的意义，但却是作为一个一而出现的。在无机物的过程里一是并不实在的内在，它仍然是一个外在，或者说是有机物的一个内在。有机过程自由的自为状态出现在目的里，在那里表现为另外一种本质，一种处于纯粹过程之外而自我导向的智慧。于是，观察的理性将注意力转移到这种智慧，转向精神，转向作为共相而存在着的概念，或转向作为目的而存在着的目的；而理性自己的本质，现在就变成了它的观察对象。

理性在此处的观察活动，首先关注的是它的纯粹本质。由于理性把自身差别中的运动对象理解为一种存在着的东西，于是它就觉得思维规律都是一种持存事物和另一种持存事物之间的关系。由于规律以环节为内容，观察就汇入了自我意识的单一。单一，是偶然的、个别的自我意识。因而，观察过程就只保持在有意识的现实性和无意识的现实性的关系内，将精神通过意志和行动的实现与反映于自身而从事思索考察的、亦即那种本身就是客观存在的现实性加以对比。这个客观现实固然是个体的一种语言，是个体所具有的东西，但作为一种符号，它与它要指示的内容漠不相干。

因此，观察得出结论：精神的外在和直接现实不是器官，也不是一种语言或符号，而是僵死的事物。于是，观察达到了明确说出我们最初关于观察所持的那种概念这一点，即理性的确定性寻求自身，观察将自己作为对象性的现实。但是，真正的对象性或客观性必须是一种直接的、感性的存在，因此大脑纤维之类的东西作为精神的存在就是一种假设的精神之现实。作为僵死的对象里的客观性——因为骨骼可以说是在活的存在自身中所能发现的死的东西——就被认为是客观的现实，精神就作为实在被建立起来了。

理性本质上亦即概念，直接地分裂为它自身和它的对立面，这个对立正因为是直接分裂出来的也就同样直接地被扬弃。如果我们把理性视为它自身和它的对方,并把它固定在对立的个别环节,那么可以说,理性被非理性地理解了,而且这种对立环节越是纯粹,外在表象就越是荒唐。

二、理性的自我意识通过其自身的活动而实现

自我意识明确意识到它自身即是客观现实时,就不再确知它是一切现实的那个直接确定性了,而是这样一种确定性:直接的东西具有一种被扬弃物的形式,这种直接的东西的客观性只是个表面,内在和本质则是自己。它是一种与自身统一存在于自我意识的双重性和两个自我意识对立中的精神。现在,这种确定性必须提高为真理性,即自我意识是自在的并且是在它的内在确定性中的,现在应该进入它的意识,成为为它的。

这个实现过程的一般阶段是什么样子,只要研究一下它走过的道路就可以看出来。从前观察的理性在范畴的要素里重复了感性确定性、知觉和理解的意识运动,现在这个理性将重新通过自我意识的双重运动,从独立过渡到它的自由,如此个体意识被提高为普遍性,个体就变成了普遍的理性,并意识到它自己就是理性。但是,事实上它们只是由实体创生和支持着的实在,并且只有当它们存留于实体自身中时,才能获得真理性,是被承认了的自我意识。

如果我们把这个内在而尚未外显的精神呈现为已经发展成为具体存在的实体,就会看到一个伦理世界展开来了。伦理是各个个体的本质在它们独立的现实里的绝对的精神统一,是一个内在的普遍的自我意识,它意识到自己在另一个意识里是具体和真实的,以至于这另一个意识具有完全的独立性,而它正是在这个完全独立性里意识到自己与其的统一,并且

它只在与这个客观存在的统一中才是自我意识。这个伦理实体在抽象的普遍性里只是思想出来的规律,它同样直接地即是现实的自我意识,或者它就是习俗伦常。

在这个自我意识理性之实现的概念里,理性是作为流动的、普遍的实体,作为不变的、简单的事物性而出现的。这种事物性为很多完全独立的存在,自在自为地消融于简单独立的实体里。也就是说,它们牺牲了个别性,而以普遍的实体为本质,并且这个实体正是它们行动的产物,是一切个体的普遍的习俗伦常。不过,个体在普遍实体里所取得的不仅仅是这种持存形式,同样也取得其持存的内容,它认识到它自己,从而复得自身。但它只具有它自己的确定性,每个人又像确知他自己那样确知别人。即是说,我和别人都是独立的存在,我们的自由统一是这样的:这个统一既是通过我而存在的,也是通过别人而存在着的——我视他们为我自身,视我自身为他们。在一个自由的民族里,理性因而真正得到了实现。它此时是一个活着的精神,在这个活的精神里个体不仅找到它普遍与个别的本质,而且确知它自己就是这个本质,它达到了它的规定性。所以,古人曾创出格言说:智慧与德行,在于生活合乎自己民族的习俗伦常。

但是,自我意识首先只按概念说直接是精神,现在已经从它达到的规定并按此规定而生活的幸运者中走出来了;或者说,自我意识还没有达到这种幸运。这两种说法具有同等级的真理性。

理性必须从这种幸运中走出来。因为实在的伦常是一种存在着的社会秩序,因而这个普遍的精神就是一个个别化了的精神,而伦常和法律整体乃是一个特定的伦理实体,它只有在关于自己本质的意识中才能破除限制,并且在这个认识里获得它的绝对真理性。因此,可以说个别的意识直接以实在的伦常为生存，它是一个具有坚实信心的个别意识。精神还没有因这个信心而将自身消融为抽象的环节，因而个别的意识也就没有想到自己是一个纯粹自为的个别性。但是，当个别意识一旦达到了这种认识，它是必然要有这个认识的，那么它与精神的这个直接的统一或它在精神中的存在，它的信心就消失了。个别意识通过这种自为孤立成为自己的本质，而不再以精神为本质。如此，个别就进而与伦常和法律对立起来了，个体作为特殊的我将自己视为活的真理性，后者就被认为是没有绝对本质性的思想，没有现实性的抽象理论。

又或，我们也可以说，自我意识还没有达到它即是伦常和法律这个幸运。因为，从观察回到自身的过程中精神尚未确立即实现为精神，它只被确认为内在性和本质，是直接存在着的个别。它想将自己创造为既是这个个别性又是它的存在着的对象，并想意识到它的现实与客观世界的这个统一。由于这个统一意味着幸运，于是这个个体就可以说被它的精神送到世界里去寻找它的幸运。于是，如果对于我们而言这个理性的自我意识的真理性就是伦理实体，那么，对于自我意识而言这里只是它的伦理世界经验的开始。

按前一说法，意识形态是伦理实体形成或实现的过程，并且它们先于这个伦理实体；在后一种意义上，它们跟随在伦理实体之后，并向自我意识披露什么是它的使命，它意识到伦理实体是它自己的本质，而且这个运动是道德的形成或实现过程。所谓道德，乃是一种比伦常更高的意识形态。但是这些形态只是构成道德形成中属于自我存在、扬弃目的的一个方面，并不构成道德摆脱伦理实体而独立出现的那一面。但是考虑到这些环节在意识丧失了伦理生活后所显现的形式更接近于我们这个时代，而且意识在寻找其伦理生活时所重复的也正是那些形式，那么这些环节就更可以按后一种说法予以表现。

自我意识还只是精神的概念，作为个别的精神它是自己的本质，它的目的是将自身作为个别的意识而予以实现，并在这个实现中享受自我。在这种规定之下的自我意识，乃是他物的否定性，意识于是分裂为两半，既显现于这个现成已有的现实里，又显现于通过对现实的扬弃而求其实现，即直观另一个自我意识，即是自身的目的里。在此过程中，个别的本质并不能同时被保存下来，只有通过对个别本质的牺牲，善才能得到实行，而自我意识变成德行。又因为目的已经实现了，行动本身就是善。凭借事物性是精神独立的自为存在这一概念，自我意识意识到它自己就是实在、直接地表现自身的个体性，而且这个自我表现本身就是它的对象和目的。

(一)快乐与必然性

自我意识意识到自己就是实在，它的对象就在自身内，但是它所具有的这个对象只是自为的还不是实际的存在，而是作为另一现实与自己对立着的。自我意识的目的就在于实现它的自为存在，从而将自身看成为另一个独立的存在。它这第一个目的，是要意识到它自己是在另外一个自我意识里的一个个别的存在，确信这另外一个自我意识本质上就已经是它自身——当它从伦理生活的实体和思想的静止存在中上升而成为它的自为存在时，它已经将习俗伦常和具体存在里的规律、理性观察所得知识和理论等等抛在了自己身后，因为这些东西的自为存在和实在与自我意识的自为存在和实在是两码事。自我意识认为只有个别意识的现实存在才算真正的现实，于是它就这样投身于生活，将它出现时所带来的那个纯粹的个体性予以完全发展。

1.快乐

仅就一方面来说，自我意识的行动是一种欲望行动。因为它的行动并不以消灭整个客观事实为目的，只涉及它自己的他在形式或独立性形式，这种形式是一种不真实的表象。如果欲望和欲望的对象在一个原素内是各自独立的，这个原素就是活生生的实际存在，可是由于这个实际存在属于欲望的对象，因而欲望在获得享受时，原素就被扬弃了，这种原素就成为独立性的意识。

就事情本身来说，这种分离本身不是对自我意识的，因为自我意识知道别的自我意识即是它自己固有的本性，意识到它自己在一个独立显现着的意识里的实现，直观了两个独立自我意识的统一，于是它享受到了快乐。自我意识达到这样的目的后，也经验到它目的的真理性。它理解自己是这个个别的、自我存在着的存在，意识到自己的对象是它与另外的自我意识的统一体，因而是扬弃了的个别，或是普遍。

2.必然性

享受过了的快乐意识到它自己就是客观的自我意识，这诚然具有积极的意义，但也具有否定的意义——它已扬弃了它自身。自我意识既然只在肯定意义上理解它的实现，那么它在意识里所取得的经验就是一个矛盾：在它的经验里，它的个别实在所获得的现实性发现自己被否定的本质，即个体性本身所是的概念所摧毁，现实性的力量也被此所吞食。因而，在观察的精神面前，它的本质只是抽象的范畴。

在这里，我们面对的情况是自我存在和中介性都进入到了这种事物性里面了，因此这个个体性就出现而为一个以简单本质要素的已经发展了的、纯粹的关系为其内容的圆圈。个体性获得了实现只不过意味着它已经将这一圆圈的抽象性从简单的自我意识的封闭中抛出去了，并将它们投入到“为他意识的存在”或客观扩展的原素里去。因此，在享受着的快乐里，对于自我意识而言作为它的本质而成为对象的，即是这些空虚的本质性，如纯粹同一性、纯粹差别以及它们的关系的充分扩展。除此之外，个体性当作它的真理性而经验到的那种对象，再也没有内容。

这个内容就是被称为必然性的那种东西。所谓必然性，是无法说出其究竟做什么、无法说其特定规律和肯定内容是什么的东西。必然性联结着的东西是纯粹的本质或空虚的抽象，纯粹同一性、纯粹差别以及关系都是这样一些范畴，它们各自并不是什么自在自为的东西，只存在于与其对立面的关系中，因而是不能彼此分离而独立存在的。它们通过纯粹的本质或空虚的抽象彼此联系在一起，这种绝对的关系和抽象的过程就构成了必然性。以纯粹的概念为其内容的个体性，使自身沉沦于自己无生命的意识里，而且只是作为空虚的和外来的必然性，只是个死的现实。

3.自我意识里的矛盾

过渡产生了——从单一形式过渡到普遍形式，从一个绝对抽象过渡到另一个绝对抽象，进而从切断与别的存在的一切联系的、纯粹的自为存在过渡到纯粹的对立面，即抽象的自在存在。既然个体意识是它自己与对立面的统一，那么这个过渡对它而言就仍然是一个事实。它的目的和它的实现以及构成它的本质性的东西和自在地是本质性的东西之间的矛盾，都是个体能够自觉意识到的，即它认识到自己寻求生命的过程具有着双重意义：它是去寻求生命，但它获得的却是死亡。

从活的存在到无生命的必然性过渡，对自我意识而言显然是一个根本无须任何中介的逆转。作为中介的东西一定是被中介的双方合而为一的那种东西，一定是一个环节认识另一个环节的意识，它在命运里面发现自己的目的和行动，又在它的目的和行动里发现命运，从而在这种必然性里直观到它自己的真实本性。对于意识而言，这个同一性的意义正是快乐本身——简单的、个别的情感。

但是，很快意识经验到从目的到真实本性这个环节的过渡，是向自己对立面的一个纯粹的飞跃，自己的行为后果竟然不是行为本身；过渡不是同一内容和本质性的一种纯粹形式的变换，而是被呈现为自己的对象或直觉到了的本质。这样，抽象的必然性就成了粉碎个体性的那个仅仅否定的、未被理解的普遍性的力量，它对于自己来说就是绝对外来的东西。但是，自我意识却在这个丧失中得以幸存。因为这个必然性或纯粹的普遍性是它的本质，意识据此返回到自身，认识到必然就是它自身。

(二)心的规律与自大狂

在新的形态里，自我意识认为自己是必然的东西，它在自身内直接地具有普遍或规律。由于自我意识直接地存在于意识的自为存在中这一规定性，我们就将之称为心的规律。作为个别性，自我意识的这个新形态像以前的形态一样是本质现实性，但是它比以前的形态更为丰富。按照它的规定性，自为存在对它而言是必然的或普遍的。因此，固有的规律的规律，或在自身中具有着的那个有规律的“心”，乃是自我意识所要实现的目的。现在尚待考察的是，究竟自我意识的实现是否符合于这个概念，以及在这个实现中它是否意识到它这个规律就是本质。

1.心的规律和现实的规律

与这个心对立着的是一个现实。因为心的规律首先只是自为的，尚未实现的，因而也就是与概念不同的东西。它把自己规定为一个现实，它要去实现的东西的对立面，于是出现了规律与个别性之间的矛盾，一个残酷的必然性压碎个别性的关系。在前面的内容中我们已经了解到，自我意识的新形态是在必然性运动中产生的，但是在这里新形态对它的起源毫无意识，它认为它的真正本质在于它是独立自为的，或在于它是这个肯定的自在存在的否定。于是，这个个体性要扬弃与心的规律矛盾着的必然性以及由必然性带来的痛苦。个体性因而不再是以前只追求个别快乐的那个形态，而成为一种具有高尚目的的真诚执著，它在展现它的高贵本质和创造人类福利中寻找它的快乐。个体性所实现了的东西本身就是规律，因而它的快乐同时也是一切人心所感的普遍快乐。它的快乐是合乎规律性的东西，而普遍的人类规律的实现又为它提供了个别的快乐，如此个体性和必然性直接立即就是一个东西，规律乃是心的规律。

相反，与心的规律对立着的规律是与心割裂开来、自为存在着的。受制于这种规律的人类不是生活在规律与心同一性的快乐里，而是生活在残酷的分裂和痛苦之中，至少是被剥夺了自身的快乐享受，并且缺乏对于它自己的卓越性的意识。由于这处于支配地位的规律是与心分离开来的，意识新形态就被心认为是一个假象或错觉，这个假象被认为应该丧失还与它联系在一起的东西，即力量和现实性。人和神的规律诚然可以在内容上偶然地与心的规律相一致，从而可能被心的规律所默许或认可。但是对于心来说，它需要在服从规律性中使自己获得满足。要是普遍必然性的内容与心不一致，那么它的内容就什么也不是，必须让路给心的规律。

2.将心置入现实

于是，个体就实践和实施心的规律。心的规律变成了普遍的秩序，而快乐变成了一个自在自为地合乎规律的现实。但在这个过程里，规律事实上已经逃离了心，直接地变成了被扬弃的东西，而心的规律由于获得了存在形式变成了普遍力量，普遍力量就认为与这个特殊的心是漠不相干的，因此这一活动的实现不再是心的规律，个体建立起来的秩序不再是它自己的了，而是把自己卷入到一种充满外在的、异己的力量现实秩序里了。这样一来，个体就清除它自身中的个别性，成为一个自由独立的普遍性。个体的这种行动因而就有了颠倒的意义：一方面个体的行为是个别的心的行为，而不是独立的普遍的现实，它与普遍的秩序相矛盾；同时，这里所谓的个体行动就是把个体的本质变为自由独立的现实，也就是说个体事实上认识到和承认普遍的现实是它的本质。

个体已经通过它的行动原则详细规定出，它如何使自己隶属于现实的普遍性，而现实普遍性又如何转向它的对立面。不过这里所谈论的问题并不是建立一个特定的规律，而是个别的心与普遍性直接统一这个思想已经提升为应该遵守的规律，每个心必须在普遍规律里认识自己。但是，由于心的个体性变成了它自己的以普遍的形式出现的对象，它在内容里找不到它的心的规律，所找到的是别人的心的规律，而且它会反对其他个体所建立起来的现实，正如其他个体会反对它所建立的现实一样。个体因此发现，心与它的高尚意图相反，是令人生厌的。

不过，在这种情况下，意识也认识不出它自己的那种现实，并不是死的必然性，而是通过普遍个体性而成为必然性。过去它认为那种权威的神和人的秩序是一种死的现实性，但是现在却发现这个现实被一切人的意识激活了，它经验到它所探究的这个现实其实就是融合和赋予了生命中的秩序，而它之所以认识到这个恰恰在于它在对象中认识不出自己，进而实现了它自己的心的规律。

3.个体性的自大狂

自我意识的这种形态根据自己的经验揭示为真理的东西，是与这种形态本来的或自为的情况是相互矛盾的。但是，当它自为的情况具有绝对普遍性的形式时，这就是心的规律与自我意识直接地合而为一了。与此同时，持存的活的秩序又是自我意识的本质，两者直接统一在一起。这样一来，自我意识就分属为两种相反的本质性，在其自身中发生了矛盾。这一特定的心的规律，本来只是自我意识在其中认识自己的规律，但由于这种规律的实现，普遍的、有效的秩序也同样变成了自我意识的本质和现实。一旦自我意识表述了关于它自己的自觉的毁灭这个环节，并表达了它经验的结果，那么它就表明它自身乃是它自己的这个内在颠倒，乃是意识的疯狂。

在这里，现实的和非现实的意识，或本质的和非本质的意识将会相互分离。如果某种东西事实上对于意识一般是现实的和本质的，那么，我在意识到它的虚无性的同时也就具有了对于它的现实性的意识，因为我就是意识一般。当两者都在我中固定和扎根下来，那么这就是一个统一体，即疯狂一般。在这种状态下，疯狂的只是一个为意识的对象，而不是自在自为的意识本身。相反的，在意识看来，这相互矛盾的两方面直接地是它的本质，这个本质于是就在它最深的内部颠倒错乱了。

意识在它的这种癫狂错乱中，宣称个体性是颠倒的、疯狂的和被颠覆的东西，但个体性只是一种外来的和偶然的个体性。事实上，心或意识直接地寻求成为普遍的那个个别性自身才是被颠倒了的和颠倒着的东西，因为在它看来心的规律才是真的东西，但心的规律只是一种单纯臆想的东西，现实以及成为有效秩序的法律才是现实性的规律。同样的，它自己的现实性亦即意识的个别性的心自身，在它看来乃是本质的真理，但它的目的是要将那个个别性建立为实际存在着的，于是它首先将那作为非个别的自我看成是真正的现实，它的这个概念通过自己的行动就变成了它的对象，结果被发现是不现实的东西，而被它发现的非现实性却成了它的现实性。

既然直接普遍的个体性就是被颠倒了的和颠倒着的东西，那么这个普遍的秩序作为一切心的规律，即作为被颠倒了的意识的规律。一方面，这个秩序证明自身就是一切心的规律，那公认的和建立起来的规律是精神的实体和普遍性，是自己实现了的精神实体。因此，即使它们抱怨或反对这个普遍的秩序而坚持自己"心"的主张，事实上它们终究是和心一起视这个普遍秩序为本质的。在这里，公共秩序包含着现实性和力量，这些是作为本质而出现的，而个体性则是公共秩序的形式。但是另一方面，这个公共秩序同样又是颠倒了的东西。因为，既然这个公共秩序是一切心的规律，那么这种秩序就是一种自为存在着的个体性，亦即心的现实。这样，当意识建立它的心的规律时，自身就会受到别的意识的抵抗，大家各自维护自己的个别性，个体性又都受到一样的抗拒并各自被别的个体性所消融，这种公共秩序于是就是一个个体对所有人的混战，只是无意义的、无实质的游戏而已。

如果把普遍秩序的两个方面对立起来考察，我们就会看到，后一种普遍性乃是以不安宁的个体性为内容的，这不安宁的个体性将意见或个别性视为规律，将现实视为非现实，将非现实视为现实。这是一种静止的本质，是内在的东西，但由于没有扬弃自称实在的那个个体性，这并不是现实性。同时，由于个体性的自为存在属于普遍秩序，又是普遍秩序的实现。

这个形态的意识已经开始在规律里意识到自身,它发现在自在的真与善里它自己不是个别性而仅是本质,并且它知道个体性是被颠倒了的和颠倒着的东西,因而它必须牺牲意识的个别性,这种形态的意识就是德行。

(三)德行与世界进程

1.自我意识与普遍的关联

在活动的理性的第一种形态下,自我意识自认为它是一个纯粹的个体性,与自己对立着的是一个空虚的普遍性。在第二种形态下,对立的双方各自具有着规律和个体性两个环节;心的对立面是两个环节的直接统一,而另外一个对立面则是两个环节的对立。然而,在德行与世界进程的关系里,这两者各自都是这两个环节的统一和对立,或者说都是规律与个体性之间的运动,却是两个方向相反的运动。

对于德行的意识而言,规律是本质的东西,个体性是要扬弃的东西,而且既要在德行意识自身里又要在世界的进程里予以扬弃。在德行意识自身里,私人的个体性必然接受普遍的和自在的善与真的训练约束。只有舍弃个别性,才能保证自我意识不再执著于个别性。但由于个体性是简单的、双方共有的环节,在这种个别的舍弃里,个体性同时就从世界进程里被清除掉了。在世界的进程里恰恰相反,即个体性把自身当成本质而使自在的善与真屈服于自己之下。同样的,对于德行来说,绝对的规律和秩序是一种共有环节,如此世界进程就会变成意识之外存在着的现实。因此,绝对的秩序不是通过德行产生出来的,而是通过个体性扬弃的行动产生的,唯有如此世界进程的本体或自在仿佛才有自在自为地进入真正的实际存在的余地。

德行的形态和模式是从现实世界进程中前面那两种自我意识的运动

里产生出来的，既然它们是德行的来源，它们就先于德行而存在；但德行的目的，在于扬弃它的来源并实现自身，或者说，在于变成自为的，客观外在的东西。

这样，世界进程从一方面来看，是寻求快乐和享受个别的个体性，个体性找到它自己的覆灭，满足了那普遍的东西。但是这个满足乃是普遍东西的一个颠倒了的形态和运动，这必然性只是普遍性的空虚形态，只是一种消极的反作用和无内容的行动。从另一方面来看，个体性想要自在自为地成为一种规律，并且破坏着现存有效的秩序。普遍的规律无疑竭尽全力地避免了这种破坏，并且不再作为一种与意识对立的空洞形式而出现，不再扮演一种死的必然性，而是一种在有意识的生命本身内运行着的必然性。但是，当它作为意识中的绝对矛盾的现实性而存在着时，它就是疯狂；当它作为对象性的现实而存在着时，它就只是颠倒。于是，普遍的东西在这两个方面被证明是使它们运动的力量，而是这种力量的存在方式事实上是一种普遍的颠倒。

2.世界进程是普遍在个体性里的现实性

现在，普遍应该通过对个体性的扬弃，亦即通过对颠倒原则的扬弃，取得其现实性了。通过扬弃将颠倒了的世界重新颠倒过来，并从而显现其真正的内在本性，即德行的目的。在世界进程那里，真正的内在本性还只是潜在的，非现实的，只是一种抽象的普遍性。但普遍在德行意识里扮演着目的角色，而在世界进程那里是作为内在的东西而存在的。正是由于这种规定性，普遍将自身显现于德行中，而德行还只是“想”去实行善，它自己没有宣称善已是现实性。也就是说，善还是一个抽象，而没有它自己的现实性。

善或普遍，照它现在所呈现的情况说，就是被称为天赋、才能、能力的那种东西，这是一种精神生命的形态。在这种形态里，精神生命是作为一种普遍呈现出来的，这种普遍的东西为了它自己取得生命，能够运动，就需要个体性原则，并且在个体性里取得它的实现。正因为此，当这个原则在德行意识里时，这个普遍的东西被个体性原则很好地运用着。可是，当这种原则居于世界进程里时，这种普遍就被个体性的原则错误地运用了——不管怎样，这种原则被控制和掌握在自由的个体性手里，无论个体怎么使用它都无所谓，甚至它会被做成另外一种形式，使自己归于败坏毁灭的形式。

诚然，德行谨慎地将它的目的置于与世界进程本质之间的原始统一里，以便使它的目的本质地得以完成。可是这样一来，对于德行的骑士来说行动和斗争事实上只是一种佯装的战斗罢了。因此，它不会认真地进行战斗，而是把所有的力量和信心基于善是自在而自为的，即善会完成其自身。当然，它也不会任其弄假成真，而会冒着被损坏的危险被用于战斗，通过战斗以求保全和实现无个体性的普遍。然而，这种普遍同时又通过战斗这个概念本身而直接地实现了；它是潜在、普遍，而它的实现只是意味着它同时又是为对方而存在的普遍。前面提到的普遍曾变成抽象性的那两个方面，现在不再是分离的了。现在，在战斗里且通过战斗，善同时在这两种方式下被建立起来了。

但是，当德行意识进入与世界进程的冲突斗争时，它是把这个世界进程当作一种与善对立的东西的。而在战斗期间它发现世界进程是一个普遍，并且不仅仅是抽象的普遍，而且是一种因个体性而活，为对方而存在着的普遍，换句话说，这普遍是现实的善。于是，无论在哪里，德行在世界进程中碰到的都是善的具体存在,发现世界进程是不可损害的。而善的这样一些具体存在以及种种不可损伤的关系,正是德行所要予以舍弃的环节。

因此,这种战斗既不能牺牲自己也不能伤及敌人,因为这个敌人不以潜在性而以个体性作为本质,因而它的力量就是否定的原则。对于否定原则而言,没有什么是永恒不变的,没有什么是绝对神圣的,而且这否定原则能够冒一切事物的任何风险并承担一切事物的任何损失。这样一来,它的胜利是一定了,它一定会取得胜利的。因此,德行就这样被世界进程征服了。

3.个体性是普遍的实在性

德行的目的是抽象的非现实的本质,德行当初舍弃个体性而使善成为现实性,但现实性根本不是别的,本身就是个体性。善本来被当作自在或潜在的东西,与存在着的东西相对立,但自在或潜在从其实在性和真理性上看,只不过是存在本身。潜在首先是与现实性相反对的本质抽象性,也就是说它本身就是现实的东西,或者说它就是存在。但德行的意识是以自在与存在的这个区别为根据的,而这个区别并没有真理性。世界进程以个体性为它的原则,而个体性正是现实性的意识形态,也就是说世界进程事实上是把自己从抽象的虚无转化为现实性的存在。于是,世界进程战胜了与它对立着的德行,但是它又没有战胜什么现实的东西,因为德行是以无本质的抽象性为本质的,是属于缺乏任何内容的观念和诗句,是令人无聊的东西。

世界进程的现实性就是普遍的东西的现实性,意识在它的斗争过程中领会到世界进程并不像它看起来那么坏。而且,个体性正就是潜在着的或普遍的东西的现实化,个体性的运动就是普遍的东西的现实性,通过个体性的牺牲来产生善的办法是行不通的。这样一来，世界进程当初与德行的意识相对立着的那种东西就被扬弃了，就表明现实性与普遍的东西是在分不开的统一体里的，世界进程的自为存在和德行的潜在或自在存在也就被证明分别是统一体的一个方面。

世界进程的个体性无疑会认为自己的行为是自为的或自私的，但事实上它比它认为的那样要好些，因为它的行动还是自在存在着的、普遍的东西的行动。如果它只是自为地行动，这正是使那当初仅只自在存在着的东西变成现实，它的自为存在（自为存在以为自己与自在本性是相对立的）的目的，将会像自在存在的目的和自在存在的高谈阔论那样归于消逝。于是，个体性的行动和作为就是自身的目的，力量的运用、力量的向外表现以及自在性或潜在性就是活的，有生命的。自在性并不是一种没有具体存在的并从未展开的抽象的普遍，它本身直接地就是个体性的现在和现实。

三、自在自为的实在的个体性

现在，自我意识已经把握住了自己的概念，即它确信自身即是一切实在，而它的目的和本性则是普遍与个体性相互渗透或统一的一种运动。一些个别环节，即在普遍与个体性并合于同一性之前所考察的那些目的，现在作为抽象和幻想一齐消失了。这个理性现在自在自为地确信它自己的实在，并且不再将自身当作与直接存在着的现实相对立的目的，然后才设法使自己得以实现，相反它现在是以范畴本身为意识对象了。

既然现在目的和自在存在已经显示其自身即是它的存在和当前的现实，那么真理性就不再与确定性彼此分开了，自在自为的本质和目的就是直接的实在的确定性，就是自在存在和自为存在、普遍性和个体性的渗透或统一;行动本身即是它的真理性和现实性,而行动的自在自为的目的就是对个体性的显示或表达。既然是如此一个概念,自我意识就从那些相反的规定性里返回到自身,而这些相反的规定性乃是自我意识起初作为“观察的”自我意识和后来作为“行动的”自我意识时,范畴对它所呈现的以及它与范畴的关系中所具有的那些规定性。

自我意识现在以纯粹的范畴为对象,或者说它本身现在就是这种已经意识到自己的范畴。如此一来,自我意识先前的形态不再作为它的现成世界呈现于它的对立面,而只作为一些透明的环节在自身中发展着,它们仍然作为一种包含着不同环节而还没有结合成统一实体的运动而各自分离开来。但在所有这些环节里,自我意识总是坚定不移地把握自身与客观存在的简单统一,这个统一乃是它们的类。

既然个体性自在地就是实在,那么其活动实质和行动目的也就全在于行动自身之中。这种行动好像是一个自身循环的圆圈运动,这个圆圈在太空中自为旋转,时而扩大,时而缩小,以单纯的自娱自乐的游戏为满足。所以,个体性借以显现的形态原素没有什么意义,只不过是对这个形态的一种纯粹的摄取。这种原素可以说是白昼,意识想借白昼的日光把自己显露出来。行动并不改变和反对什么,只是一种使看不见的东西转换成看得见的东西的形式,它显示出来的内容正是行动在其自身中潜在地本有的东西。说它是潜在的,是指它以思维中的统一作为形式;说它是现实的,是指它以存在着的统一作为形式;至于说它自身就是内容,这只是就它简单性的规定而言,而非就它过渡的规定而言。

(一)精神王国的欺骗,或事情本身

上述的这种实体的个体性,首先又是一种个别的、特定的个体性。个

体性知道自身是绝对的实在，这种绝对实在由于已被个体性所意识变成了抽象的普遍的实在，仅仅是这个范畴的空洞的思想。我们现在必须探究，实体的个体性这个概念，到底是怎样在它的诸多环节里规定自己，以及它究竟是怎样进入个体性意识的。

1.个体性的概念作为实在的个体性

当个体将自身视为一切实在时，这个个体性的概念首先还只是一个结果，它还没有将它的运动过程和实在展开，它在这里被直接地建立为简单的自在存在。但是否定性既然显现为运动，那么它就是简单的自在存在。而存在或简单的自在就成了一个规定了的存在范围，个体性就为一种原始的规定了的本性，它既是自由地保持其自身同一，又畅通无阻地发展着它的差别，还在自身实现中与自身进行着纯粹的交互作用。

这样看来，个体性似乎就是个体的目的所具有的那种直接的、唯一的内容，但当我们孤立地考察这种自在存在时，就会发现它就只是内容而已。真正说来，它是一种充满了或渗透着个体性的实在，它只被设定为存在着的而不是行动着的。否定性只是存在中的规定性，而行动不是别的正是否定性。因此在行动着的个体性里，规定性消融为一般的否定性，或一切规定性的总和。

按照行动本身的差别，我们需区别出行动和行动的意识来。行动最初出现为对象亦目的，是一种与现存着的现实对立的东西。行动的第二个环节是目的与纯形式的现实之间的过渡，是目的的实现过程，也是一种手段。最后，第三个环节是那已经不再是目的的对象，这种对象不再是行动者意识的目的，而是脱离并外在于行动主体的他物。这些方面虽说不同，但它们的内容始终是同样的，没有任何差别。

因而,最初个体性的原始规定性还没有被确定为活动的东西,意识既然规定自己要行动,必然会集中于它本质的原始内容上。而行动正是作为意识的精神的生成过程,所以在通过行动把自身变成现实以前,意识不可能知道它是什么,而是把之前已经有的行为当作自己的行为或目的。将要行动的个体好像处于一个圆圈之中,在这个圆圈中每一个环节都已假定别的环节为前提,因而好像不可能找到起点。不管情况如何,起点、中点、终点,直接进入行动,并且归于统一。并且,只有行动与存在的统一体建立为外在的东西,才能成为现实的个体性,或作为完成了的作品。

然而,这个作品里似乎出现了存在于原始本性中的区别。作品被行动着的过程解放出来,并成为一种存在着的现实,一种特定的东西,但是这个过程所隐含的否定性作为一种质保留在作品里面。意识将自身规定成一种与作品相对立的东西,它所具有的规定性是否定性的一般过程,是行动。因此,意识乃是与作品的规定性相对立的普遍,它能将一种作品与另外一种作品加以比较并从而认识到诸个体性本身就是不同的个体性,这些个体性互不干涉,各自只与自身相关。

只有原始的本性才是本质的事实,才可以被当作判断作品之尺度的东西。反过来说,只有作品才是判断原始本性的尺度。这两者相互对应,没有哪一种为个体性而存在的东西不是通过个体性而获得的,或没有哪一种现实不是个体性的本性和行动,反之也没有哪一个个体的本性和行动不是现实的。理性的个体既然知道个体的自在不外乎指它的行为是什么,它所面临的外在环境无外乎是自己所作所为的结果,并且可以说是自身,它在现实里找到的只不过是它与现实的统一,因此它总能达到目的,在这里没有愤怒、抱怨和悔恨等,个体所体验到的是一种愉快的感觉。

2.事情自身与个体性

这就是确信它自己即是个体性和存在绝对同一的那个意识所构成的关于它自身的概念,而完成了的作品正是意识为自己所创造的实在。唯有在作品里,个体才意识到它自在地是什么样子,并且意识到在作品中的那个意识是普遍的意识——因为它已经在作品与意识的这种对立中变成了绝对的否定性,并且与它的作品,作为特定的意识,相互对立。所谓作品存在,即是说作品以一个外在现实为别的个体性存在着,别的个体性通过建立它们的现实来代替这个现实以便意识到与现实的统一。

如果说以前在概念里意识和作品曾保持过统一，那么须知其所以如此恰恰是因为作为客观存在着的作品已被扬弃了。但是作品必然存在,以便我们了解在作品存在中个体性是如何取得其普遍性,如何满足自己的。

首先,它必须从自身来考察已完成了的作品。作品的存在本身是一种行动,一切区别都将相互渗透而归于消融,作品因此变成一种持续的存在,原始本性的规定性转而与其他规定性相对抗,最终在这一普遍运动中归于消失,并取得它的真理性。这样看来,这个现实是从概念里消失的,并且是存在着的一种外来现实。

但是,原始本性是与行动相对的自在,只有行动才赋予它以现实性。当意识作为自在地实在的个体性开始行动时，是以原始本性作为它的内容的,这个事实也已经被当成行动的根据了。意识领会到了这一点,就能在它的作品里意识它自身真正是个什么东西,而它关于它自身的空洞概念就消失了。

由于作品是自在的真实性和个体性的真理性,于是在这种基本矛盾里个体性的一切方面又作为相互矛盾显现出来。这就是说,作品是整个个体性的内容发出为行动而表现为存在的结果，而行动是一个否定的统一，它掌握着内容的一切环节，所以完成的作品现在让诸环节重归自由，并且在持续存在的要素里，它们变得彼此互不相干了。于是，概念与现实相互脱离，分别变成了目的和原始本质性，分别成为转入现实的过渡和目的，即选择什么作为表现目的的手段，而且这些都是偶然的事情。而且，这全部内在的环节（不管它们是否会结合成统一体），这整个的个体行动跟一般现实之间的关系也是偶然的，行动的偶然性经验也是偶然的，这个经验的内容是与作品结合在一起，并随之消逝。

这种消逝之所以消逝，是包含在自身真实的个体性的概念本身的，因为作品在其中所消失的是客观的现实或对象性现实，而客观现实在这个意识中已经不再是具有独立自为的真理性的环节，而是只存在于意识与行动的同一性中，真正的作品正是行动与存在、意愿与实行的统一体。由于确定性是意识的行动基础，意识就将那个与自身确定性相对立的现实当作一种只为意识的东西。这样，意识就从它变幻不拘的作品中返回自身，并肯定它的概念和确定性是与关于行动的偶然经验相反的一种存在的和持存的东西，意识开始意识到它的本质原则或者说概念。它经验到现实只是一般的存在，一般存在的普遍性与行动乃是同一回事，真正的作品乃是事情本身，于是它与个体行动本身的偶然性以及环境、手段和实在的偶然性没有关系。

只有这些环节被当作孤立发生作用的东西时，事情自身才会与它们相互对立，但本质上它作为消融着实在性与个体性又是这些环节的统一体。同样，事情自身又是一个纯粹的一般行动，即它是因个体与现实的对立所引发的行动它又算是目的。同样的，事情自身又是从这一特殊规定性转向相反规定性的过渡，它是一个客观呈现给意识的现实。这样一来，事情自身就表示了精神的本质性，属于感性确定性和知觉阶段的事物对于自我意识才有意义。一个事物和一个事实的区别就在于此——这里所通过的运动过程与感性经验和知觉阶段的运动过程是相应的。

自我意识于是在事情本身获得了关于自身的真正概念，达到了对于自己的实体的意识。同时，自我意识才刚刚意识到自己的实体，因而没有达到真正实在的实体，而是以一种纯粹而简单的本质形式而出现的。这种纯粹而简单的本质作为一种普遍性的东西，包含着一切不同环节于自身内，但它同时也漠不关心地对待这些环节而保持自身的独立，它就成了它们的本质实在。也就是说，事情自身是类，类遍在于作为它的种的这一切环节里，却又独立于它们之外。

3.相互欺骗与精神实体

当意识一方面达到了事情自身所表述的这种理想主义，另一方面又以普遍性为真理，它就被称为"诚实的"意识。诚实的意识只关注于事情本身，总在事情的各个环节或种类里占有自身；当它在这些环节里的其中一个环节中没有得到事情本身时，那恰恰由于它在另一个环节里得到了，它永远享有这个意识按其概念所拥有的那种满足。无论在什么情况下它总能完成和达到事情本身，因为事情本身作为那些环节普遍的类是所有各环节的宾词。

举例说吧，如果意识没能把一种目的变成现实，但它毕竟至少曾想把目的变成现实，即是说它已经使目的成为目的，已经使什么也没做的纯粹行动成为事情本身。因为既然普遍包含着否定性，那么作品的自身扬弃或否定本身就算是它的行动了。它促使对方来否定自己的现实，然后它在现实的消逝中感到满足，因为这正是它自己的愿望。假如它不试图实现事情本身，并且根本什么也没做过，但事情本身对它来说同样是它的决定和实在的统一，因为它会把这种没有参加任何行动的兴趣当成赞成或反对的一种表示立场的行动。综上所述，意识的这种诚实性以及它在任何地方都能感到的那种满足，如同前面已经清楚说明了的那样，其实就在于它没有把关于事情本身的各个思想结合在一起。

然而，这个诚实性真正说来并不像它看起来那样是诚实的。因为事实上它不可能那么没有思想地让这些不同环节真的各自独立、互不相干。相反，它必须直接意识到诸环节的对立，因为它们是绝对地彼此联系着的。纯粹的行动本质上是这个特定个体的行动，而行动本质上又同样是一个实在。反过来说，实在性本质上只是个体的行动和行动一般，并且个体的行动同时也只是行动一般，因而它同样是现实。因此，当个体看起来只是与作为抽象的现实的事情打交道时，它会发现这个事情本身正是它自己的行动。当它似乎只愿望它自己的事情和行动时，它所愿望的却是事情一般，或自在自为的持存的现实。

事情自身和它的环节既然在这里表现为内容，它们同样也必然在意识里表现为各种形式，而且这些形式的每个环节都要消逝，以让位于别的环节。因此，它们呈现出的规定性是一种被扬弃了的东西的规定性，意识把一个环节表象为为他的，并返回自身而将相反的环节呈现出来，然后保留其为自己的环节。

必须注意的是，意识是轮流交替地对待这些环节的，因为意识必须把它们的每一个都造成既是自为的又是为他的本质。由于在这个呈现与保留的更替过程中，意识只把一个环节当作它自身返回中的本质的东西，其他环节就成为了外在的或为他的，于是个体性与个体性之间就出现了一种互相欺骗的游戏。一个个体总在设法做点什么，想看看和表现一下自己的行动，以同样的方面去欺骗别人作为报复，这时它居然发现，这种行动直接与自己的本质和目的矛盾了，因为事情自身对它的所作所为纯然是为它自身的，而不是作为对象的为其他意识。而且，意识所关心的已不是作为它这个个别事情的事情，而是为一切意识所共有的一种普遍，使得它在那里变成且必须变成每一个人的事情。

事情与行动都是本质的环节，那么上述那些环节都不是主体，它们都已经消融于普遍的事情自身之中了，事情自身成为了渗透了个体性的实体，其存在是个别的个体和一切个体的行动。在这种主体里作为某种特定的个体又是作为一切的个体，每个意识的现实是它自己的现实，又是一切意识的现实。这样，纯粹的事情本身，它之存在就是自我，或者说它之自我就是存在，但从思想意义上讲它仍然是与实在的自我意识有所区别的。在此我们须知，实在的自我意识的诸环节既然被我们称为意识的内容，而自为存在与为它存在则被称为意识的形式，那么现实的自我意识环节就与简单的范畴是同一种东西了，即简单的范畴是一切内容。

（二）立法的理性

就简单的存在来说，精神本质上是纯粹的意识，也是自我意识。如果个体丧失了原始的特定本性，仅仅是一个扬弃了的环节，那么个体则是一个自我，一个普遍的自我。反过来看，这个个体性的诸差别构成了普遍自我的内容，形式的事情自身就在这里获得了它的完满实现。范畴是纯粹意识的普遍，它就是自在的；意识的自我同样是范畴的环节，范畴就又是自为的；范畴的普遍性乃是存在的简单的自我同一性，它就又是绝对的存在。

这样，对意识而言是对象的东西就具有了真实意义。真实的存在是存在着和有效的，就意味着它自在而自为地存在；既然是绝对的事实，它就不再受确定性与真理性、普遍与个别、目的及其现实等对立所惑，它的实在就是自我意识的现实和行动。这个事实就是伦理的实体，对这个事实的意识就是伦理的意识。伦理的意识把自我意识与存在统一在一个整体里了，伦理意识的对象同样也被视为真理，因为自我意识不能也不想再去超越这个对象，因为对象是一切存在和力量，对象是自我意识自身。自我意识将自己划分成一些集团，这些集团就是绝对的本质的一些特定的规律。伦理实体的这些规律或集团都是被承认了的真理，恰恰因为它们既是意识的自为存在，又是意识的自在。

由于自我意识知道自身是这个实体的自为存在的一个环节，于是它就把自身规律的实际存在表述为："健康的自理性直接知道什么是对的和什么是好的。"由于健康的理性直接知道规律，规律对健康的理性直接地有效，理性就可以直接说"这个是对的和好的"，而且它所强调的是"这"是指那些特定的规律，是充满了内容的事实自身。伦理实体直接存在着的各个集团是什么性质，必须予以接受和考察。为此，我们只要分析几个关于这方面的规律的例子就了解了。

"每个人都应该说真话。"在这个无条件地宣布了的义务里，我们必须立即给予这样一个条件：这个人是否知道什么是真话。因此，这条戒律就变成这种形式："每个人都应当按照当时他对真理的认识和信念来说真话。"健全的理性，即这个伦理的意识，既然直接地知道什么是对的好的，它就将声明这个条件一直是与普遍的格言捆绑在一起的，它其实是在说："他必须按照他的知识和信念来说真话。"如此一来，一旦所说的和所想的不同就意味着他没说真话。将这句假话或蠢话加以提高就变成了:“每个人都应该按照他当下对真理的认识和信念来说真话。”然而,这个命题所要表达的普遍必然性和绝对有效性就转化为纯粹的偶然性了,即是说,一个人所说的话是真是假,决定于他偶然的认识、看法和理解。作为伦理的戒律,命题必须具备一种普遍性和必然性的内容,这种内容的偶然性显然与自身矛盾了。最后,我们把知识和信念这两个偶然性条件从真理性中去掉,“每个人都应当说真话”,这个命题就又返回最初的矛盾命令了,此时内容彻底消失了。

另一条著名的诫律是:“爱你的邻居如爱你自己。”这道诫律内容是减轻人痛苦而增加人的安适,这是对与别人发生关系的个人而言的,并且这种关系是个人与个人的关系,即一种情感上的关系,一种有所作为的爱——无作为的爱是不存在的,无须在此加以讨论。为此,我们必须辨别什么是他的痛苦、安适,必须理智地去爱他。理智的善行在其最丰富和最重要的形式下乃是国家的理智的普遍善行,而存在于感情中的特定善行只意味着一种纯粹和个别的行为,一种雪中送炭式的临时援助,既是偶然的又是暂时的,而且它究竟是否是一种“事业”,是否立即归于消失以及它本身是否会转化为罪恶,这一切都取决于偶然。因此,这种规律也像前面考察的第一条规律一样不具备普遍内容,且不能表达出任何实质的东西,只停留在“应该”上,换句话说它们不是规律,而只是道德戒律。

对于本质简单的实体而言,任何外加给它的规定性都是不适合的,非放弃一种绝对的、普遍的内容要求不可。规律在简单的绝对性中表述着直接的伦理存在,去掉绝对内容之后就没有什么东西来创立法律了,除了普遍性的纯粹形式,或者说只有与内容对立的意识同语反复了。因此,伦理的本质并不直接是一种内容，而只是一种尺度，它根据是否自相矛盾来判定一种内容能否成为规律或法律，它是一种审核法律的理性。

（三）审核法律的理性

对于实体来说，简单的伦理实体内的任何一个差别都是一种偶然性，而且作为一种普遍性或纯粹的意识，它不含有内容，而与内容相对立，并且它是关于一定内容的一个知道。这样，这种普遍性就仍然还是当初的事情自身，但到了意识里以后它就不再是无思想无行动的类，而是与特殊和有效性联系在一起，构成了特殊的力量和真理性。

这时，存在着的普遍的实体已不再是存在着的和有效准的实体或自在自为的法权，而是转化为它的另一方，即实体意识偶然性的那种规定性，成为一种简单的知道或形式。这种知道只将内容与它自身加以比较，在考察内容时只看它是否是一种同语反复。法律现在再不是被制定，而只是被检查审核；审核的意识对于戒律的态度很简单，只是把戒律当作戒律，只是把法律按其简单的状态接受下来，而不会去考察那与实际内容相结合着的个别性和偶然性，正如戒律之直接简单地是评判它自己的尺度一样。

审核的尺度既然是一个同语反复并与内容漠不相干，所以它不仅适用于某一正面的内容，也同样适用于反面的内容，审核过程不能深入下去。假定我们提出这样一个问题：财产私有制应不应该无条件地成为一条法律呢？所谓无条件地，就是不管它对其他目的是否有用。这一点其实也正是伦理的本质，即规律应当是一种自我同一的整体，并且以自己的本质为依据，而不是以他物为条件。

我们来看，财产私有制说某种东西属于首先占有它的人，是被设定为仅与自身等同的规定性，本身并不矛盾。但是如果某物确实是无主的，又被视为人类生活的必需品，那么此物必然会成为某个人的所有物，要想把这种无主的东西建立为规律就会出现矛盾。事物的无主并非绝对无主，而是应当按照需要归人所有。这样一种存在必须把它的需要想象为普遍的需要，必须关心它的整个生存，这则与有意识的存在之本性是互相矛盾的。财产私有制之所以自相矛盾，完全是因为它不仅是一个简单的规定性，而且本身也是矛盾的。比方说，某个个别的事物是我的私有财产，既然是私有财产就表示它具有某种普遍的、确定的和持存的东西的价值，而这与它被使用掉的、自行消逝的本性自相矛盾。同时，说东西是属于我的，这表示一切别人都承认是我的，但是我被别人承认这一事实里包含着我与一切别人的同一性，而同一性是排除的反面，这就与事物的一般事物性发生矛盾。所以，财产私有制从一切方面看都是自相矛盾的，它自身中具有个别性和普遍性互相对立的环节。结果是，既不能获得规定的法律或规律，也不能获得关于法律的知识。

我们所论及的伦理实体是自知其为绝对本质性的那种自我意识，它既不舍弃本质里的差别，也不舍弃差别的知识。法律的创立和法律的审核，是事物自身意识里两个比较确切的规定性，因而它们被视为诚实性的两个形式。当这两个环节各自直接地出现而为现实时，其一表示的是实际法律的一种无效力的存在，另一表示的是实际法律的一种无效力的自由或解脱。在这两种形式下，这两个环节都与伦理实体和实在的精神本性处于一种否定关系中。换句话说，伦理实体还没有取得它的现实性，还只是一个不现实的诫命里的应当和形式普遍性里的一个知道。只有将这些方式都扬弃了，意识返归于普遍，那些对立消失了，精神本质成为具体的、实在的和自觉的东西，意识的自我才能在精神本质里被建立起来。这样一来，精神本质对自我意识来说就是一种自在地存在着的规律，又是一个一切个体所共有的纯粹和绝对的意志的永恒规律。

既然这个存在着的规律是绝对有效的，这些规律又是自我意识自己的绝对意识所直接具有的一些思想，那么自我意识对此规律的服从就不能算是一个任凭主人任意武断命令的服役。它们存在着，就只是存在着——这就是自我意识就它自己与法律的一种简单透明的关系。因此，真正的伦理思想，在于毫不动摇地坚持正确或对的东西，并且杜绝对其作任何变动、动摇和变更。

让我们假定，由我代人保管一笔存款，这笔存款是别人的财产，而我之所以承认它是别人的所有物，是因为它是如此存在着的，并且我毫不动摇地保持着与它的这种关系。可是如果我把这笔存款据为己有，按照我的审核原则、同语反复来说，它当然就不再是别人的财产了，这在道理上是完全说得通的。我们在这里所探讨的不是看法，而是对象和内容，而对象和内容是不会自相矛盾的，它之所以是对的就因为它是对的。

某种东西是别人的所有物，或它作为别人的所有物而存在着，这个是或存在乃是一切的基础。对于它，我不必去进行讨论，也不必去考虑法律的制定，同样也不必考虑它们的审核。通过这样一些思维活动，我可以随意使关系的反面良好地适合于无规定的同语反复的知识，我可以把我所愿意的一切立为法律，同样也可以不把它们立为法律。而且，当我开始审核法律时，我已经因此走上了不合伦理的道德。就事情本身而言，究竟这个规定是对的，还是与它相反的规定是对的，这是自在而自为地规定了的；就我这方面而言，我之所以能够置身于伦理的实体之中，是因为对的事情对我来说是自在而自为地存在着的,这样一来,伦理的实体就是自我意识的本质。而自我意识不是别的,正是伦理实体的现实和实际存在,是它的自我和意志。

第六章　精神

一旦理性确定自身即是一切实在这一确定性被提升为真理性，亦即理性自觉地意识到自身即是自己的世界时，理性就成为了精神。前述的精神运动之最后一个运动阶段曾表明过精神的形成情况，在那里当理性进行"观察"时，自我与存在、自为与自在纯粹统一，并且理性的意识发现了它自身。理性观察的真实本性与其说是在发现，不如说是在扬弃它直接发现其对象的这种本能，扬弃观察理性之实存的无意识状态。但是，范畴之被规定为与自在存在相对立的自为存在的这一规定性是片面的，是一个正在自身扬弃的环节。因此，范畴对于意识而言，就按其普遍真实意义而被规定为自在自为存在着的本质。

这种仍然抽象的、却构成事实本身的规定就是精神的本质，而精神本质的意识则只是关于精神本质的形式知识，虽说这种形式知识有多方面的内容占据或充斥其中。因为，这种意识仍然是一种与一般实体相区别的特殊个体，它要么制定任意武断的法律，要么以为法律像它们自在自为的那个样子具备于它自己的知识本身之中，它还认为自己是有权审断这些法律的力量。又或，如果从实体这一方面来看，这种精神实在就应该被视为自满自足的精神实在，是还没有意识到它自身的精神实在。然而，至于既认识到自己即是一个现实的意识又将自身呈现于自在自为存在着的本质，就是精神。

精神本身是伦理现实，既然是实体，而且是普遍的、自身同一的、永恒不变的本质，精神就是一切自我意识所思维的自在物，就是一切个人行动的不可动摇的、不可消除的根据地和出发点，而且是一切个人的目的和目标。但是，作为自为存在和自主存在，精神的每一环节都在撕碎这个普遍实体的同一性，从中分得它自己的那一分子。本质的这种解体和分化，正是一切个人的行动和自我的环节。这个环节是伦理实体的运动，是合成的普遍的精神的存在。恰恰因为这个实体是在自我中消解了的存在，所以它不是死的本质，而是现实的和活生生的本质。

由于精神分析了自身，区别了环节，它就停留于这些环节上了。这些环节看起来是孤立存在的，但事实上它们只不过是环节或消逝着的东西。而本质的存在，恰恰就是这些环节的这种运动和消解。在这里，精神亦即这些环节的自我反思已经建立起来了，我们就可以就这个方面简略地对它们进行回顾了：它们曾是意识、自我意识和理性。因此，当精神停留于这样一个环节，认为它自己是一种客观存在的现实并忽视这种现实之为它自己的自为存在时，精神就是一般意识，本身包含着感性确定性、知觉和知性。反之，当精神停留于另一个通过分析产生出来的抽象环节，认为它的对象是它的自为存在时，精神就是自我意识。既是自在自为的直接意识，又是意识与自我意识的统一，此时的精神就是我们在上一章中所考察过的那种理性的意识。当精神具有了这种理性，它就达到了它的真理性：它即是精神，它即是现实的、伦理的本质。

由于是直接的真理性，精神乃是一个民族——这个个体是一个世界——的伦理生活。它必须前进直到意识到它的直接状态，它必须扬弃伦理并通过一系列形态取得关于它自身的知识。这些形态与之前的不同，它们是实在的精神、真实的现实，并且不仅仅是意识还是一个世界的种种形态。活的伦理世界是在其真理性中的精神，但一旦精神抽象地认识到了它的伦理本质，伦理就在法权的形式普遍性中破裂了，形成了自我与其实体的对立。精神被一分为二，一方面在自己的客观要素里刻画出它的一个世界，这个世界就是文化或文明的王国；另一方面它在思想要素里刻画出另一个世界，即信仰的世界亦即本质王国。

这两个世界在摆脱自身分裂的迷失而重新进入自身的那个精神用概念加以把握之后，由于出现了个别的识见，由于受到广泛传播，都被弄得颠倒错乱。而那个被分裂并扩展为“此岸”和“彼岸”的世界，则返回到自我意识中来，将自身理解为本质性，并将本质理解为现实的自我：它现在不再把世界以及世界本原置于自身以外，而是让一切都消解在自身中，并且在良心中它就是确信和确定自身的精神。这样一来，分裂为“此岸”和“彼岸”的世界，即伦理世界乃是这样一些个别形态的精神：它们将继续进行其向着精神的单一而自为存在着的自我而发展的返回运动，它们所要达到的目标和结果，将是出现绝对精神现实的自我意识，并且是作为它们的成果出现的。

一、客观精神：伦理秩序

精神，在其单纯的简单真理性中就是意识，它现在把它自己的环节拆散开来。行为将精神分解为实体与对实体的意识，并且既分割了实体又分割了意识。实体一面作为普遍的本质和目的，一面作为个别化了的现实，将自己与自己对立起来了。其中项，被规定为无限的中项，乃是自我意识，这个自我意识自为地成为统一体，它统一普遍本质及其个别的现实，将后者提升为前者，以成全伦理的行为；另一方面，又将前者下降为后者，以求实现目的，即只呈现于思想中的实体。它创造出它的自我与实体的统一，使之成为它的作品，从而使其成为现实的、具体的事实。

在这样分裂的过程中，意识单纯的实体部分地获得了它与自我意识的对立性，也部分地在自身内表现了意识在其自身中自行分裂的本性，使自己成为一个分化为各个范围的世界。因此，实体成了一种分裂为不同方面的伦理本质，即分裂为一种人的规律与神的规律。同样，与实体对立着的自我意识也按照本质将自己分配给这两种力量之一，并作为知识将自己分裂为对其行动的无知和对其行动的有知，这种有知自然是一种骗人的知识。

这样，自我意识就在自己的行为中认识到自身内两种势力的矛盾性，认识到它的行为的伦理性质的知识和自在自为的伦理之间的矛盾，并因此感受到自己的毁灭。然而，由于伦理秩序被摧毁和破坏了，伦理实体已经通过这这种运动变成现实的自我意识，换句话说，这个个别的自我已经变成自在自为的存在了。

(一)伦理世界：人的规律和神的规律；男人和女人

1.民族和家庭；白日的法律和黑夜的法律

精神的单纯实体作为意识将自身分裂为各个部分，换句话说，伦理存在的直接确定性转化为知觉，伦理知觉的简单行为成了一个包含众多伦理关系的实在。对于前种知觉，不必要的多种属性将自身归结为个别性与普遍性的本质对立。而后者更进一步，伦理知觉是纯粹化了的实体意识，多种伦理环节归结并呈现为一种个别性规律和普遍性规律的双重形式。然而，伦理实体的这两个方面任何一个都仍然是整个的精神，而且个别性和普遍性这两种规定只表示双方的表面对立而已。

个别性，在我们此处所讨论的本质中有一般自我意识的含义。在这种规定性中，伦理实体是现实的实体，是在实际存在着的意识的复多性中实现了的绝对精神。绝对精神即是公共本质亦即共体，一般理性实际形成时它本是绝对的本质，而现在它是作为有意识的伦理本质的实在出现的，自为又自在。作为现实的实体，这种精神是一个民族；作为现实的意识，它是民族的公民。这种意识在单纯的精神中具有它本质的存在，其自我确定性是在这种精神的现实中亦即整个民族，而且其真理性也直接地就在这里，在一种实际存在着的和有效准的精神里。

这种精神本质上是对其自身有所意识的现实，可以称之为人的规律。在普遍性形式下，它是众所周知的规律和现成存在的伦常习俗；在个别性形式下，它是一般个体对于自身的具体确定性，而作为单一的个体这种对于自身的确定性乃是政府形式中的体现。它的真理性在于它公开地和明白地显示出来的权威性，以一种以不受约束的独立自由的特定存在而出现。但这种伦理力量和这种公开性却有另一种力量，那就是神的规律，即伦理的简单和直接的本质是它的对立面。

于是，如果伦理实体是以自我意识的现实行动为其存在形式，那么其另一面则以直接存在着的实体为其存在形式。这后一种形式中的实体，一方面是一般伦理的内在原则和普遍可能性，另一方面是自身内包含着自我意识的环节。因此，它是一个天然的伦理的共体——这就是家庭。家庭，作为社会性的内在原则，是以一种无意识的概念，与自己有意识的现实相对立;作为民族的现实基础,它与民族本身相对立;作为直接的伦理存在,与通过争取普遍目的的劳动以建立和保持其自身的那种伦理秩序相对立——家庭的守护神与普遍精神相对立。

虽然家庭的伦理存在具有直接性的特征,但它本质上是普遍的东西,这种出之于自然的关联本质上同样是一种精神,而且它只有作为精神本质才是伦理的。让我们来看看这种特有的伦理性究竟是怎样的:家庭成员之间的伦理关系不是情感或爱的关系,必须把伦理设定为个别的家庭成员对其作为实体的家庭整体之间的关系,以使个别家庭成员的行动和现实以家庭为其目的和内容。

伦理行为的内容必须是实体性的,或者说是整个的和普遍的,个体无论是行为者还是被行为者都不能在家庭伦理关系里显示出任何偶然性的痕迹,比如,表现在一些特殊的帮助和服务里的那样。而这一点又不能这样理解,即以为伦理行为仿佛是替别人办事那样一种服务,因为这种服务是一种直接具体的行为,只涉及它的某个别方面而已。我们也不能认为伦理行为像教育那样现实,真的将整个的个体当作对象、一个整体来处理,因为在教育里除了对家庭起否定作用的目的以外,现实的行为就只有一个有限的内容了。最后,我们同样也不能将伦理行为当作能拯救整个个体的雪中送炭,因为这种帮助本身是一种完全偶然的行为,可以有也可以没有。

因此,家庭伦理行为只涉及血缘亲属关系的整个存在,而不涉及公民,也不涉及那种应该成为公民从而应该不再是这种个体的人。因为,一个人只作为公民才是现实和有实体的,所以如果他不是一个公民而是属于家庭的,他就仅是一个非现实的无实体的阴影。个别的人作为个体而达到的这种普遍性,是纯粹存在,是死亡;这不是一种有意识的精神行动,而是直接的自然变化结果。家庭成员的义务就在于把意识的行动添加进去，以便使他的普遍的存在成为一种由行动创造出来的东西，并使意识的权利得到确认——使一个个体变成普遍的存在看起来像是由于这个存在者的运动。

毫无疑问，存在者的运动是在伦理共体内付出努力的，并以此伦理共体为目的；死亡是个体的完成，是个体作为个体所能为共体承担的最高任务。但是，只要个体本质上是一个个别的人，那么他的死亡与他为普遍整体所付出的劳动之直接地联结在一起，以及他的死亡之于他的劳动成果就是偶然的。这是因为，就一部分说，如果他的死亡是他的劳动成果，那么死亡就是自然的否定性，意识在这种运动过程中并不返回自身而成为自我意识；又或，部分地因为，如果存在者的运动扬弃存在者并使之成为自为存在，那么死亡就是一种分裂：存在者所获得的自为存在是某种别的东西，它不同于当初进入这个运动的那种存在。因为伦理秩序是在其直接的真理性中的精神，所以由精神的意识分裂而成的两个方面也有这个直接性的形式，而个别性就转变为一种抽象的否定，它自身没有任何安慰或和解，本质上它必须借助于一种现实的和外在的行为才能得到些许的安慰与和解。

要想补充这种抽象的自然过程，血亲关系就要把意识的过程添加进去，把血缘亲属从毁灭中拯救出来。这样一来，就连普遍的存在、死了的存在也成了一种返回于自身、自为的存在，纯粹的个体性上升为普遍的个体性了。死亡的个体，由于已经把他的存在从他的行动或者说从他的否定的单一性中解放了出来，所以死者是一个空的个体性，只是被动地为他存在，完全受支配于低级的非理性的个体性的抽象力量所支配，家庭则使死者免受这种屈辱性行为的支配，并使死者成为共同体的一名成员，而这个共同体反而把曾想脱离和毁灭死者的那些个别的物质力量和低级的生命作用统统掌握和控制起来。于是，这最后的义务就达到了完全的神的规律，或者说构成了对于特定个体之肯定的伦理行为。

现在虽然人的权利以现实的、有自我意识的伦理实体亦即整个民族作为它的内容和权力，而神的权利和规律以在现实之彼岸的个体为其内容与权力，然而这个现实之外的个体并不是没有权力的，它的权力在于抽象的纯粹的普遍物，在于自然的或基本的个体，这种个体夺取了那使自身摆脱了自然要素而构成自觉的民族现实的个体性，并将个体性送回到纯粹的抽象亦即它的本质里，因为它的本质正是个体性的根源。至于这种权力是怎样在民族自己身上表现出来的，尚待我们进一步研究。

2.两种规律的运动

既然这两种规律在自身内都含有意识的环节，那么它们自己的内部必定会发展出差别和阶段来，这正是构成它们生命之特有的过程的东西。要想看出伦理世界这两种普遍本质的活动样式和自我意识的样式，以及它们之间的相互联系与过渡，我们就要考察这些差别和阶段。

共体，亦即公开显示其有效性于日光之下的上界的规律，在政府中是一个个体的整体，并且以政府为它的现实。政府是自身反思的、现实的精神，是全部伦理实体的单一自我。这个单一的自我固然允许本质扩展为它的组成部分，并赋予每一部分拥有它自己的生存和自我存在。这样，精神就找到了它的实现或特定存在，而家庭就是它赖以成为特定存在的原素。但是精神同时又否定着那些部分，使它们感觉到自己没有独立性，并使它们意识到它们的生命只存在于整体之中。因此，政府不得不时常打乱自身已经建立和组织起来的秩序，剥夺它们的独立权利。精神捍卫了伦理的秩序，使之免于沉沦为只是自然的存在，保持它的意识的自我，并将这自我提升到自由和它自己的力量的水平。就这样，同体在神的规律的本质中，在阴间的或冥界的王国中找到它的真理性，并在其中加强它的权力。

至于主宰着家庭的神的规律，就它这一边而言自身内也包含着差别，这些差别之间的关系构成了它的实现的活的过程。在丈夫与妻子、父母与子女、兄弟与姐妹这三种关系中，夫妻关系是自然的自我认识，不是伦理的，它只是精神的意象和表象，是一个意识承认自己即是在另一个意识中的直接的自我认识和对这种相互承认的认识，所以夫妻关系不是在自身而是在他物（子女）中得到它的现实，并在此他物的形成中归于消逝，而且这种生成消逝的变化之世代更替是民族生命之持续存在。第二种关系，即父母与子女相互爱恋。父母意识到他们是以自身以外的他物（子女）为其现实，而且他们眼看着子女成长为自为存在而不返回于他们（父母）这里来，于是他物就成为一种异己的实在，一种独立的实在。但子女对于父母的爱恋则出于相反的情感：他们看到他物（父母）的消逝中具有他们的本质性，而且他们之所以自为存在和自我意识，完全由于与根源（父母）相分离，而且根源经此分离就趋于枯萎。因此，夫和妻关系、父母与子女关系总是相互过渡，不相平衡的。但是兄弟与姐妹出于同一个血缘，他们之间的关系则是彼此毫不混淆的，他们不相互欲求，相互依赖，相互给予，是彼此尊重的自由的个体性。

作为姐妹的女性，最完全地预感和预示着伦理生活的本性。因为家庭的规律是她与生俱来的、固有的、内在的本性，这种本性始终保持为内在的情感和非现实的神圣事物。女性生命与这些家庭守护神联系在一起，她既把他们视为自己的普遍实体，又把他们视为自己的个体性，不过她的个体性与他们的关系并非是一种自然的、快乐的关系。作为女儿，女人眼看着父母日渐消逝，难以无动于衷，但在伦理上又不能不逆来顺受，因为只有以这种关系的消融为代价她才能达到她所能达到的个体的存在。作为妻子和母亲，这种关系部分地以某种自然的、能带来快乐的东西为其个别性，部分地以某种趋于消逝的否定的东西为个别性；而另一部分则是由别的个别性加以替换的某种偶然的东西。在伦理家庭里面，女性的这两种关系并非基于个别的丈夫、个别的孩子之上，而是基于一个一般的丈夫、一般的孩子们之上的——不是基于情感，而是基于普遍。也就是说，伦理生活永远具有一种直接的普遍的意义，并且是完全不同于纯粹的个别欲望之冲动的情形。作为姐妹，女人与兄弟是一种血缘上的平衡，彼此无所欲求地相连接着，个别存在的漠不相干和伦理的偶然性在姐妹与兄弟的关系中是不存在的，女人对兄弟的承认是纯粹伦理的，而对于兄弟的义务乃是最高的义务。这种关系同时又是一条界限，越过这个界限，封闭着的家庭生活就破裂瓦解而不再成其为家庭了。

在家庭中，家庭的精神通过兄弟变成个体化的了，从而能够向一个不同于且外在于它自身的另外领域发展，过渡为普遍性的意识。兄弟离开了这种直接的、未发展的，严格地说是否定的伦理，以便获得和创造自我意识的、现实的伦理。这样，兄弟就从他生活着的神的规律向人的规律过渡了，而姐妹则像妻子一直就是的那样成为家庭的主宰和神的规律的保存者。就这样，男女两性就克服了他们自然的本质而按照伦理实体具有的不同形式表现出两种不同的伦理性质。伦理世界的这两种普遍的因素，以两种不同的自我意识当作他们各自特定的个体性，在精神的本质的概念中表现为原始规定了的自然，获得了它们各自的伦理规定性的意义。

但是，两性及其伦理内容的区别在伦理实体里都是始终不变的，而且它的运动过程正是那个实体的持续发展。男性被家庭精神赶到共体里，找到了他有自我意识或自觉的实在，并以神的规律为它的力量和证实。人的规律和神的规律都不是自在自为的，人的规律是以从神的规律出发的，有效于地上的是从有效于地下的出发的，有意识的是从无意识的出发的，间接是从直接出发的，并且还要返回到其出发地。另一方面，地下的力量在地上得以找到其现实，它通过意识而成为特定存在，成为有效活动。

3.伦理世界之无限和整体

伦理生活的各普遍要素是普遍意识的实体，而实体则是作为个别意识的伦理实体。各伦理要素的普遍现实就是民族和家庭，但以男人和女人为其天然的自我和能动的个体性。在此，我们看到先前的无实体的意识生活形态为自己设定的那些目的，已经在这个伦理世界的内容里达到了。以前理性只视之为对象的东西，现已变成自我意识，而以前只是被自我意识包含在自身内的东西在这里已外化为真正的现实。观察理性所认识到的东西，即没经自我参与、现成存在着的东西，在这里成了现成自在的伦理条件，但这种伦理作为一个现实，既是发现者所发现的既成事实，又是这个发现者的产物。

个人——寻求享受其个体性快乐的个人，发现快乐就在家庭生活里，而快乐之所以消逝则在于他意识到自己是一个民族的公民。又或者说，当他意识到他自己的心的规律是一切心的共同规律，他的自我意识被公认为社会的普遍秩序时，这种自我意识就是德行，而德行的享受是过这个普遍的生活。于是，事情自身的意识在肯定地保持和包含着那种空虚范畴的抽象环节的实在实体中获得满足,在伦理秩序的力量里得到了一种能够取代健康理性的真正内容,并从而为审核获得一种内在规定了的标准,这种审核标准不是用来审核规律而是审核那创造出来的东西。

整体是所有部分的稳定平衡,每一部分在其天赋的要素里都有一个精神,并且精神在自身内得到满足。这种稳定平衡的条件只有通过在自身内产生不平等,而又利用正义使其回复到平等,才会是有生命力的。这种正义不是别的,正是普遍本质所自我呈现着的个体性和一切个人自我意识着的或自觉的意志,它是民族的统治力亦即政府。但是,这种正义,同样是受难于不公正的个体之单一的精神。因为它的个体性,它的血缘活在家里,它的实体具有绵延不绝的现实性,而伦理世界里可能会加诸个人诸多的不公正,用这种不公正侵犯有意识的个体、使之成为纯粹事物,这种力量就是自然。

自然不是共体的普遍性,而是纯粹存在的抽象普遍性,并且反抗不公平待遇的个人。那些具有个体血缘的意识将发生在它们身上的偶然事件视为它们自己所创造出来的作品,因而,纯粹存在就变成某种它所愿意有的,因而也是一个满意的东西。这样一来,伦理王国就始终是一个无瑕疵、无分裂的完美统一的世界,而且每种势力自身都保存和创造着另一种力量,是一个从它的一个力量向另一个力量的平稳过渡的运动。

伦理王国分裂为两个对立的本质,在证实中它们作为现实的东西彼此直接接触到对方,因此它们的相互对立就是相互证实,它们的中项就是相互渗透。其中一个极端,即意识对本身有所意识的精神,跟它另一个极端即无意识的精神联结在一起,是通过男人的个体性。另一方面,个体之无意识的精神在女人那里找到了它的存在,从其非现实转入现实,从未知和未曾知的状态上升到有意识的的王国。

就这样，男性和女性的联合统一构成了整体的活动中项，并且构成着虽然分裂为神的规律和人的规律这两端而同时又是它们直接统一的那种要素。这个直接统一的要素，既把前面那两个联结合成同一个联结，又把方向相反的双重运动统一成一个过程：一个是属于男性的、人的规律的下降运动；一个是属于女性的、地下规律的上升运动。

(二)伦理行为：人的知识和神的知识；罪过和命运

1.伦理本质与个体性之间的矛盾

在上述这个伦理王国里存在着各伦理要素的对立，自我意识还没有取得以个别的个体性形式出现的权利。个体性在王国里，一方面表现为普遍的意志，另一方面又具有家庭血缘的意义。这种个别的人只算是非现实的阴影，因为这里还未曾有所行为，只有有所行为才是实现了的自我。行为，破坏着伦理世界的稳固组织和平静运动。伦理世界一旦有了行为，就变成了两个相互反对的要素之间的过渡，它们消灭自身和另一个本质，和谐一致地变成了否定或毁灭的过程和永恒的必然性。通过这种否定运动，神的规律、人的规律以及这两种力量赖以生存的自我意识统统被吞没于命运的无底深渊之中，也就是向着纯粹个别的自我意识之绝对自为存在的过渡运动。

这种运动所出发的、所产生影响的基础就是伦理王国，但由于这个活动是自我意识，自我意识乃是向着伦理生活本质性的那种单一纯粹的活动，即是说它是义务，它已经放弃了法律的制定和审核，伦理的本质性对它而言是种直接而坚定且绝无矛盾的东西。因此，伦理的意识知道自己应当做什么，并且它是决定了的，要么属于神的规律，要么属于人的规律。它的决定所表现的这种直接性是一种自在的存在，而且由于它指定一种规律给一种性别、把另一种规律给另一种性别不是环境上或选择上的偶然性，它又是自然的。或者反过来说，两种伦理力量分别在两种性别里面建立和实现了它们个别的存在。

由于一方面伦理本质上构成了这个直接的决定，因而对于意识来说只有一种规律是本质。而另一方面，两种伦理力量在意识自我中是现实的、自为的，这样一来这两种力量相互排斥、彼此对立。伦理意识在这个对立中是作为自我意识出现的，而且它不是用暴力使这种敌对的现实屈服于它自己所隶属的规律之下，就是用诡计对现实进行迷惑。由于它只承认一方公正，而对方总是不公正，所以在这双方中属于神的规律的那一方看来对方就是不幸的人类暴力，而属于人的规律的那一方则认为对方是自为存在的桀骜不驯、无法无天，毕竟政府的命令是公开于光天化日之下的普遍公意，而另一规律则是表现为个别存在的、内在封闭的私意。

就这样，意识中产生了已知的东西和未知的东西的对立，伦理的自我意识之绝对权利跟伦理本质的神圣权利发生了冲突。对于作为意识的自我意识而言，客观现实本身是具有本质的存在。然而，视其实体而言，自我意识又是自身与这个对立的统一，而伦理的自我意识乃是实体的意识。因此，作为对立于自我意识的对象，就完全丧失了它自己具有本质的意义，意识着手从它自身建立起来的某种东西以及由个别环节转化而成的本质的实在也统统消失了，伦理意识忘记了一切孤立的自我存在之片面性、一切自己的目的和特有的概念，并因而把客观实在的一切本质性和独立性丧失了。

因此，当意识按照伦理规律行事时，它的绝对权利之实现就是这个规律自身的完成和履行，而它的行为所表现的就是伦理的行动。伦理，既然是绝对本质和绝对势力的统一，个体性就是作为内容的实体，行动就是从思想向现实的过渡。鉴于对立的两个环节并没有各自互不相同的内容和本质性，准确说这是一个无本质的对立面的过渡。而伦理意识的绝对权利就是这样一种行为：它的行为，它的现实形态，只有它知道。

2.伦理行为中的对立

伦理本质将自身分裂为两种规律，而意识则专一地只遵守一种规律。正因为这个简单的意识坚守绝对权利的立场，即认为伦理意识出现在它面前的本质就是自在的本质，相反这种本质却坚持它的实际权利，认为它有双重性。然而，本质的这种权利又不与自我意识相对立，而是自我意识的本质，只有在自我意识里它才具有实际存在和力量，而且它的对立面正是自我意识自身的行动。

自我意识本身既是自我又采取行动，它就超脱了简单的直接性而一分为二，分裂为能动的自我和与之相对立的否定性的现实。于是，自我意识的行动就变成了罪孽。因为作为简单的伦理意识，它顺从和遵守一种规律，而违背另一种规律。不过，按其内容来说，伦理自身没有扬弃两种规律隶属于两种性别这一自然的分配，支持本质实在的一方面而对另一方面加以否定或违反，这种片面性本身就是一种罪行。

有行动并有罪孽的，并不是这个个别的人。因为，个体性的内容依然是法律和习俗伦常，更确切地说是他的阶级和国家民族的法律和习俗伦常。个人是作类的实体，类固然由于它的规定性而变成种，但种保有类的普遍。个体性总要在它的行动里建立起一个排他的自我，一个否定自身的现实。所以，在民族生活的范围内，自我意识只会从普遍性下降到特殊性，而不会一直下降为个别的个体性。与此相反，自我意识的行动是以对整体的不可动摇的信心为根据的，这坚定的信心里不掺杂任何外来的东西，无恐无惧，亦无仇恨。

无论是遵守神的规律还是人的规律，伦理的自我意识现在在它的行为里找到了现实行动的充分性质了。显现在自我意识面前的规律，本质上是与之相反的规律结合在一起的，是两种对立规律的统一。不过，它只实现对立规律的其中之一，另一种规律就成为一种受了损害、陷于敌对，从而要求复仇的东西。至于行动，一般而言只有决定这一个方面是显而易见的，但这个决定自在地是某种否定物，一个陌生的、异己的东西同自己对立着。因此，现实总隐藏这外来陌生的对立面，不将其自在自为的本来面目展现在意识面前，但是行为却不能否认它的罪过。

所谓行为，就在于使不动的东西动起来，使当初封闭着的可能性实现出来，并从而把无意识的和有意识的、不存在的和存在的东西联结起来，然后使实现了的行为呈现出真理性，并改变伦理意识的看法：现实对于本质而言不是一个偶然的东西，而是与本质结合在一起的。由于这个现实，也由于它的行为的缘故，伦理意识必须承认它的对立面是它自己的现实，它必须承认它的罪过。

这种承认表明伦理目的与现实之间的分裂已经被扬弃掉了，它回到了这样一种伦理意境，即它知道除了正义之外没有任何东西能算什么。行为者之所以存在，在于他隶属他的伦理规律，并以此作为实体。但当他如今承认了相反的规律，原来隶属的规律就不再是它的实体了，而且他所获得的就不再是他的现实，而是作为个体性的悲怆情绪出现的。个体性是作为实体的生命赋予者出现的，因而是凌驾于实体之上的。伦理的个体性与实体的性格这个普遍性直接地和自在地就是一回事，它只存在于性格这个普遍性中，当这个伦理力量因对立面的缘故而陷入毁灭时，它也不能幸免。

然而，两种伦理力量彼此之间的对立，以及赋予它们以生命并使之发生行动的两种个体性的相互运动，只有双方同归于尽时才会达到它们的真正终点。性格的情况也是一样，一方面就其悲怆情愫或实体来看，它固然只属于两种伦理力量的一种；另一方面按知道与不知道来说，则无论哪种伦理势力性格本身都被分裂为一个有意识的和无意识的要素。并且，由于是每一性格自己引出这个对立以及将不作为导致的不知道的那一面也视为其行动结果，于是它就坠入罪过，并为罪过所吞没。

由此可见，一种力量及其性格的胜利和对方的失败，仅仅只是事业之未完成的一部分；这未完成的事业继续稳步前进，直到双方势均力敌为止。只有在双方都屈服的情况下，绝对正义才获得完成，而伦理实体才作为吞没双方的否定力量、作为全能而公正的命运现身露面。

3.伦理本质的消亡

如果按照特定内容及其内容的个体化方面来看，这两种力量的冲突就呈现出一幅个体化了的冲突图景。就其形式而言，这是以伦理秩序和自我意识为一方、无意识的自然以及此自然所表现的偶然为另一方所展开的斗争。由于前者只是客观的精神，只是与实体的直接统一，因此，后者完全有权反对前者。

一个青年人离开无意识的家庭生活，摆脱家庭的精神，而成为共体中的个体性。但是他仍然享有家庭生活，因为他进入共体时带着偶然性，他偶然地是两兄弟之一，两兄弟有同等的权利来占有这个共同体。至于谁先生育谁后生育这种差别，对于他们进入共体的伦理本质是无关紧要的。但是，作为单一的灵魂和民族精神的自我，政府并不容许个体性有这样的双重性。而自然作为众多所体现的偶然性，却与这个统一体的伦理必然性相对立。因此，这两个兄弟离心不和，而且他们在国家权力上的平等权利对双方都是毁灭性的，因为他们都不对，都不合法。

从人的方面来看，两兄弟因为没有实际占有共同体，因而攻击以对方为首的共同体的那一个就是在犯罪，政府就会通过剥夺其最后的荣耀而予以严惩。相反，懂得把对方只作为个别的、脱离了共同体的个体人，并无任何权利对对方进行迫害的那一个则是合法的，将得到共体赐予的荣耀。因为他迫害的只是个体自身，不是共同体，不是法权的本质。如果说普遍战胜了家庭这一个别化原则，倒不如说普遍与神的规律、有意识的精神与无意识的精神之间才真正展开了冲突斗争。因为，无意识的精神是另一个本质的力量，是不可摧毁的力量，只不过为前者所侮辱而已。然而，无意识的精神要想取得现实的展开，上升为自我意识现实的普遍性，只有把自己给予公开，因为它的势力只能有效于地下，而不能有效于地上。实现了的公开的精神就转化到了它的反面，醒悟到它最大的正义即是最大的非正义，它的胜利正是它的失败。

在这样的表述下，人的规律和神的规律就在诸个体中表现了它的必然性：在诸个体中，共体表现为一种悲怆情愫，运动的活动表现为个体的行动，这就给它的必然性过程披上了偶然性的外衣。个体性和行动构成着一般的个别性原则，而个别性在它的普遍形式下曾被叫做内在的神的规律。神的规律，作为公开的共体的组成环节，不仅是一种在它自己的客观存在中的外在效力，而且还具有一种在民族现实中同样公开、具体、现实的存在和运动。至于人的规律，就其普遍的实际存在来说，是共体；就其一般的活动来说，是男性；就其现实的活动来说，是政府。人的规律之所以具有其存在、过程和生存，全是由于它本身消除或消融家庭保护神的分离主义活动，即它消除了由女性所领导的家庭中出现的独立自主倾向，它把这种倾向消融在它自己的流动的连续性中。

然而，家庭一般而言又是人的规律的要素，个别的意识又是它的普遍作用的基础。由于共体之所以能够生存下去，全靠把自我意识消融于普遍之中，所以它就为自己创造了内部的敌人，即它把它所压制的而同时又从属于它的本质的东西、一般的女性当成了内部的敌人。女性竟以诡计把政府的公共目的变成私人目的，把政府的公共活动转化为特定个体的事业，把国家的公共财产变成一种家庭的私有财富。

共体只有压制这种个别性精神来保持自身，而且因为个别性精神是共体的一种本质环节，所以共体实际上也在创造着个别性精神，它通过对其采取一种高压态度，将其造成一种敌对的原则。不过，这种敌对原则离开公开目的就会一事无成。共体是自为的，其他个体性是为它存在的，它本身就是一个个体性，它在自身内压制个体的个性化发展，对外又能独立活动，它实现否定方面正是在个体性中找到其战斗武器的。

战争是这样一种精神和形式，伦理实体的本质环节亦即伦理主体的意识超脱于任何一种实际存在的绝对自由，被明确地证实和实现。因为一方面，战争使个人的独立自由以及人格都感受到否定和破坏的力量；而另一方面，正是这个否定性，在战争中一跃而成为保存整体的捍卫者。现在，决定着伦理本质的特定存在和精神必然性的乃是自然力量和看似偶然的幸运之类的东西。伦理生活的存在既然是建立在自然力量和偶然的幸运之上的，这就注定了它的毁灭。先前只是家庭保护神消失和消融于民族精神之中,现在诸民族精神由于它们的个体性也在一个普遍的共同体之中消失了。这个普遍的共同体就其纯粹而言是无灵魂无生命的,而当它作为个别个体时是活生生的生命。这样,伦理的精神生命消失了,另一种形态的出现就取而代之了。

伦理精神主动要这样消亡,因为它的本质意义包含着互相矛盾的意义:它既是自然的无意识的稳定,又是精神的有意识的不稳定的稳定,伦理民族乃是一个由自然所规定了的有限的个体性,并且自己是被另一个个体性扬弃着,它是个体性和一般的否定物的主体。当这种规定性消失的时候,精神的生命以及在其一切组成个体中都意识到其自身的这种实体也就全丧失了,不再作为一种活的精神内在于它们之中了。实体原本坚如磐石地团结在一起的个体性现在已经分崩离析,破裂成了众多的点。

(三)法权状态

1.个人的有效性

个体性和伦理实体的活的直接同一性所退回到的那个一般意义上的统一体乃是一种无精神、无生命的共体,个体在它那里都是有效的,都按它们的自为存在各算一个自我的主体和实体。普遍的存在就这样分裂成无限众多的个体原子,而且所有的个体原子一律平等,即各具有一个个人的意义。伦理世界里被称为神的规律,事实上已经摆脱了它的内在性而成为现实。当初在伦理世界里个别的人亦即无自我的、死亡了的精神,现在是真实的精神,个人因此返回自己的直接确定性,摆脱了他的非现实性而成为现实的了。因此,这个自我就被承认为自在又自为的存在物。之所以得到这样的承认,是由于返回于自身的绝对存在,只不过是自我意识的我。这个实体性是抽象的普遍性,它的内容是一种不容触犯的自我,而不是消融于实体中的自我。

这样，伦理实体就产生了个人人格。人格是意识有效而现实的独立性，这种独立性脱离现实就变成关于独立性的一种抽象的、不现实的思想。我们先前所讨论过的斯多葛的自我意识就是这样一种思想：它给法权状态的基本原则亦即毫无精神的独立性提出了一个抽象形式。由于它逃避现实，所以它达到的只是一个观念上的独立；它是绝对自为的，随时准备放弃一切实际存在，并把它的本质置于纯粹思维的同一性中。同样的，个人法权跟精神的抽象现实的纯粹的合一，或者说跟一般自我意识的那种单一结合起来了。

2.个人的偶然性

但是，正如斯多葛主义的抽象独立性曾得到的现实那样，现在这后一种独立性、个人的人格也将重复前一种形态的运动过程。斯多葛主义的意识曾转化为怀疑主义的混乱意识，变成一种否定一切的空谈，它走出了存在与思维这一偶然性又颠三倒四地迷失于另一个偶然性；它曾在绝对独立性中把这些偶然性消除掉，但同样又一再把它们制造出来，并且它本身恰恰就是意识要求独立而又缺乏独立这样一个矛盾。法权领域的个人的独立性，其实就是这样的普遍混乱和相互消除。被承认为绝对本质的东西，就是作为个人的纯粹而空虚的单一的那个自我意识；实体形式里的内容完全自由散漫、杂乱无章，因为当初那掌控它、将它束缚在其同一性中的精神已不复存在。

就实在性而言，个人的这个空洞的单一乃是一种偶然性的特定存在，一种无本质的运动，没有持久的生存。法权形式按其概念是没有特殊内容的，它把它所找到的一种杂多的现成物像怀疑主义那样给添加上使之能被称为所有权的一种抽象普遍性，如此而已。不同的是，像这样规定了的现实曾被怀疑主义称为一种纯粹假象，是一种否定的价值，但在法权这里则具有一种肯定意义。之所以具有肯定意义，在于这里现实的东西是一种得到承认或公认的、现实的东西，是用范畴来表示的“我的”。“我的”具体内容或规定性，无论是外物还是精神或品质上的内在丰富或贫乏，并不包含在这个空的形式里，并与形式各不相干。内容显然隶属一种独特的力量，这种力量不同于形式的普遍，而是偶然和武断。因此，法权意识在赢得承认的过程中，反而发现自身实在的丧失，发现它完全没有本质的东西，并且把一个个体称为个人乃是一种轻蔑的表示。

3.抽象的个人；世界主宰

内容这一自由势力规定自身如下：无限众多的个体原子一方面是分散的，同时由于分散的性质它们又集结为一个既有异于自身而又全无精神的单一的中心点。这个中心点，一方面像个体原子不可触犯的人格一样是一个纯粹单一的实在，另一方面与个体原子空洞的单一性相反，这个点具有完整内容的意义，从而是所有个体原子的实在本质，而且是普遍力量和绝对现实。

世界主宰就这样将自身当成了绝对的、本身包含着一切存在的、意识不到另有任何比自己更高精神的个人。他和别人一样是个个人，但他是一个孤立的个人，他跟所有人对立着，而这些与他对立的所有人构成并建立了他的有实效的普遍性。作为意识，这个孤独的人意识到了与上述普遍人格相对立的内容。但当它从它的否定力量中解放了出来，内容就意味着是一团混乱的精神力量，这些摆脱了束缚而成为基本的、独立的个体的精神力量彼此摧残。而它们虚弱无力的自我意识成了本身不起作用的疆场和供它们展开混战的角斗场。世界主宰意识到自己的存在乃是这一切现实力量的总和,但由于它只是形式的自我,无力约束这些力量,所以它自己的行为活动与自我享受就如同一场荒淫放纵的闹剧。

在对付跟自己对立着的有自我性的臣民的毁灭性暴力中,世界主宰意识到自己就是普遍的现实力量。但它并不是精神上的融洽一致,因为它的"臣民们"各是自为的个人,排斥和别人的一切连续性,保持自身的独立性。因此,它们都处于一种纯粹否定的关系中,这否定关系既是它们彼此之间的相互排斥,又是它们与世界主宰之间的相互排斥,更确切地说世界主宰对它们而言是外来的、异己的,并且是敌对性的存在。因为,世界主宰恰恰扬弃了充当它们本质的那种空无内容的自为存在,而且摧毁着它们的个性和人格。

既然异己的内容是自己的实在,在人格那里成了有效准的东西,那么法权上的人格即法人,它发现了自身的无实质性。另一方面,在这个非现实的领域从事破坏和摧毁行为的力量意识到了它自己的无上威力。但这个自觉为无上威力的自我,即世界主宰,是纯粹的毁灭力量,因而只作用于它自己以外的,因而它是它自己的自我意识的抛弃,这就是那作为绝对存在的自我意识转化为现实的过程。

意识从这个现实被逐回自身以后,就开始思考它的这个非实体性,使其成为思想的对象。我们在前文曾看到,斯多葛主义纯粹思维的独立性经过怀疑主义后,在苦恼意识中找到了它的真理性,即认识到苦恼意识即是它的自在而自为的存在。如果说这种认识在当时只表现为由一种意识所见到的意识的片面见解,那么在这里我们可以看到那种片面见解的现实真理性出现了。

这现实的真理性在于：自我意识的普遍效准、客观的有效性，即是从自我意识异化而成的实在性。这个客观性是自我的普遍现实性，但普遍现实直接地是对自我的颠倒，是自我本质存在的丧失。在伦理世界里还没有出现的自我现实现在由于自我返回个人，赢得了这个现实。先前在伦理世界里完全单一或统一的东西，现在出现了。当然，这是以发展了的形式出现的，但是发展了，也就是异化了。

二、自身异化了的精神——文化的教养

伦理实体所保有的对立曾严密地保持在它的简单的意识之内，并且这个意识直接地与它自己的本质性相统一，而这个本质则具有存在的简单规定性。意识既不将自己视为一种排他性的自我，实体也无须通过自身的异化跟这种存在合而为一，完成自己。但是，这种自我是绝对独立的精神，它发现它的内容是一种与自己相对立的同样坚固的现实世界，并且在这里，这个世界获得了作为一种外物或自我意识的否定物的规定性，形成了法权领域的外在本质和自由内容。然而，这个世界只是精神的东西，它本身是个体性与存在的融合，它的这种存在是自我意识的作品，又是一种直接呈现的、对自我意识来说是异己的陌生世界，且自我意识在其中不为己知。

这个外在现实进行自我意识外在化和放弃本性以获得实际存在的过程，看起来仿佛是由各种漫无约束的因素在支配着法权世界的、那种扰乱破坏的状态以外的暴力所强加给自我意识的，而且这些漫无约束的因素只是纯粹的扰乱破坏和它们自身的解体。但是，这种解体，这种否定的本性，正是自我；自我是它们的主体、行动以及生成过程。由于直接的自我，即没有异化、自在自为的自我，没有实体内容，实体赖以成为现实的过程就是人格的异化。因此，自我的实体是自我的外在化，而外在化就是实体，换言之就是将自身形成一个有秩序的世界并使自身得以保存的那些精神力量。

在这种方式下，实体就是精神，就是自我和本质的自觉统一体。但是自我和本质两者具有互为异化的意义，亦即单纯的意识与实在的现实的相对立。一方面现实的自我意识通过自身外在化转化为现实世界，而后者又转化为前者；另一方面，正是这个现实，无论是个人抑或客观性都被扬弃了，成了纯粹的普遍物，成了纯粹意识或本质。因此，精神在这里所构建的就不只是一个单一的世界，而是一个分离的、对立的、双重的世界，没有什么东西具有自我意识的否定物的意义，每一个环节都从另一个环节那里取得当前存在，而只要它是现实的它的本质就是不同于它的现实的另一环节，并且任何东西都是在自己以外的一种异己的东西之中。由此可见，虽然这两种力量彼此分离，但它们通过对立面的异化后，仍然跟整体保持着平衡。

正如每个个别环节一样，整体也是自我异化了的实在。它分裂为两个王国：在一个王国里，自我意识本身及其对象都是现实的，而另一个王国则是纯粹意识的王国，作为前者的彼岸它不是当前现实的，而是在信仰之中。通过向对立面的异化，现在两个王国返回于自我，如果说前者是第一个直接有效的自我，是个别的人，那么后者——从其外化中返回本身的普遍的自我，将是把握概念的意识。而且，这两个精神世界及其所有环节都坚持自己各是一个固定的现实和无精神性的存在的精神世界，并将瓦解于纯粹的识见之中。

作为把握自身的自我,这种识见达到和完成了教化。它对一切都进行概念的理解,剔除一切客观性,把一切自在存在转化为自为的东西。当它转而反对信仰亦即反对彼岸的、外在的和异己的本质王国时,它就是启蒙。启蒙也在这个王国里完成其精神的异化,而异化了精神会把这个王国当作与自身均衡的宁静意识而逃避进去以求庇护,它把此岸世界的什物携带进来,由于精神的意识生活也同样是属于这个世界的,精神无法否认此岸世界的什物是自己的财产。如此,启蒙就扰乱了精神在信仰王国里所作的家务管理,纯粹识见同时也就实现了自身,并且产生了它自己固有的对象和有用的东西。

这样一来,现实就丧失了一切实体性,本身不再是自在的东西,于是信仰的王国以及现实世界的王国就都崩溃了。而且,这个革命带来了绝对自由,当初异化了的精神现在依靠这个自由完全返回自身:离开这个教化国度而进入另一个国度,即道德意识的国度。

A 异化了的精神世界

这个阶段的精神世界分裂为两个世界,一个是现实的世界或精神自我异化而成的世界,另一个则是精神超越了第一个世界后在纯粹意识中建立的世界。既然两者相对立,第二个世界就是异化的另一种形式,而这一形式的异化特点就在于对两个不同的世界有所意识,包含两者于自身之内。

因此,这里所讨论的不是自在自为的绝对存在的自我意识,而是信仰。因为信仰是对现实世界的逃避,而不是自我完成的经验。当前对现实世界的这种逃避,其本身就是精神的双重性状态。纯粹意识是精神上升后所达到的领域,但是纯粹意识不仅属于信仰,也同样是概念的要素。故,两者在其中总是双双同时出现，而信仰永远只被我们当作与概念相对立的东西。

(一)教化及其现实王国

这个世界的精神是一种被自我意识所渗透了的精神本质，这种自我意识知道自己作为自为存在着的本质是当下现存的，并且知道本质作为一种客观现实与自己是对立着的。但这个世界的客观存在以及自我意识现实之所以出现，完全依赖于自我意识外化自己的人格，创造了自己的世界，并且把它的世界当作一个异己的世界看待的运动。现在，它必然去占有这个世界。

因为否定自己的自为存在即是创造现实，因此自我意识只有对自己进行异化，它才是某种特定的什么东西，才具有真实的存在、普遍的东西，而它的这个普遍性，即它的有效性和现实性。

如此一来，自我与一切自我的这种平等，已不再是以前法权上的那种平等。法权的那种无精神的形式普遍性，承认任何自然形态下的性格和存在，并批准和建立起它们。但在这里，有效准的普遍性则是发展变化而成的，而且它因此是具体的和现实的。

1.教化是自然存在的异化

个体在这里赖以获得客观有效性和具体现实性的手段，即是教化。从其自然存在异化出来的精神，即个体真正的原始的本性和实体。因此，这种自然存在的外化既是个体的目的又是它的特定存在；既是由思维实体向具体现实的过渡，又是由特定个体性向本质性的过渡。这个个体将自身教化成它自在的那个样子，并且只通过教化才成其为自身，才取得具体的存在。它有多少教化，它就有多少现实性和力量。

自我作为特定的个体知道自身是现实的，它的现实性完全在于扬弃自然的自我。但是，自我的目的和内容完全属于普遍的实体本身，如果一个自然的特殊性竟想成为目的和内容的话，只能是某种无力的和不现实的东西。因为当它想要取得现实性时，由于现实性直接就是普遍的东西，它就陷入了自相矛盾——个体性被错误地设定为由自然和性格的特殊性构成，那么实在世界里就不会含有个体性了，所有的个体都是一样的存在了，而且它在只有自身外化着的东西、只有普遍性才能获得现实的世界里是没有地位、不能留存的，真正说来它就是纯粹臆想的东西，只算是像它那样的东西，只算是一个样子。什么是教化和现实？现在还没有一个明确的意识。

就个别的个体而言，个体的教化乃是精神实体本身的本质环节，即教化乃是实体的观念、思想构成和普遍性向着现实的直接转化，也就是个体向现实世界的转化。这个现实世界尽管是通过个体性形成的，但在自我意识眼中它却是一种直接异化、现实性的东西，因此自我意识虽然确信这个现实世界是自己的实体，但又会依靠自己的性格和才能去控制这个世界。表面看来，这是个体暴力在压制消灭着实体，但由于个体的活动在于将自己变得符合于实体，所以这个过程正是个体自我教化的过程，实现实体本身的过程：对立的一方赋予另一方以生命，每个对立面通过自己的异化而使对方取得持续存在，同样也从对方异化中获得自己的持续存在。与此同时，每个环节都具有一种不可克服的价值和意义，并且相对于另一方来说各有一个固定的现实性。

思维于是用尽可能，以最普遍的方式固定这种区别，即固定为“善”与“恶”的绝对对立，绝不可能成为同一个东西。但是这种固定的存在却以向对方直接过渡为其灵魂，实际存在其实就是每一规定变为对方的转变，而且只有这个异化才是整体赖以保存的本质。考察这个使各个环节得以实现并赋予其生命的运动过程,我们会发现异化又将异化它自身,而整体亦因此把它的全部内容返回于自己的概念。

一开始我们必须考察简单的实体本身,必须从它特定存在着的、尚无精神的环节的直接组织中去考察。作为一个有组织的整体世界,自我意识的现实的简单精神分解为一些普遍的精神本质:第一种是自在普遍的、自身等同的精神本质;第二种是自我存在着的、已变得自身不同一、正在自我牺牲和自我放弃的本质;第三种作为自我意识,是一种本身直接具有力量的主体。现在,我们必须对整体的这些分离的环节加以考察,既要就它们在纯粹意识中呈现为思想或自在存在的本质加以考察,又要就它们在现实的意识中呈现为对象性的本质加以考察。

在第一种情况下,亦即一切意识自身等同、直接的、连续不变的本质,是善。善是自在存在的独立精神力量,与之相伴随的自我存在的意识的活动只是附带的。相反,善的对立面由于放弃了自己的个体性,则是被动的精神存在或普遍的东西,是虚无的本质,是恶。本质瓦解为离散的环节,本身是持久不变。如果说第一种本质是个体的基础、出发点和结果,而且在那里个体都是纯粹普遍的,那么第二种本质则相反,一方面它进行着自我牺牲的为他存在,另一方面恰恰因为此它又是个体向着作为个体的自我之持续不断地返回和永远趋于向着独立存在的变化过程。

同样,善与恶这些纯粹的观念也直接地自身异化了,它们都成了现实的,并且在现实的意识中是作为对象性的环节而出现的。就这个意义而言,第一种本质即是国家权力,另一种本质即是国家资源或财富。国家权力既是简单的精神实体,又是普遍的作品和结果,是持续不变的自身等同，因此实体自在的直接的是它的对方——财富或资源。财富虽然是被动的或虚无的东西，但它同样是一种普遍的精神实体，是一切个体持续不断的劳动所创造的结果，而且它为一切个体的享受创造了条件，也是促成普遍行动的原因，于是它完全具有直接的、普遍的精神意义。

个体意识到自己是某种自为的东西，并不把财富看成是精神性的东西。它在享受财富时，无疑会认为这种行为自私自利。然而，通过前面的叙述可见，一个人自己在享受时也给予所有人享受，一个人既是为自己也是为所有人劳动。因此，一个人的自为存在是普遍的，自私自利只不过是一种想象的东西，这种想象不能把自己设想的东西具体实现出来，即是说并不能做出某种利己而不促进一切人的福利的事情。

于是，自我意识在这两种精神力量中认识到了它的实体、内容和目的，并且直观到自己的双重本性，即从一种精神力量直观到它的自在存在，从另一种精神力量里直观到它的自为存在。但是作为精神，自我意识又是一个否定的统一体，它把个体性与普遍物或现实与自我的统一于一身。因此，统制和财富是作为一个现成存在的对象出现于个体面前的，即个体知道自己对这些对象保有充分自由，不仅能在它们之间进行挑选，甚至能拒绝对它们的选择，于是它就把本质当作它自身内的本质了。

在这种纯粹意识里，实体的环节被个体视为思想，是关于善与恶的思想，而不是国家权力和财富。进一步说，自我意识是个体的纯粹意识对它的现实意识、思维物对客观存在的关系，本质上是一种判断。究竟哪个是善哪个是恶，这一点已经在现实本质的两个方面的直接规定里得以明确了，即国家权力是善，财富是恶。然而在这个判断里，一个方面只被规定为自在存在或肯定的东西，另一方面则被规定为自我存在着的或否定的东西,作为精神实在它们中的每个方面都是对方的渗透,因此这个判断不能全部表述出那两个特殊规定性的性质,不能视为一种精神的判断。

现在,自我意识这样判断善和恶:凡它发现其中有它自己存在的对象,它就认为是善的,凡是在其中发现它对立面的对象都是恶的。善意味着自我意识与客观实在的同一,而恶则是它们的不同一。也就是说,精神判断善恶的标准,即是它们本身与精神是同一的还是不同一的。既然这些客观本质首先被设定为精神的对象,当精神同它们关联并发生关系时,它们才能变成自在存在的,并且在向自身返回中获得现实精神的存在,并且显现精神的实质。这种关联关系中所产生的自在存在,与善恶之前的直接自在存在大不相同,因为精神活动的这个中介过程已经使直接的规定性发生了变动,并使之成为某种别的东西。

于是,作为这个过程的结果,自在自为存在着的意识发现国家权力固然是它的简单本质、一般存在以及自在存在,但不是它本然的个体性,不是它的自为存在。或者说,它在国家权力中发现,它作为个人的行动已经受到拒绝和压制而不得不变为服从。个体于是在这种权力的压制下返回于自身,因为已经和权力不是同一的东西了,国家权力对于个体而言就是一种压迫它的现实,即恶的东西。相反,财富却成了善的东西,它自在地是普遍的善行,因为它倾其所有施予给一切个人。

既然自我意识认定自己与国家权力不同一,判断善恶的规定不算完满,那么自我意识认定自己与国家权力同一,精神性的判断是不是就算完美了。按照这一方面说,国家权力一部分是静止的法律,部分地是规定着普遍行为的诸个别过程的指示和命令;其一部分是简单的实体本身,另一部分是实体保持其本身和一切个体的那种行动。因此,个体在国家权力中发现了它的根源和本质、组织和证明。与此相反，财产个体却体会不到自己的普遍本质，它只能获得转瞬即逝的意识，感受到自己是一种自为存在着的个别性，认识出自己与自己本质的不同一性。因此，善与恶的概念在这里获得了与它们之前性质相反的内容，即在第一种判断下意识发现国家权力是与自己不同一的，而财富享受与自己是同一的，我们将之称为高贵的意识；但第二种判断方式相反，国家权力和财富都被意识认定为是与自己不同一的，这叫做卑贱的意识。总之，这两种关系所表达的都仅仅是一种判断。

我们必须对这两种不同的判断本身进行判断，这就需要建立新的判断善恶的标准或尺度。之前我们按照与意识同一或不同一的标准判断善恶，但现在必须以它们的自在自为作为标准，在判断中呈现出反思关系，并且要把这两方面的互不相关上升为互相关联。作为思维的关联也要上升为现实，两种判断的精神一定要显现出来。要实现这一点，只要将判断发展成为推论，发展成为中介的运动，使判断的两个方面的必然关联和中项得以在这个中介运动中显现出来就行了。

按照这个标准，高贵意识发现自己与国家权力的关系是这样的：国家权力固然还不是一个自我，仅仅是一个普遍的实体，但高贵意识已经感受到这个普遍的实体是自己的本质、目的和绝对内容。既然高贵意识与普遍实体发生了肯定关系，它就对它自己特有的目的、特殊的内容和个别的存在采取了否定态度，并让它们归于消失。高贵意识就成为这样一种精神——它是一种德行，它为普遍而牺牲个别存在，从而使普遍变成实际存在；它是一种人格，它放弃了自己的占有和享受，它的行为和现实性都是为了国家政权的利益。

通过这一运动，普遍就跟特定存在一般地结合起来了，特定存在着的个别意识在服务中异化自己，使自己的生活与普遍的东西相符合，获得别人对它的尊重。当初国家权力仅只是思想中的普遍、固有的本性，现在通过本质与自我的结合就变成了存在着的普遍，变成了现实的权力了，而且这是一个双重的现实：一是自我意识本身成了真正的现实，二是国家权力成了真正有效准的东西。

但在这种异化中，由于国家权力还没有意识到自己就是国家权力的自我意识，它为国家权力所牺牲的只是特定存在而不是自在存在，如此它完成的仅仅是它的思维或纯粹意识，而不是个体性。国家权力的个人意志还没有形成，假如说这种自我意识与国家权力的个人意志有一定关联，那么他所使用的语言会采取"建议"的形式，是为了所有人的最高利益而提出来的建议。并且，事实上它总是在国家权力之外保留着它自己的意见和特殊的利益，因此它同国家权力还不是一致的，还是卑贱意识。

为此，我们必须对这种矛盾予以扬弃，即自为存在与国家政权的普遍性之间的不一致和对立。这种矛盾同时又表现为另一种形式的矛盾，即本身是一种存在着的外化，但不是返回于意识的外化，而是过渡为它的不可协调的对立面。因此，自为存在要像牺牲生命那样彻底，并且要在这一外化中保持它自身，现实地成为它自在的就是的样子，变成自身与对立面彼此同一的统一体。由于内在的精神、本质的自我显现出来并异化了，于是国家权力就上升为它自己的自我了。

2.语言是异化与教化的现实

然而，这种异化只发生在语言中，而这里的语言具有独特的意义。在伦理世界里，语言表示着规律和命令；在现实生活中，它只表示为建议。这两种情况下,语言所表达的内容是本质实在,而语言本身是本质的形式。由于语言是纯粹自我的特定存在,自我意识的自为存在着的个别性作为个别性才能获得特定存在,这种个体才是为他的存在。所以对于纯粹的我而言,除了在语言中以外,我会通过一定的行动返回自身,我就是不存在的。

不过,语言包含着这个纯粹的我,语言表述着的我,表述着我自身。我的特定存在在这里是一种本身具有我的真实本性的对象性。我既是这个特殊的自我,同时又是一个普遍的我;它的出现,既直接是特殊的我的外化和消逝,又是普遍的我的保持和持存。它既然表述了它自己,它就是作为我而能被听到、被领会的,就会与具有我的意识的人归于统一,成为普遍的自我意识。

在这里,精神之所以能够获得这种现实形态,是因为它作为统一体所包含的各个端项也都直接具有它们自己,即各自的现实这一规定。它们的统一体分裂为严格的两个方面,每个方面都是对方的现实对象——都被排除于对方之外的对象。因此,统一体是作为一个中项出现的,它不同于分离的两方面的现实,而是被排除于它们的现实之外;它本身具有一种现实的,是与它所包含的两方面不同的对象性,它本身就是它们的,即对它们而言它是一种存在在那里的东西。

自我意识知道这个纯粹的自我是拥有直接有效性的实在, 并知道只有通过中介才能变成这样一种实在。这样,精神就是中项,它以这两个端项为前提条件,又将自身分裂成两个端项,每个端项都与整体发生接触,交换它们的规律性,并且每一个端项里都要这样做。于是,中介过程就实现了两个端项中任何一个的原则,或者说把每一个端项里自在的东西变成它控制着和运动着的精神。

国家政权和高贵意识就这样被分解了，国家权力分解出来的两个方面，一是被人服从的抽象普遍，二是自为存在着的、本身还没有从属于抽象普遍的个体意志；高贵意识分裂的两个方面，一是扬弃了个体存在的服从或者说自尊和荣誉的自在存在，另一方面是尚未扬弃掉的、纯粹自为存在或始终潜伏着的那种意志。两个端项纯化出来的可以说是语言的两个环节，一个是被称为公共福利的抽象的普遍，另一个是为了服务已舍弃自身而沉浸于各种特定存在中的那个纯粹自我。自我只有在意识这一个端项里才是现实的，而自在本性则只有在另一个端项即国家政权中才是现实的。不过，由于国家权力尚在概念之中，而意识已把自己纯化为概念，所以它们在概念上来讲是统一的。而概念的这种同一性，在以语言为其单一特定存在、为其中项的中介运动达到了现实。而由于国家权力首先通过精神的作用才能成为自我，所以这种同一性的两个端项还不是两个作为自我而出现的自我，这种语言还不是精神的存在，即精神还不能完全知道并充分地表现它自身。

由于高贵意识是自我这个端项，扮演着产生语言的角色，并通过语言将各自联系的双方形成能动的精神整体，不声不响地服务的英雄主义就成了阿谀的英雄主义。如此，它就构成了精神性的、自身分裂的中项，它不仅使自己这一端项返回于自身，而且也使普遍权力这个端项返回于自身，并使起初只是自在存在的普遍权力变成自为存在，使之取得了自我意识的个别性。这样一来，国家权力的内含精神就变成了实际存在，即变成了至高无上的君主。说它是至高无上的，乃是因为阿谀的语言已经将这种权力提升到了纯粹的普遍性；说它是君主，乃是因为阿谀的语言同样将个别性的自我意识推向了顶点，即抬高到特定存在物最纯粹的地步，即它给予君主自己的名字。没有任何东西能和名字对等，名字是特殊的人之所以特殊的原因，自我意识因此确信自己即是至高权力。

但是，国家权力之所以能够生存，乃是通过牺牲高贵意识的行动和思维，从而内在地自我异化了的独立性。高贵意识亦即自我存在的那个端项，收回了现实的普遍性这个端项，以取代它所放弃的思维的普遍性。这样，国家权力就过渡到了高贵意识。在高贵意识的自为存在中，国家权力返回于自身，转化为其反面，即放弃了它的权力，只是作为财富存在着。因此，就其自为来看，构成国家权力意志的独特的自我，通过对高贵意识的抛弃变成了自身外化着的普遍性，只是空的名称。

所以，如果说高贵意识曾把自己规定为一种同普遍权力保有一致关系的东西，那么它的真实本性就变成了：当它为普遍权力服务时，仍保留它自己的自为存在；当它舍弃自己的人格时，也实际上扬弃和摧毁着普遍实体。在这里，财富就是国家权力，但财富不是国家权力的无自我的普遍性，因为它在自身返回运动中变成了自在自为的存在，它已经在其自身中具有了自己的精神。也就是说，高贵意识与一般作为本质的对象没有任何关系，那所谓异己的东西其实就是在它之外被异化了的自我，而且对方是一种自为的、具有意志的存在。即它眼睁睁地看着它的自我被一种异己的意志所支配，它能否取得它自己的自我完全依赖于这个异己的意志。

自我意识可以摆脱任何个别的方面，因此无论跟哪一方面发生关联，它都能被承认为并自在地被承认为是自为存在的东西。然而在这里，自我意识发现：它是在自身以外并属于另一种自我意识，它受制于一个别的自我意识，它的纯粹人格是没有人格而言的。因此，出于愤怒叛逆，它会把存在于自我之外的自我撕成碎片，于是一切具有连续性和普遍性的东西，一切同一性和一致性的东西都被撕得粉碎，走向瓦解和崩溃，纯粹的我本身已经绝对碎裂，大体表现为：绝对本质的东西即是绝对非本质的东西，那自为存在的东西即是自外存在的东西。

现在，这个意识即使从财富那里取回了自为存在的对象性并扬弃了这种对象性，然而它在自身返回原则上是不完全的，而且它本身也并不感到满意。在这个返回中，自我将自身作为一个客观事实收回是根植于纯粹自我本身的直接矛盾。但是作为自我，这种意识同时又高居于这个矛盾之上，它有绝对的伸缩性，于是重新扬弃这个自我之被扬弃，重新扬弃它的自为存在之变成一种异己物这一被抛弃，反抗自身之这样被接受，而且它自身在被接受过程是自为的。这样一种意识的行为态度既然含有这种绝对分裂性，于是构成这种精神意识，即高贵意识与卑贱意识的区别就消逝了，而且这两种意识是同一个意识。进一步而言，以财富捐赠为特征的慈善精神，或许仍然区别于受惠者所表现出来的精神，并且在这里应该对这种区别加以特别考察。

财富所体现的精神本来是无本质的自为存在，但是当分配出去，给予别人时，它就变成了自在存在；由于它已完成了自我牺牲的使命，它就扬弃了它那只为自己享受的个别性，而既然它的个别性被扬弃了，它就是普遍性或本质，而且它知道所施予出去的是属于别人的自我。财富于是受到了其主顾的批判，但这里出现的不是反抗叛逆而是傲慢放肆，因为它以为发点救济就能赢得一个异己的自我性，从而使其从内心五体投地。但是它忽略了这个异己的自我内心的激怒反叛，忽略了对一切现存关系的否定，结果一切等同一致的、一切持存不变的东西统统归于分裂瓦解了。因此，这种纯粹分裂也就把一般人对施予者的看法破坏了，财富直接面对着的精神落了个完全无本质的评价。

自我意识在对待国家权力时有自己的语言方式，换言之，正如精神曾表现为这两个端项之间的现实中介一样，自我意识在对待财富时同样也有自己的语言方式，而且更进一步，它在对待财富时是由它的激怒出来发言的。但为了让财富意识到自己的本质并从而主宰财富，它同样会使用阿谀的语言，但由于它把可以随便舍弃的、不是自在存在的东西当成本质来说，所以这不算是高贵的阿谀。阿谀的语言像前面说过的那样，是一种带有片面性的精神语言。它的构成要素一方面是通过服务的教化而被纯化为纯粹存在的自我，另一方面是统辖自我的权力和自在存在。但是，语言还没有意识到纯粹的自我和纯粹的实在是同一个事物，也没有意识到它们彼此之间的互惠关系，因此这种语言表现为分裂状态，其中的精神性生命被撕碎了。不过，这种语言却是整个精神教化和发展世界里真实存在着的、最完美形态的语言，直接是在绝对分裂中的绝对自我同一，直接是纯粹自我意识与其自身的纯粹中介。它是同一判断中的同一性，在同一判断中同一个人格既是主词又是宾词。但由于这个人格已是绝对地一分为二，主词和宾词是完全互不相干的实体，双方各有独立的人格力量，这种同一判断同时又是无限判断。

以自己的自我存在为对象，对象是一种绝对的他物，同时又直接是自身，这个自我是以一种绝对对立的形式出现，各自具有完全属于自身的和漠不相干的特定存在。于是，这个现实的教化世界在这里表现出来的精神，已经是对它自己的真理性和概念有所意识的精神，就是现实与思想的绝对而普遍的颠倒和异化，每一个环节都是它自己的对立面。结果，无论具体的现实、国家权力和财富，抑或它们特定的概念，即善与恶，高贵意识和卑贱意识等等，它们统统都不具有真正的真理性，而是规定的应有含义的反面。

因此，精神所述说的有关它自身的话语，其内容就是一切概念和实在的颠倒，是对于它自己和别人的普遍欺骗，所以述说这种自欺欺人的谎言骗语的恬不知耻，乃是最伟大的真理。这种语言就是下述音乐家所售的："有人曾把约三十种不同格调的音乐，意大利的、法国的、喜剧的、悲剧的等等所有种类，融合在一起；他时而使用深沉的低音，一直低沉到地狱的深处；时而收缩他的喉咙，发出一种尖锐的假音怪叫到惊天动地；忽而狂暴，忽而安宁，忽而装腔作势，忽而嬉笑怒骂。"

对于一个真善的意识而言，它不会随着这一切音调而抑扬顿挫，在整个情感的世界里上下穿梭，迷失自己的本性。相反，它会真实诚意地塑造声音的谐和，即达到音韵的纯一。如果将混乱精神发表的言论和真善的简单意识所发表的理论作比较，我们就会发现面对因受教养而开化了的精神所做的那种坦率而自觉的雄辩，简单意识只能用单音节说话。因为它不能对后者说出后者所不知道和不能说的东西。如果简单意识所说的超出了单音节的范围，那么它所说的就只不过是有教养的精神所说的那些话，而且它在这样做的时候还表现出愚蠢，因为它以为自己说出了什么新颖的、有所不同的话，其实本质上就是其自身的反面或颠倒。如此一来，这颠倒了的言行的普遍的现实就与整个实在世界陷于对立了。如果简单的个体性想摆脱颠倒的世界，它必须作为精神从混乱返回于它作为精神的自身，要求自己获得一种更高水平的意识生活。

当精神自在地完成了这个上升运功，那么现实世界对其自身又会有一个双重反映：一方面是在意识的这个个别的自我中的反映，另一方面是在意识的纯粹普遍性中的反映。按照第一个方面来说，那返回自身的精神已经将目光注入现实世界，并且还以这个现实世界当作自己的目的和内容；而从第二个方面来说，它的目光部分地仅只指向自身，并否定地看待现实世界，以现实世界的彼岸作为了对象。

从返回自我的那一方面来看，一切事物的虚无性乃是其特有的虚无性，或者说它本身就是空虚的。它是自为存在的自我，不仅知道评判一切和议论一切，还能说出现实本质和规定，即它的真理性。而且，它还知道自我存在与本质存在是分离了的，它知道如何正确地表达一切环节都是自己的颠倒，但是由于它本身包含着不一致和矛盾，非常善于对实体性的现实下判断，以便从那里获得对自身的意识。因此，它是自己在创造着一切事物的虚无性，并且本身就是这种虚无性赖以支撑的灵魂。

国家权力和财富是自我意识努力奋斗的两个最高目的，自我知道国家权力和财富是两种现实的、普遍承认的力量，因此它通过自我放弃和牺牲把自己教养成普遍性的东西，找到了一般的承认和接受，但是自我所获得的接受本身就是虚妄的，而且正是由于占有了权力和财富，自我它知道了它们本身都不是自身的本质或主体，认识到它自身反而是支配它们的力量。自我这样既占有国家权力和财富两者，又超脱于这两者之外，乃是自我用充满精神的机智的语言所表述的东西，这是整体的真理之所在。

在这种语言里，这个个别的、纯粹的、与现实规定无关，也与臆想的规定无关的自我就自觉地变成精神的、真正普遍有效的自我了。这个自我乃是在一切关系的自然分裂的情况，乃是对一切关系的有意识的分裂。当它是反叛的自我意识时，它就意识到了自己的分裂性，并且把自己高举于分裂性之上，超越分裂状态。在上述那种自觉的虚无性里，一切实体的内容都获得了一种否定的意义，唯一肯定的对象就是纯粹的自我本身。

(二)信仰与纯粹识见

1.信仰的思想

自我异化了的精神以教化世界当作它的特定存在，但是由于这个精神整体已经完全自身异化，所以教化世界之彼岸就是纯粹意识或思维这一非现实世界。它的内容是纯粹的被思维物，它的决定原素是思维。但是，由于意识本身基本上还是在现实这个领域和规定性之中，还没有在自身内完成它的精神上升过程，并且仍然在自身内包含着限制它的对立原则，所以它只具有那些思想，还不知道它们就是思想。

这种思想的本质，应该同构成斯多葛式的意识之本质的那种自在有本质区别。对于斯多葛主义而言，有意义的因素只是思想形式本身，至于思想的内容则都是外来的，都是从现实中抽取出来的。但对于上述的那种意识而言，有意义的就不是思想的形式，而是一种普遍现实事物形式之下的本质。同样，这样一种思想的本质也有区别于德行意识之本质的那种自在。对于德行意识而言，本质固然与现实相联系，固然就是现实自身的本质，但只不过是一种非现实的本质。但对于上述的那种意识而言，本质虽然无疑是在现实之彼岸的，但算得上是一种现实的本质，它是一种没有被思维的现实的规定性。

如果在教化世界自身以内纯粹思维曾是异化的一个方面，即是说，曾是判断抽象善恶的标准，那么它就由于走过了这整个的运动以及具有现实的环节，因此使内容大大丰富起来了。但是它的本质存在的这种现实性只是一种纯粹意识的一种现实，而不是现实意识的一种现实。这种现实固然已经上升为思维的要素，但对于现实意识而言还不算一种思想，因为它是从现实意识中逃脱出来的，是现实意识自己固有的现实的彼岸。

在这里，宗教就在思维形式里出现了——显而易见我们在这里所讨论的乃是宗教，不过它是作为教化世界里的信仰而出现的，还不是以它自在自为的样子出现。此前，我们已经看到宗教曾以别的规定性出现在我们面前，例如作为一种无实体性的运动形态，即苦恼意识；在伦理实体中以一种冥界信仰形态出现，即死的精神。但是，在这里宗教已不再是意识的无实体性的运动过程，并且是活的精神。因为现在所讨论的阶段，宗教部分地说是从实体中产生出来的，是其实体的纯粹意识；就另一部分来说，宗教这个纯粹意识已经异化而有别于它自己的具体、现实的意识，本质也已经异化而有别于自己的特定存在。可是，宗教仍然有着对立的规定性，既一般地与作为这个现实的现实相对立，又特殊地与自我意识的现实相对立，因此它本质上只是一种信仰。

绝对存在的这种纯粹意识是一种异化中的意识，看起来这种纯粹意识以对立为规定性，本质上说它是自我异化的，它在自身内就有着一个现实世界，而且信仰只构成其中一个方面。但是，这个教化世界的实性以及构成教化世界的各个领域的意识，本质上是纯粹的自为存在，而且是一种本身普遍的自我，于是这个自我就会直接确定自己即是真理，确定纯粹思维即是处于自己否定性势力中的绝对概念，而这否定性可以排除一切与意识对立的对象性本质并将其转化为一种意识的存在。同时，这种纯粹意识也是简单的和未分化的，精神在没有分裂的同一性中，既否定自己的表象之绝对运动和否定性，又是这否定运动在自身满足了的本质以及肯定性的静止。

这一环节是纯粹的识见，它最初在自身中并没有内容，因为它通过否定自身内的一切事物而自为存在着。纯粹意识进入意识的过渡活动时，意味着一种纯然否定的、自身扬弃的、向自我返回的内容。相反，信仰则是有内容而无识见。在信仰意识里，自在自为的存在是信仰的绝对对象，而且是已经上升为纯粹意识的普遍性的实在世界。但是，一旦纯粹意识进入自我意识，信仰的对象亦即本质的实在就降为表象，并且变成了真正说来乃是自我意识的对方这样一种超感性世界。

2.信仰的对象

纯粹的识见和信仰同属于纯粹意识的元素，它们同是精神从现实的教化世界的返回，并且从三个方面来显现自身。第一，它们各自处于一切关系以外，是自在而自为的；第二，它们各自跟纯粹意识相对立的现实世界发生关联；第三，它们各自在纯粹意识内跟自己的对方发生关联。如果简单地就它们的形式之外在的规定性来看，第一性的环节就是绝对存在，就是自在自为存在着的精神，如果精神是简单的永恒的实体的话。但是在实体概念实现为精神的过程中，实体过渡成为它的存在，自身等同变成自我牺牲，绝对存在变成了一个可以毁灭和消逝的自我。因此，第三个环节就是这种异化了的自我和降低了的实体。只有这样完成以后，精神才被表象和显现为精神。

按照这第二种情况，信仰意识一方面在实在的教化世界找到它的现实，并且构成着教化世界的精神及其特定存在，这方面我们已经讨论过了；但另一方面，它又与它自己的这个现实相对立，视此现实为某种虚幻的东西，并且它本身就是扬弃这种虚幻现实的一种运动。这种运动之所以发生，是因为与信仰意识之静止的思维王国相对的那个现实是一种无精神的存在，因此有必要通过一种外在的方式去克服这种无精神的存在。

感性知识和行动通过扬弃后，就出现了出于服务和赞颂的服从心理，产生了与自在自为本质相统一的意识。不过，这种统一不是实际知觉到了的统一，这种服务也只是一种持续不断创造统一的过程，它所追求的目标在当前现实中不能完全达到。当然，对于乃是普遍自我意识的宗教而言，这个目标是达到了的。但对于个别的自我意识而言，纯粹思维的王国始终是它现实的一个彼岸，一个感性的现实与另一个感性的现实永远各不相干、彼此外在。但是本质的概念亦即精神对其自身所显现的现实，在信仰意识中始终是一种内在的东西，是一切并对一切发生作用，但它本身并不显现出来。

3.纯粹识见的合理性

相反，在纯粹识见中，概念则是唯一实在的东西。而信仰的第三个方面，即信仰作为纯粹识见对象，乃是因为信仰出现于其中的一种独特的关系。在那里，纯粹识见本身也像信仰的情况一样，一方面就它自在自为的本身加以考察，另一方面就它与现实世界的关系来考察。而且，如果现实世界是以肯定的方式即以虚幻意识的形式而呈现着的话，另一方面还可以就它与信仰刚提及过的关系加以考察。

关于自在自为的纯粹识见，我们已经考察过了。正如信仰是作为本质的、安静的纯粹意识一样，纯粹识见乃是这种本质精神的自我意识，因此它并不知道本质即是本质，而是把本质认作一种绝对的自我，于是它会扬弃一切不同于自我意识的独立自存的东西，并使之成为概念。因此，它不仅是具有自我意识的理性关于其自身即是一切真理这一确定性，而且它知道它自己就是这种确定性。

但是，纯粹识见概念的最初还不是现实的，只是表现为一种偶然的、个别的意识,并且最内在的本性表现为某种它必须实现的目的。它的意图必须将纯粹识见变成普遍,即是说将一切现实的东西都变成概念,并且变成存在于自我意识中的同一概念。因为它的内容是纯粹识见,这个绝对概念在对象内没有对立、自身内没有什么限制,因此这个意图是纯粹的,这个识见也同样是纯粹的。

无限制的概念包含了两个方面:一方面一切对象性的东西都是自为存在、自我意识,而另一方面一切对象性的东西又是一种普遍的东西,也就是说纯粹识见是一切自我意识的财产。意图的这第二个特征是教化的结果,在教化中无论是对象性精神的种种区别,还是这精神世界的各个部分和表现出来的种种规定性, 或是原始规定性表现为种种区别都统统消融瓦解了。个体性既不满足于非现实的事实自身,也没有特殊内容和目的,它只是一种普遍有效的东西,即成为一种教化出来的个体性,而且区别就只归为能量的大小或数量的区别,即一种非本质的区别。既然这种区别已经不存在了,自我就知道了对方或他物正是它自己,而且,这两个方面的绝对同一就是纯粹识见的要素。

纯粹识见是自身中全无区别的简单本质,同时又是属于一切普遍成就、结果和财产。自我意识一方面在一切对象中使自己意识到自己的这种个别性或行动;另一方面恰恰相反,它的个体性在那里与自身同一。因此,这种纯粹识见是这样一种精神,它向一切意识呼吁道:你们在为自己时,是所有你们在自己中时所是的那样,都要是理性的。

B 启蒙

纯粹识见使用概念的力量去对付的这个独特对象是信仰,即是与纯粹识见处于同一元素之中而又与之互相对立的纯粹意识形式。但同时,纯粹识见跟信仰一样是从现实世界那里返回于纯粹意识中来的。现在我们应该看看,纯粹识见为反对现实世界里那些不纯粹的意图和各种颠倒形式的识见而进行的活动是怎样构成的。

我们在前面已经提到过这种在自身中瓦解自己又重新产生自己的安静意识,它构成着纯粹识见和纯粹意图的方面,但如我们所见的那样,它不含有任何关于教化世界的特殊识见。特殊识见包含有对其自身最痛苦的情感和最真实的识见,即它感觉到所有力求巩固的东西都归于瓦解,所有赖以生存的一切环节都遭到践踏。最真实的识见则是因为它有意识地将这种感觉用语言表述出来,并对所有方面的处境进行了富有精神的评述。因此,纯粹识见在这里不可能有它自己的活动和内容,它所采取的态度只是对特殊识见的语言进行一种形式上的理解或领会。而且,它把特殊识见之零星片断、杂乱无章的表述和有感而发、转瞬即忘的论断,集结成一个完整普遍的现实,这个现实以作为判断和讨论而存在着的精神当作它的实体和依据。

在识见所采用的这种语言中,识见的自我意识认为自己还是孤立存在、自为存在的东西。但是内容的虚妄,同时也就是知道内容之虚妄的那个自我虚无。现在这个完整普遍的现实既然已经把最生动、最精彩的见解进行汇编了,使个别的见解消融为普遍的识见,那么就给大多数人指明了一个更好的机智,或至少给所有人指明了比它们自己更复杂的机智,毕竟具有普遍性的东西是更好的。但是,关于本质现实性的知识仍然屹立于空虚的知识之上,而纯粹见识只有与信仰对立起来时它才表现出真正的活动。

(一)启蒙与迷信的斗争

1.识见对信仰的否定态度

无论是怀疑主义的意识还是理论和实践的唯心主义意识，它们所采取的各种不同的否定形式同纯粹识见、传播纯粹识见的启蒙的否定形式一比较,都是些低级形态的否定形式。因为纯粹识见是精神实体的产物,它知道意识的纯粹自我是绝对的,它与一切现实存在的纯粹意识进行着对抗较量。

信仰和识见是同一种纯粹意识,但在形式上又是彼此对立的。对于信仰而言,本质是思想而不是概念,因而是一种与自我意识对立的东西;而对纯粹识见而言,本质是自我,即自我意识本身。因此,它们之间的相互关系是,每一方都是另一方的绝对否定物。在双方对立的情况下,每一个环节都能在信仰那里获得了其确定的生存,所以一切内容都属于信仰。而纯粹识见最初是无内容的,它只有通过对否定物的否定运动,才能使自身得以实现并给予自身以内容。

纯粹识见知道信仰是与自己、理性和真理相对立的东西。在它看来,信仰一般说来就是一团迷信、偏见和谬误的大杂烩,而把握着这一内容的意识则是一个谬误王国。在这个王国里,谬误的识见一方面是意识的直接天真的、没有反思的一般群众;另一方面它自身又包含着与简单朴素性分庭抗礼的自我反思和自我意识的环节,并且自我反思作为一种为自身而保留的识见愚弄着前一种直接天真的识见。

于是,一般群众就成了一种被教士阶层欺骗的牺牲品,传教士们妄图实现共独占识见的嫉妒心和其他私心,同时还与专制政体一起阴谋活动、狼狈为奸。专制政体是实在王国和理想王国的综合统一体,这是一个矛盾百出和稀奇古怪的存在形态——它高踞于群众的坏识见与教士的坏意图之上，利用群众的愚蠢和混乱、凭借教士们的欺骗手段，坐收渔人之利，赢得统治的稳固和荣耀，满足它的私欲和专制。但与此同时，它自身也处于这一愚蠢的识见状态中，同样是迷信和谬误。

既然启蒙的本质是纯粹识见，是自在自为的普遍，那么它就会只关注与对手共有和同一的东西，至于从普遍意识中分离出来的个别性，也就是它的对立面，它是不能直接施加影响的。于是，它行动的直接对象不是欺骗人的教士阶层和压迫人的暴君的意志，而是没有个别化为自为存在的无意志的识见，是理性的自我意识还没有被群众形成概念的概念。然而，当纯粹识见把天真的、诚实的识见从偏见和谬误中拯救出来时，它也就从恶意手中将欺骗的力量和有效实现消除了，因为恶意的王国是以一般群众的无概念的意识为基础和素材的，自为存在的简单意识是其实体。

如此一来，纯粹识见和绝对存在的天真意识就有了两方面的关系，一方面纯粹识见自在地与天真意识即是同一个东西，信仰自在地对纯粹意见而言是一种纯粹的自我意识；另一方面天真意识放任绝对本质及其部分，在它的思想的简单元素中自然发展，让它们仅仅充当自己的自在存在，只以对象的方式出现。

从第一个方面来看，既然关系双方在本质上是同一个东西，那它们之间的沟通就是直接的和即时的，而它们的给予和接受也就是畅通无阻的，意识自在地总是一种天真纯朴的简单性，因而对概念是绝对易于吸收接受的，固然是自身等同又与意识等同的简单本质。但由于这种简单性具有返回于自身的否定性，它又会变成与自己相反的或对立的东西，而这就使意识回想起先前的意识状态。既知道自身又知道它的对方，又在自身内扬弃了对立面，这个简单的统一体就是概念。因此，纯粹识见的扩张，不仅在于把相同的东西联结在一起，也不仅是一种畅通无阻的扩张，而是要经历一场否定性原则的行动，与其对立面进行一场兵戎相见的暴力斗争。

既然纯粹识见和纯粹意图的概念即是一切本质性，所以它们只能以自身为否定物。结果，作为识见它转化为纯粹识见的否定物，变成了非真理和非理性；作为意图，它转化为纯粹意图的否定物，变成了谎言和目的不纯。因此，所谓纯粹识见的完全实现，既不是它所反对的那些谬误的重建与恢复，也不是它最初的概念，而是认识到它自己的绝对否定物是它固有的现实，即是它自身，或者说即是它那认识自身的概念。

启蒙反对谬误之中有它自身，并谴责在谬误中它自己所主张的东西，自身等同的纯粹性变成不纯粹。这样一种斗争性质，是为信仰所认识到的。信仰于是认为启蒙是谎言、非理性和坏意图，正如启蒙同样认为信仰是谬误和偏见一样。就其内容而言，启蒙起初只是空洞的识见，并视其为自己的他物。因此，这一形态的内容还是一种与启蒙毫不相干的特定存在，并且还是在信仰里的东西。

因而，启蒙在理解它的对象时，首先而且一般地是把它的对象当成是纯粹识见，并且由于对自身认识不清，就把这对象说成是一种谬误。在谈及信仰的时候，启蒙会将对信仰而言是绝对本质的东西，说成是信仰自己的思想，乃是一个由意识创造出来的东西。于是，启蒙便宣称信仰是一种谬误，纯属胡编乱造。

2.启蒙的原理

让我们进一步来看看，信仰意识的不同环节是如何被启蒙错误看待的。这些环节包括，一是纯粹思维，或者就其作为对象而言是自在自为的绝对存在；二是信仰意识与绝对存在的关系作为一种知识的关系亦即它的信仰的根据；三是信仰的意识在它的行动中或者说在它的崇拜和服务中对绝对存在的关系。与在信仰一般中纯粹识见把自己误解了、否定了一样，在信仰的这些环节里它的看法和做法同样是颠倒错乱的。

纯粹识见对信仰意识的绝对本质采取一种否定的态度，这个存在就是纯粹思维，而纯粹思维是在它自身内被设定为对象或本质的；在信仰意识里，思维的这种自在存在对自为存在的意识而言是一种对象性的形式，这种对象性的形式只是空洞的形式，思维的自在存在就具有了一种作为表象而呈现出来的东西的规定性。在纯粹识见看来，这种他物就好像是自我意识的某种否定物，它便开始咒骂信仰的这种表象，并咒骂这表象中它自己的对象，咒骂信仰把绝对本质搞成了对象性、表象的东西。

第二个环节是信仰作为一种具有知识活动的或认知着的意识与这个绝对本质的关系。信仰作为一种具有思维活动的纯粹意识对这个本质的关系是直接的，但是纯粹意识或信仰同样也是确定性对真理的一种间接关系，这种间接关系构成了信仰的根据。知识的根据，乃是具有知识活动的普遍物，就真实含义而言就是绝对精神。当它作为抽象的、纯粹的意识或思维本身时，仅只是绝对存在，作为自我意识时则是关于自己的知识。而信仰在自己的确定性中，乃是关于绝对对象的一种纯粹的知识。纯粹识见自身虽然是纯粹的知识，但这个环节里它依然不知道自身，它会把对真理的确定性看成是一种作为它的外在他物的规定性，在这里它会把那种具有知识活动的普遍物亦即自我认知着的、简单而纯粹的精神，当成一种自我意识的否定要素，瞎说宗教信仰的确定性是一种关于偶然事物的偶然知识，提供给众人的只是自身内容的确定性，而不是普遍意义上的确定性。

有待考察的是第三个环节,即意识与绝对存在在行动上的关系。这种行动通过扬弃个体的特殊性或者说个体自为存在的方式,从而产生它的确定性,确定自己在行动之后是一个自为存在的个别意识,是与绝对本质合而为一的。在这种行动中,由于合目的性和目的已经区别开来,纯粹识见又对行动本身采取了否定态度,识见与意图的统一、目的与手段一致都显得是一种他物,甚至于成了它的对立物——它直接的、合目的行动的否定。所以,从合目的性这方面看,纯粹识见必然显得是愚蠢的和不可理喻的。从目的这方面看,由于纯粹识见把自己表述成了自己的反面,否定自己是纯粹意图,而纯粹的意图作为异己的他物就是不纯粹的意图了,它会把享乐和占有视为完全本质性的东西,很显然这既是不合目的的,又是不正当的。

这就是启蒙让信仰看到的它的情况,这一系列不好的表现正是因为它对信仰意识的绝对本质采取了否定态度。也许,它采取肯定态度情况会更好一些,如此一切偏见和迷信就都被消除了,那么我们不免要问:既然启蒙不传播偏见和迷信,那么它究竟传播了什么真理呢?事实上,这个肯定性内容早在启蒙排除谬误时就已经表述出来了,因为那个它自己的异化同样也就是它的这个肯定性实在。

在处理对信仰而言是绝对精神的环节上,如果启蒙知道自身的否定物就是它的对象和内容,它是富有实体性的绝对存在,那么它既不会让个别性限制性之类的东西归属于精神的绝对存在,也不把它们附加到绝对本质上来。也正因为这样,它非常懂得如何把它自己和有限的财富都放到它们各自应有的位置上,并且懂得如何有尊严地对待绝对。

与这个空洞的存在相对而立,作为启蒙的肯定性真理的第二个环节,即作为一种具有思维活动的纯粹意识的信仰，在之前被纯粹识见误认为是抽象的、纯粹的意识或思维，而现在这种确定性就是绝对的真理。因为这一概念是作为对象存在着的，确切地说是作为以他物为形式的对象，而且它又与他物一样处于自己的自然存在之中时，这就是自在而自为的，或者说是绝对的。

最后，个别存在与绝对存在的关系，也是前两个环节彼此之间的关系，是启蒙真理的第三个环节。识见，作为同一物或无限物的纯粹识见，超出于作为纯粹他在的自身以外。这种纯粹它在的彼岸，在它看来就是空虚，于是它就把感性现实跟空虚联系起来。但是，由于在关系的规定中自在的一方也参与其事，现实与作为彼岸的自在的关系就既是对现实的否定又是对它的肯定。在纯粹识见这里，它们则变成了两个更加抽象的形态了，即自在存在的东西和为一个他物存在的东西。一切东西既是自在的东西，又是为一个他物的东西，换句话说都是有用的。

人一旦意识到了这种关系，人的本质和地位就从这里产生出来了。人，作为自然的意识本身，他是自在的，好的；作为个别的意识而言，他又是绝对的，并且别的一切都为他存在着。但人的个别性本身包含着它的彼岸，可以超出本身之外毁灭自己。为了防止这种情况的发生，人发现理性是一种有用的工具，可用来遏制超越了规定的自我超越，或者准确地说可以保存自身，这就是意识的力量。

这种有意识的和本质上普遍的存在，不是某种有规定有限度的东西，而是无尺度无限制的。正如一切事物对于人都是有用的那样，这种意识力量对一切人都是有用的，而人的规定性、人的使命就在于使自己成为人群中的成员——对公共福利有用和可用的成员。他照顾自己的利益有多少，那么也必须照顾别人多少利益，而且他照顾别人也就是在照顾自己，他利用别人也为别人所利用。

不同事物相互利用的方式也不同，但所有事物都是因与绝对存在发生双重关系而具有这种互惠效用的。就其以肯定方式与绝对发生关系而言，一切事物都是自在自为的，是使一切事物站得住的东西；就其否定方式而言，一切事物都是为他物的，是使一切事物倒下去的东西。所以，与绝对存在发生关系，或者说与宗教发生关系，是一切有利可图的形式中最有利可图的，因为它是纯粹的有用本身。

当然，信仰发现启蒙的这种肯定性结果像它对信仰的否定性态度一样是极其讨厌、可恶的。因为这样的识见认为在绝对存在中没有别的东西，只是绝对的存在、最高的存在以及莫大的空虚；这样的意图认为一切事物在其直接的特定存在中都是自在的或好的，并且个别的、有意识的存在与绝对存在的关系，即宗教，是穷尽无余的有用性。而启蒙之所以有这种“高见”，在于它知道绝对存在仅是绝对存在而已。除此之外，它知道有限事物是真实的东西，并且认为这种关于真理之有限事物的知识是最高知识。

3.启蒙的正当权利

信仰有权利反对启蒙，这权利是神圣的权利，是绝对自身等同的权利或纯粹思维的权利。因为在评价信仰的过程中，启蒙采取的是纯粹否定的态度，它把自己的内容排除在这一纯粹活动之外，并把自己的内容当成自己的否定物，而且它反对信仰时所根据的不是它自身特有的原则，而是信仰本身原有的原则，这只是一种把信仰意识中各自独立的环节联系在一起的无意义运动。

因此，启蒙既没有在信仰的内容中认识自身，也没有把它所提供的思想以及与这种思想相反对的另一种思想结合起来。在这两种环节的对立之中它只承认其中的一种环节，即与信仰对立的那一个环节，它并不能创造出统一这两者的统一体，即概念。结果是，纯粹识见本身异化为一个绝对的他物，由他物回到了自身，概念自为地出现了。这概念既不是信仰的，也不为启蒙所知。在信仰看来，启蒙成了歪曲的谎言。

纯粹识见之所以能对信仰施加暴力，并使暴力成为现实，恰恰在于这样一个事实：信仰意识本身就是一种概念，并且它承认和接受了纯粹识见给它提供的对立面。这个对立面，是信仰本身所必要、所包含的东西，也就是有效准的东西。于是，纯粹识见就具有并保持了它反对信仰的权利。

第一，启蒙坚持主张概念这个环节是意识的一种行动，坚持主张信仰的绝对本质是由自我意识创造出来的，而存在是信仰所思维的唯一环节。事实上，信仰意识的绝对本质固然是自在的客观存在，但并不是由意识创造的，而是由它的活动创造出来的，只是信仰本身并没有同它的思想结合到一起，它的行动是孤立的，绝对本质的自在存在是在意识的行动的彼岸。启蒙看到了信仰活动孤立的这一环节，于是把信仰的自在宣布为意识的产品。而且，孤立的行动是一种偶然的行动，是作为一种起表象作用的行动，是虚构的——这就是启蒙对信仰内容的看法。

第二，启蒙坚持它有权利反对信仰意识，而信仰意识对自己的看法也是承认的、接受的。因为信仰意识在自身内被分裂为一个现实的彼岸和一个彼岸之一个纯粹的此岸，信仰意识并没有将这两种看法结合在一起，所以它时而认为自在而自为的东西是自己的纯粹本质，时而认为那些东西只不过是寻常的感性事物。这样，信仰意识就是一种在自身中没有真理的确定性，本身具有感性存在的样态。至于启蒙而言，它在这一方面也是一样，它同样将现实孤立为一种被精神抛弃了的本质，把规定性孤立为固定不移的有限物，仿佛它既不是实在本身的精神过程中一个环节，又不是某种虚无的东西，也不具有自为的存在，而是一种消逝着的东西。

第三，就对于信仰的行动的看法而言，启蒙认为拒绝享受和占有财产是既不公正又不合目的的。在信仰的行动的不公正性的问题上，启蒙与信仰意识的意见一致，即承认占有财产、保护财产和享受财产这一现实。但由于放弃财产享受的这个宗教行动能够换取现实之彼岸的自由，于是信仰意识在保卫其财产时越是坚决和顽强，在放弃其享受时也就越是粗暴和狠心。由于保存是与牺牲并肩而立的，信仰的牺牲只不过是一种表象牺牲。

至于信仰的合目的性问题，启蒙认为信仰意识抛弃一笔财产、放弃一种享受以让自己感到并证明自己摆脱了一切财产的束缚，杜绝了一切享受，这是不合目的或毫无意义的和愚蠢的。因为抛弃一笔财产，放弃一种享受是外在的、个别的行为，贪欲才是内在的根源，是一种普遍的东西，把绝对的行动当成一种普遍的行动，这种行为看起来太朴素、太天真，根本不能算真正的行为。

在启蒙这一方面，它把内在的、非现实的东西孤立起来以与现实性相对立，把本质之点放在意图中、思想中，并且认为旨在摆脱自然目的的行动是不必要的。相反，这种内在性本身是形式性的东西，它要在自然冲动中才能得到具体的实现，而自然冲动之所以是正当的，是因为它们是内在的，属于普遍的存在。

基于信仰本身中存在着种种支持启蒙使之现实有效的环节，于是启蒙对信仰有了不可抗拒的支配力。表面看来启蒙对信仰的否认或批判，似乎是在撕裂信任和直接确定性之间的完美统一，然而事实上启蒙真正带给信仰的是，它扬弃着信仰本性中存在的那种无思想、无概念的割裂状态。因为信仰生活在两种知觉中，一种知觉是无概念思想中的意识的昏睡着的知觉，另一种是感性现实的意识的觉醒的知觉，并且这两种知觉互不相干，各自过着自己的生活。

启蒙对信仰进行着否认或批判，以感性世界的表象来启发信仰，使上述两种表象结合为一，于是信仰丧失了充实自身元素的那种内容并沉沦为一种精神状态，在其自身内进行着沉闷的无意识的编织活动，觉醒的意识将信仰里的区别和扩展"抢劫"到自己这里来，而将其他部分归还出去。但是，信仰并没有因此而满足，因为经过这样的启发后，它发现自身到处呈现出来的都是个别的本质，它的真理性是一个空虚的彼岸，只有无实体的现实性和丧失精神的有限事物。

这样一来，信仰事实上就变得与启蒙一样了，即联结着自在存在着的有限事物和未知的、不可知的且没有宾词的绝对，这两者的意识形态。不同之处在于，启蒙是满足了的启蒙，而信仰是没有满足的启蒙。不过，启蒙能否继续其满足状态，尚有待进一步的察看。因为那些丧失精神世界的精神正潜伏在背后，而且启蒙自身具有不满足的渴望这个污点。这个污点，在启蒙空虚的绝对存在那里，表现为纯粹抽象的对象；在超越启蒙的个别性以趋空虚彼岸的超越中，又表现为一种行动和运动过程；又在有用事物的无我性中，表现为一种有内容的对象。不过，仔细考察一下构成启蒙之真理性的那种肯定性结果，我们就会发现那个污点已经被自在地消除了、扬弃了。

(二)启蒙的真理性

信仰中的精神无法再从自身内作出任何区别的、沉闷的编织活动时,便进入到自身,居于意识的彼岸,而意识反倒达到了对自己的明白了解。其中第一个环节,就其必然性和条件而言是由纯粹识见来规定的。当精神把他在亦即规定性置于自己的本性之中,它就是否定性的纯粹识见,这种概念的否定也是纯粹的,于是就出现了纯粹事物,而这种东西是没有任何进一步规定的。

如果加以进一步规定,作为绝对概念的纯粹识见就是对已不再是区别的区别所进行的一种区别活动,就是对于自己不复支持自己而只靠整个运动来支持和区别自己的、那些抽象或纯粹概念所进行的一种区别活动。就这样,绝对概念使自身成为自己的对象,并且相对于上述那个运动,把自己设定为本质,而且这个本质没有一个让抽象或区别在其中被分离开来的方面,是一种作为纯粹事物的纯粹思维。

由于这种纯粹自我意识是无区别的区别中的运动,本质是绝对外在或异己的彼岸,那么它实际上就崩溃成为无意识的编织工作,即崩溃成为纯粹的感觉或纯粹的事物性。但是自我异化了的概念由于此时还处于异化中,不认识构成自我意识的运动和它的绝对本质这两个方面的同一本质性,所以在它看来本质只是一种对象性的彼岸,而造成这些区别的意识只是一种有限的意识。

在这个绝对存在问题上,启蒙分裂为两派,互相争执起来,其中一派认识到自身中包含着自己从前反对的原则,它分裂成两派扬弃了之前的片面性,于是它战胜了另一派,忘记了另一派,并开始关注自身的对立。同时,这种对立已经上升为更高级的胜利要素,并在那里以更纯化的形式将自身呈现出来。这样一来，在一派中所发生的分裂表面上是一种不幸，实则是这一派的大幸。

1.纯粹思维与纯粹物质

纯粹本质在其自身内并没有区别，所谓的区别乃是因为出现了两种关于纯粹本质的意识。纯粹的绝对本质只存在于纯粹思维中，或者更确切地说它就是纯粹思维本身，因而它是有限事物、自我意识的彼岸，并且是否定意义上的本质，是自我意识的否定物，是与自我意识联系着的。同时，作为外在的存在，它又与能作出区别和规定的自我意识关联着，其本身也就有了因被尝到或被看到等等而产生的种种区别。这种关系，即是感性经验和知觉之间的关系。

如果我们从上述否定性的彼岸所必然过渡到的这个感性存在出发，同时抽除其意识赖以与感性存在发生关系的方式，则我们看到留下来的只是物质，其意识在其自身中从事着沉闷的编织工作。注意，纯粹物质并不是能被看见、被感觉到和被品尝到的东西，而是真正的纯粹抽象，我们在这里得到的是思维的本质性，或思维本身，乃是自身无规定、无区别、无宾词的绝对。

启蒙之所以出现两派，是因为两种思维的出发点不同。一派启蒙把当初以之为出发点的、处于现实意识彼岸、存在于思维之中的无宾词的绝对称为绝对存在，而另一派则称之为物质。而且，两派在其思维过程中各自停留于自己的一个特定的点。如果它们越出它们的定点，它们的思维就将会吻合，并且认识到，在一派看来据说是恐怖的、而在另一派看来是愚蠢的东西，其实是同一个东西。

如果后一派反思这一事实：思维简单的直接性是纯粹的存在，于意识是否定的东西其实和意识发生着关系，它会发现，作为外在存在着的彼岸其实也与意识发生着关系，它与纯粹物质是同一个东西，并且现前存在所失去的东西也就有了；另一派的启蒙若从感性存在出发，抽除味觉、视觉等感性关系，使感性存在变成纯粹的自在存在，它就成为了自身之中的纯粹思维。肯定物之所以是纯粹的，完全是因为通过否定，而否定物作为纯粹的否定物，它就是自我同一和自身等同的，所以它就是肯定的。

如此看来，启蒙的两派均没有达到笛卡尔形而上学中存在与思维自在地是同一个东西的那种概念；也没有理解到存在、纯粹存在不是具体的现实，而是纯粹的抽象；并且反过来说，它们也没有看到纯粹思维、自我同一性或内在本质是自我意识的否定物即存在，直接的简单的实体也是存在。简单说，即思维就是物性，物性就是思维。

2.功利世界

由于存在两种截然不同的思维方式，启蒙的本质一分为二了，两者普遍的共同物是纯粹自我思维的抽象。这种围绕自己轴心所作的单向自转运动，将自身抛散为许多分离的环节，以自身环节的区分为内容。在此过程中，它将不动的统一体当作不再是现实的思维、不再有生命的空壳并抛在身后，而使自己成为诸环节的先后交替，就是自在存在、为它存在和自为存在的一种不向自身返回的先后交替，这就是纯粹识见的现实意识以之为对象的那种现实——功利(或有用性)。

无论是在信仰，还是情感看来，功劳都是一种丑恶的东西，但毕竟纯粹识见在这里得到实现，并以自身为对象，它不再否认它的对象，也不再认为它的对方是空洞无物或纯粹彼岸。因为正如我们所见，纯粹识见就是存在着的概念本身，是一种自我等同的纯粹人格，它自己区分着自己，每一个被区别的环节本身都是纯粹概念，它是简单的、无区别的和纯粹的自我意识。

这种自我意识自在自为地存在于一种直接的同一性中，但这种自在并非是固定的、持久的，一旦有了区别它就立即停止运动，而变成一个为他物的存在，这种他物正是毁灭和吞食它的那种势力，是消逝过程本身。这样一来，返回自身的存在、自为存在就设定起来了。纯粹识见展开和外化它的环节时，亦即当它作为对象时所具有的本性，表现在外的就是一种有用的东西。

有用的东西虽然表述着纯粹识见的概念，但它只是作为意识的一种表象，或者是作为自己的对象的那种纯粹识见存在的。而且，它只是上述那些环节的不断更替，当它返回于自身时也仅仅是作为自为存在的，并且这种自为存在并不干涉自在存在和为他存在，如此自为存在就是整体的自我了。

就这样，纯粹识见就把存在于其诸纯粹环节中它自己的概念当成自己的对象了，这还没有达到存在与概念的同一性，这不是形而上学的概念理解，而是对形而上学原则的意识。因为有用的东西表现为一种对象形式，如此就给纯粹识见建立了一个与它自己有所区别的世界。现在，既然对立已经发展为概念区域，那么在接下来的阶段就是这些对立瓦解、启蒙收获行动果实的时候了。

3.自身确定性

考察已经达到的对象时，如果我们联系整体精神生活的领域，就会发现现实的教化世界已把自己归结为自我意识的虚妄，归结为这样一种独立的自我存在：这种自我存在仍然以教化世界的混乱为自己的内容，仍然是一个个别的而非自为的概念，但是这种概念返回于自身时则是纯粹识见。

既然纯粹识见是纯粹自我或否定性的纯粹意识，根据前面的知识我们可以判断它自身内肯定包含了两个环节，即一个是作为本质，亦即纯粹被思维的或者否定性的东西；另一个作为物质，亦即肯定性的存在着的东西。要想在纯粹识见里了解这互相补充的两个环节，我们就只能就纯粹识见来考察了。

纯粹识见虽然完满，但仍然缺乏属于虚妄的那种自我意识所具有的现实——世界，把自己提升到思维高度的世界。就某种意义来说，纯粹识见所缺少的这种东西，已经在功利中得到了补充，因为它在功利中找到了自身肯定的对象性，因而是一种现实的、在自身中满足了的意识。这种对象性构成着纯粹识见的世界，并且纯粹识见已经成为了所有先行世界的真理性，亦即观念的和实在的世界的结果。

在观念的世界里，精神是由它的分散着的特定存在以及它自身的个别确定性构成的，它虽有多种形态，却没有呈现各种形态的类型。实在的世界含有类型，并且是自在存在的王国，是与上述观念世界相对立。比如，信仰的真理性王国缺乏具体现实性原则，或者说缺乏个别的自我确定性。而具体现实性，或者说个人的自我确定性，则缺乏自在存在。

为何它们能够在纯粹识见里统一呢？这是因为，在纯粹识见里，有用性是真理性，真理性也是自身确定性。有用的东西是为一个他物存在的，是对象。自我意识通过考察对象，得到了它自身的个别确定性，它的自为存在，它的纯粹意识，如此真理性和现实性两个世界得到了和解，就是统一的了。

C 绝对自由与恐怖

(一)绝对自由

意识在有用性中找到了它的概念,但意识的这一概念还是一个对象,还没有被意识所直接占有;它还是一个目的,还不是直接和唯一的现实。但是,意识既然以有用性为概念,有用的东西之对象性形式就自在地被收回和取消了,而且由于这种内在方面的变革,现实方面也出现了实际变革,出现了新的意识形态——绝对自由。

绝对自由是一种具有自知之明的自我意识,它知道自己的确定性乃是实在世界和超感觉世界的一切精神领域的本质,或者说它知道本质和现实乃是意识对于自己的知识。对于自己的纯粹人格以及其中的一切精神实在,这种意识也是有所意识的。对它而言,世界就完全是它自己的意志,而且是实在的普遍意志,是一切个别人的意志。而且,它是每个人格的自我意识的本质,每个人采取的行动都是没有分解的全体行动。

既然意识真正说来是诸精神本质从中取得其实体性的唯一要素,那么一旦意识认识到对象除了自我意识本身外别无本质,或者说领悟到对象绝对地就是概念,那么这个全体就土崩瓦解了。每个个别的意识都解脱了出来,不再把全体当成自己的本质和作品,而把自身理解为意志的概念,只是在一个整体中实现自身。在这种绝对自由中,由整体分解而成的精神本质的一切社会阶级就被抹杀或废除了,于是当初曾隶属一个全体并在其中行事意志和获得完成的个别意识扬弃了自身的局限性,它的目的就是普遍的目的,它的语言就是普遍的法律,它的事业就是普遍的事业。

对象和区别,在这里失去了它们曾是一切实际存在的宾词的有用性含义;意识所据以开始它的运动的对象,已经不是返回于自身的那个异己物，而是意识自身。现在的对立只存在于个别意识和普遍意识的区别里，呈现出来的是普遍的自我意识在其自身中的运动——这种运动是它的普遍形式和个别意识之间的交互作用。

（二）恐怖

由于个别意识直接地意识到它自身就是普遍意志，并且意识到它的对象是自己制定的法律和自己完成的事业，那么这种运动就成了意识与自己的交互作用。在这种交互作用中，意识并不把任何作为一种自由的、与它对立的对象抛弃掉，所以它不能达成任何肯定性事业，既不能达成语言上的普遍事业，也不能达成现实上的普遍事业；既不能完成有意识的自由所制定的法律和普遍规章，也不能完成有意识的自由所实现的行动和事业。

这种赋予自身以意识的自由，假如能够完成某种事业的话，它所完成的事业无非是这样：普遍的实体使自己成为一种对象和持久的存在，对象性的他物应当是自由本身的区别，这种区别把自由分解为多种持存的精神集团和不同的权力部门，这些集团一方面是立法、司法和行政各种分立的权力的思想事物，另一方面是呈现于现实文化世界中的实在本质。进一步再从普遍行动的内容上看，它们则是被分化为更加专门的社会阶层的哪些特殊的劳动集团。普遍的自由如果将自己分化为诸多不同环节，并且真的由此将自己变成存在着的实体，那么它会因此摆脱个别的个体性，并把大批的个体分配到它的不同环节里去。如此，人格的行动和存在就被限制在整体的一个分支里，被限制在一种行动和存在里，它将变成特定的一个人格，而不再是普遍的自我意识。

考虑到普遍的意志只有在一个单一性的自我中才是一种现实的意

志，普遍的东西要想成为一个现实的行为，必须把自己集结成个体性之单纯的同一性，并且将一个个别意识置于领导地位，结果其他的个别意识就被排除在这个行为整体之外了，只能在局部进行参与，此行为就不算是一种现实的、普遍的意识行为了。这样看来，普遍的自由既不能产生任何肯定性的事业，也不能做出肯定性的行为，它所能做的只有否定性的行动了，因而它只会导致毁灭的愤怒和狂暴。此时，唯一能被普遍自由所意识到的对象，乃是现实的自我意识本身的自由和单一性，但是它已经破坏了现实世界的组织，并且孤立地自为地存在着，是绝对的、纯粹的和自由的个别意识，它的对象是抽象的特定存在。既然被否定的东西是绝对自由的自我的无内容的点，于是普遍的自由所能做的唯一事业和行为就是死亡，一种没有任何内容、没有任何实质的死亡。

在这个毫无表示的单一音节中，就包含着政府的智慧和普遍意志的智性。政府本身不是别的什么东西，只不过是一个自己确定自己的点，或者说是普遍意志的个体性。政府作为从一个点出发的活动，同时愿意并实现着一种特定的旨意和行动。它一方面排除其他的个体，使其不得参与自己的行为；另一方面又把自己构成为这样一种政府形式——本身是一种特殊规定了的意志，与普遍的意志相对立，将自己呈现为一种派系，并且只有胜利了的派系才能被称为政府。

正由于是一种派系，政府孕育着它的倾覆的必然性，而且反过来说，作为一个政府的存在，它使自己成为一种派系，使自己有罪过。当普遍意志保持自己于政府的现实行为中，并将其看作政府对自己所犯下的罪行，而政府又没有任何特定和外在的东西可以让与它对立的意志——非现实的纯粹意志、内心意图——借以表现其罪过，那么有嫌疑就代替了有罪过，或者说有嫌疑就有了犯罪的意义效果。而且，为对付这种深藏于纯粹内心意图中的现实而采取的外在行动，会将个别的、存在着的自我消除，这种自我除了它的存在本身以外，再没有别的东西可供消除了。

（三）自由主体的觉醒

在这种独特的事业中，绝对自由成了它自己的对象，而自我意识则体验到了这种绝对自由是什么东西。就其自在而言，绝对自由是在自身内消除了一切区别和一切有区别的事物的抽象的自我意识。而且，它是它自己的对象，死亡的恐怖则是它否定性本性的直观。然而，它又发现，上述这种实在与当初它对自己所抱有的概念全然不同。按照那种概念，普遍意志只是人格的肯定性实体，人格知道自己在普遍意志中只是肯定的或被保持着的。但是，现在它已把自己的肯定性和否定性完全分开，它的绝对被分割为纯粹思维和纯粹物质，它是绝对肯定的、现实的自我意识了。

作为普遍意志的自身等同，绝对自由本身包含着否定，因此也就包含着区别一般，并且发展着这些区别，使之重新成为现实的区别。在自身等同的普遍意志里，纯粹的否定性有着自己诸环节赖以实现的实体，有着它可以将其转化为自己的规定性的那种物质，而且这个实体一旦表明自己是个别意识的否定物，个别意识就感觉到了它们的绝对主人、死亡的恐惧，然后重新屈从于否定和区别，自身归属于各个集团，并返回到一种局部的有限的事业上来，同时也就返回于了它们的实体性现实。

精神也许将从这种骚乱中被抛回到它的出发点，即伦理世界和实在的教化的现实世界。这两个世界因受那重新进入心灵里来的、对主人、对死亡的恐惧心理所激励而恢复活力，精神或许将不得不重新开始并不断重复这个必然性的循环，除非自我意识和实体能够完全渗透。即自我意识体验到它的普遍本质乃是自己的否定物,但它不把自己视为这个特殊物,而是把自己视为一种普遍物,并且也能忍受得住把它当作特殊物加以排斥的那普遍精神的客观现实。

但是最终的结果不可能是这个样子的,因为在绝对自由里,无论是为各种各样特定存在的外在世界和固着于自己特定的目的和思想的意识,还是意识和客观外在的世界都是没有交互作用互相渗透的,其结果是,世界作为普遍意志以意识的形式出现,而自我意识摆脱了一切特定存在或各种各样的目的和判断,而集结为简单的自我。既然规定的要素都因绝对自由状态下所遭受的灾难归于消失了,自我意识纯粹的简单的现实也就直接地消逝了,并转化为空洞的虚无,它的否定就是毫无意义的死亡,是本身不含任何肯定性的东西、不含任何充实内容的否定物的纯粹恐怖。

然而,这种否定就其现实性而言,又不是某种异己的和外在的东西,它与自我意识直接即是一个东西,或者说它是纯粹的肯定物正因为它是纯粹的否定物,自我的那种无意义的死亡、空无内容的否定性,就在其内在概念的转化为绝对的肯定性。对于意识来说,它自身与普遍意志统一,自我之要求知道自己是普遍意志中的特定的中心点,这样经验就转变成了完全相反的经验。

在这种新的经验中,意识丧失的乃是抽象的存在,而获得了自身的纯粹知识或纯粹意志,它意识到自身就是本质,但它并不知道这个本质是直接存在着的本质;还不知道自己是革命政府或力图创立无政府体制的无政府状态的意志,还不知道它自己是这个派系或相反派系的中心点。反之,普遍意志是它的纯粹知识和意愿,而它正是作为这种纯粹知识和意愿的普遍意志存在的,因此它就是自身与纯粹知识的交互作用。作为本质纯粹知识的实在是普遍意志，而这个本质完全只是纯粹知识，则自我意识是作为本质的纯粹知识的纯粹知识。此外，自我意识作为个别的自我，仅仅是当作形式而被它知道了的那种主体或实际行动的形式，客观实在对它来说是一种绝对无自我的形式。因为，客观实在是未知的东西，但这种知识知道知识就是本质事实。

如此一来，绝对自由就把普遍意志和个别意志的对立同自身协调平衡起来了；自我异化了的精神，即达到了自己对立的顶点、纯粹意愿和纯粹意愿在其中还保持着区别的那种精神，已将这种对立简化成一种透明形式，并在其中发现自身。犹如现实世界的王国向信仰和识见王国过渡一样，绝对自由也抛下它的自我破坏的现实王国，过渡到另一个有自我意识的王国。在这个王国里，非现实性的绝对自由被视为且被接受为真理；而精神，既然现在是且还将是思想，既然它知道自我意识所包含的存在是完全和完整的本质。于是，一种新的意识形态出现了，即道德精神。

三、对其自身具有确定性的精神、道德

伦理世界曾表明在它那里死掉了的精神即个别的自我，乃是它的命运和真理。然而，这个法权的个人却在伦理秩序之外具有它的实体和实践。教化世界和信仰的运动扬弃了法权的个人抽象性，精神的自我发现实体竟变成了自己的财产或占有物，于是知识终于显得与它的真理性一致了，因为它的真理性就是这种知识本身。因而，自我意识把自己的知识视为实体本身，而且对自我意识来说，这个实体在一个未分裂的统一中，既是直接的又是绝对地中介了的。

这种实体之所以是直接的，乃是因为自我意识像伦理意识一样知道

自己的义务，履行着义务，并且以之自己的本性而隶属于这种义务；说它是绝对的中介，乃是因为它像信仰意识和文化一样本质上是通过扬弃其直接存在的抽象性而成为有意识的普遍物的那种运动，它自为且直接地呈现于它自己的实体中的，实体是它直观的、独有的纯粹自身确定性，乃是全部的现实。

因此，就绝对本质的规定性而言，它并不局限于是简单的思维本质，而是一切的现实性，并且是只作为知识存在着的现实。凡是意识所不知道的东西，对它自己来说就是无意义、无力量的。这样，一切客观性和整体世界都退回于意识的认知的意志之中。意识是绝对自由的且知道它的自由，这种知识就是它的实体、目的和唯一内容。

(一)道德世界观

1.义务与现实之间被设定的和谐

义务是绝对本质，自我意识只受义务的约束，这种实体是它固有的、纯粹的意识，此时道德的自我意识就还没有被看作意识，它的概念里包含着的他在就是一种完全无意义的现实，并且自我意识越自由，它的意识的否定性对象也就越自由。于是，对象就是一种在本身中完成了自己个体化的世界，是一种自然一般并且其规律和行动都属于它自身，而与道德自我意识毫不干涉。

从这个规定性出发，一个道德世界观就形成了，它是由道德与自然的自在自为存在构成的。这种关系以两种假定为依据，一方面假定自然和道德的目的和行动互不相干和各自独立，另一方面假定它知道义务具有本质性而自然没有自己的独立性和本质性。道德世界观包含着两个环节的发展，这两个环节则处于上述两种完全矛盾的假定关系中。

首先假定道德意识一般，道德意识一般把义务当成本质，它本身是现实的和能动的，同时也假定着自然的自由，即它从经验中领悟到自然不关心它的现实与自然的现实之统一，自然也许让它幸福也许不让它幸福。另一方面，不道德的意识或许偶尔得以实现，却看不到它自己通过行动而获得实现的幸福和享受成就的幸福。自身与特定存在有不一致性和不公正性，因此道德意识有足够的理由抱怨它的悲惨处境，而且在这种情况下，它只被允许作为纯粹义务的对象，却不得看到它的对象和实现了的自我。

于是，首先假定道德意识一般是现实的和能动的，它在它的现实和行动中履行着义务，它把义务当成本质，这种道德意识也就假定着是自然的自由。自然是独立自由、缺乏自我性的，在这种情况下意识是为它存在着的一种自由独立的现实，是一种偶然的和自然的东西。它与纯粹意志和纯粹目的相对立，是感性与纯粹意识的绝对统一。但是，当纯粹思维作为意识时，对感性而言就存在着它自身与冲动的对立。理性与感性的冲突中，对理性而言本质的事情是冲突消解，两者统一，这种统一是个体知道了两者的对立才出现的统一。这样达到的统一，是现实的道德，是具体的和现实的自我。但是，由于感性完全是他在或否定物，而义务的纯粹思维是本质，因此这个自我就是感性和纯粹意识的对立，很显然最初的统一是被设立存在的，不是实际地存在着的。

这时，我们再假定这种统一不是自为存在，自然与道德意识的和谐是建立在道德意识之外的。我们在这里所考察的是道德本身，是行动着的自我所固有的一种和谐，意识必须亲自创造这种和谐的统一，必须在道德中永远进步。然而，道德是一种否定性力量，是某种不符合义务的东西。假如道德真的出现了，达到了那种和谐，道德作为意识就会把自己扬弃掉，不再是一种现实的意识。道德真理性的神圣地位将严重动摇，而绝对义务势必显得是某种不现实的东西。

第一条公设是道德与客观自然的和谐，这是世界的最终目的；另一条公设是道德与感性意志的和谐，这就是自我意识本身最终的目的。因此，前者是自在存在形式下的和谐，后者是自为存在形式下的和谐。这两种和谐在各自所包含的差别性中还没有相互成为对象。因此，自然与道德意识的和谐是不能实际达到的，而只是一种设想的绝对任务或难题，即一个永远纯粹而简单的难题。

不过在现实中，当具体行为的运动本身作为中项，把这两个端项亦即两种假定联结起来时，不同方面都于真正的意识中呈现出来了，每一方就会呈现为对方的对方。因为这样产生出来的公设，包含着自在又自为存在的和谐。

2.神圣的立法者和不完全的道德自我意识

作为纯粹义务的简单知识和简单意愿，道德意识在行动过程中与对立面，亦即复杂现实性，发生关系时会取得具有复杂多样的规定性的道德形态，从内容上形成许多的一般规律，从形式上出现属于认知着的意识和属于无意识之间的矛盾力量。但是，对于道德意识而言，只有纯粹义务具有有效性，众多的义务既然是特定的义务就不会是什么神圣的东西。同时，由于道德行为本身包含着众多现实和关系，这些众多的义务又必然地要被视为自在自为的存在。此外，由于它们只能存在于一个道德意识里，所以它们同时又存在于不同于前一个道德意识的另一个道德意识里。在这另一个道德意识看来，只有纯粹义务作为纯粹义务时才是神圣的和有实体的。

就这样，另一个意识的存在被假定了，它对行为保持着同样重要的关系并承认内容的必要性。正是这另一个意识赋予了众多的义务以神圣性，或者说把它们当作一些义务予以认识和愿望。在这里，普遍与特殊完全地合而为一，它的概念是道德与义务彼此和谐的概念；它的存在表现为义务的内容，它的内容是被赋予了特定规定的特定义务，自在的和谐在本质上被设定为一种意识。

于是，这个意识现在就成了世界的主人和统治者，它实现了道德和义务的和谐，同时将诸多的义务加以神圣化——纯粹义务的意识不能直接接受特定义务是神圣的，但是特定义务为了实际行动的缘故也同样是必要的，这样特定义务的必要性就超出那种纯粹义务的意识，而落入了另一个意识里。这另一个意识于是就成为特定义务和纯粹义务的中介意识，是特定义务之所以能具有合法性或有效性的根据。

在实际的行为中，意识把自己当作特殊的自我，当作完全个别的意识，义务落到它现实意识以外的另一个存在中。行动着的意识于是把纯粹义务的对方或他物看作合法有效的东西，这个纯粹义务就属于另一个意识了。既然有效性被设定在现实意识以外，现实意识就是不完全的、片面的。从其知识方面看来，不完全的道德意识认识到它自己的知识和信心是不完全的和偶然的；从其意愿方面来看，它也感觉到自己的目的受感性所影响，不能将之看作某种必然的东西，只能期望因恩赐而获得。

尽管不完全的道德意识的现实性是不完全的，但它的纯粹的知识和意志却把义务当成本质。因此，在概念中或者说在思想中，它是完全的知识和意志。正因为这种不完善的知识和意愿现在被当成完善的东西，所以它也就按照高尚的道德价值，也就是按照这不完善的意识所具有的“价值”来获得目的。

3.论道德世界观

到这里，道德世界观完成了。在道德世界观形成的最后阶段，意识认识到了一点，即在道德自我意识中的概念中，纯粹义务和纯粹现实被安置于一个统一体里，任何一方都不是自在自为的东西，而是一个环节或被扬弃了的东西。其中，与义务不相符合的现实也已经被扬弃掉了。作为被扬弃掉了的现实，或者说在绝对本质的表象或观念中的现实，跟道德已经不再矛盾了。

然而，对于道德意识本身来说，它只是意识到了纯粹而简单的本质，即如果对象是指义务，如果对象是指它的纯粹意识之抽象对象的话，它只是意识到这个对象是一种纯粹知识或者就是它自身。绝对概念能掌握它本身和它的对立，但道德意识的对象还不是透明的，所以它不是绝对概念，它自己的现实以及一切客观现实无疑都是些非本质的东西。它所进行的活动只是在思维，而不是概念地理解。

但是，道德意识的自由却是纯粹思维的自由，因此与纯粹思维的自由相对立的自然就同样是自由的。因为存在的自由和存在以同样的方式存在于道德意识之内，所以道德意识的对象就成了一种既是存在着的同时又是被思维的对象。在它的道德世界观的最后一个阶段里，内容已本质上被这样设定：它的存在是一种被表象了的存在，而存在与思维的统一已按实际情况加以表述，即被表述为表象作用。

考察道德世界观时，既然我们认识到了道德世界观的这种客观条件不是什么别的东西，而是道德自我意识自身的原则或概念，只不过道德自我意识把它的概念弄成了对象性的东西而已，那么由于有了关于道德世界观的起源形式，现在就产生了另外一种展现这种道德世界观的形态。

第一个亦即作为出发点的命题是：现实地存在着的道德自我意识，或者说的确有这样一种自我意识。因为概念在设定自我意识时认为一切现实符合于义务时就具有本质的存在，并且这种本质存在的环节就是知识，就与现实的自我直接相统一。因而，这个统一本身就是现实的，就是一个现实的道德意识。但是，由于现实的道德自我意识把这个统一体表象为对象，而对象不是那掌握了对象的概念本身，这个统一就被它视为自我意识的某种否定物，即统一体是落在它自身以外的，是它的现实的一个彼岸，这个彼岸是存在着的东西但只是被思维为存在着的而已。

作为自我意识，道德自我意识既然是不同于对象的东西，那么于它那里存在着的就是义务的意识和它自己的现实之间的不和谐。现在出现了这样一个命题：没有道德上完成了的现实的自我意识。由于义务是纯粹的自在，而道德只因与这种纯粹自在相一致才为道德，所以第二个命题就变成了这样：没有道德上现实的东西。

道德自我意识是一个自我，这是我们的第三个命题，是前两个命题之综合统一。既然道德自我意识是一个自我，所以它自在地是义务和现实的统一体。这种统一于是变成了它的对象，自我意识的现实性和义务都被设定为被扬弃了的环节，从内容上来看都变成了对象，从形式上来看它们互为对方之对象，这个完成了道德就是它现实的彼岸。这样，第一个命题就重新建立起来了，而且也与第二个命题捆绑在一起了。所以说，存在着一个道德自我意识只是在观念中而已。

(二)倒置

在道德的世界观里，我们看到道德意识的对象既不是一种现成存在的异己，也不是无意识地出现在意识面前的，而是意识自身有意识地制造出来的，而且意识始终按照根据进行推理，并以此来设定对象性本质或客观性实在。既然道德意识知道自己是制造对象的能动者，它也就知道客观实在就是它自身。

既然对象已经无法超出自己，在这里意识似乎获得它的安宁和满足。但另一方面，我们又看到，意识其实是将对象置于它自身以外，当作一个彼岸的东西来看待。不过，这个自在自为的彼岸，同时又被设定为一种并非脱离自我意识的独立自存，更确切地说，它是为了自我意识和通过自我意识而在那里的。

1.道德世界观里的矛盾

因此，道德世界观事实上只不过是这个基本矛盾在其各个方面的充分发展，乃是整个的无思想的矛盾。意识在这种发展中的做法是，先确立一个环节，然后立即转化为另一个环节，并扬弃前一个环节。但当它建立起第二个环节时，它又重新颠倒了第二个环节，反而以其对立面为本质。意识对于它的矛盾和它的替换行为是意识到的，因为当它从一个环节转化为其对立环节时，它是直接与这个环节联系着的。为了主张一个环节是自在存在着的，它将其对立环节主张为自在存在着的，这就等于承认自己事实上根本没有认真对待这两个环节中的任何一个。关于这一令人眼花缭乱的、富于欺骗性的过程之各种各样的环节，我们必须加以详细考察。

我们以“存在着一个现实的道德自我意识”这一假设为前提。这个假设是直接的，并且和以前的东西没有关系，然后我们来转向道德与自然的和谐这一个公设。这个和谐是自在的或潜在的和谐，不为现实意识所知的和谐，不呈现于意识的和谐，那些呈现出来的东西反倒是道德与自然之间的矛盾。

就呈现于意识中的情况来说，现实的道德意识是一种行动着的意识，并且在行动中完成道德目的之现实，但现在它被当作现成存在的东西，上述行为被直接地倒置了，它的行动成为一个有意识的事实，它是现实与目的之统一在意识中的“呈现”，和谐是为了行动的缘故而假设的，这表明行为并没有认真地对待公设。因为任何东西凡是通过行为而变成现实的，它必须是自在的，否则就不可能变成现实的东西，所以道德行动和前提公设所达到的那种和谐，就被规定为非现实的、遥远的“彼岸”。

有了行为的发生，目的与现实之间的不适应就一点也不严重了，相反行动本身反倒似乎要予以严肃对待了。由于现实的行动本身只是一个个别的东西，它所产生的只是个别意识的行为。然而，理性的目的作为包罗万象的普遍目的，应当置于一切现实的行为之上，普遍的至善尚有待实现。而且，在这里，现实行为的虚无性以及此时才设定的整个目的实在性都已经被倒置了。

道德行为以纯粹义务为本质，纯粹义务构成着唯一的整个的目的，现在行为既然作为目的的实现，那么行动无论如何发生，它总是整个绝对性的目的完成，它就不再是一种偶然的和有限的东西；义务本身是本质的环节，但是当我们在行动时，事实上并不关心作为整个目的的纯粹义务之完成，因我们所要完成的目的将不是纯粹义务，而已经颠倒为义务的反面，亦即现实了。

如果我们将意识在它自己的道德表象中借以发展前进的这些环节集合在一起，我们就会发现，通过一系列的行为，意识重新把每一个环节在它的对立面中加以扬弃了，道德规律就将会被败坏。道德与现实之和谐这一公设,就可以这样表述:“因为道德行为是绝对目的,而绝对目的又是那种根本不会发生的道德行为。”

由此可见,意识的出发点是道德与现实并非和谐,但是它并没有认真严肃地对待这个问题,因为行为道德和现实的和谐对意识来说是当前存在着的;由于行为是个别的东西,意识也没有认真地对待这种行为,因为它有一个崇高的目的即至善。但是,这也只不过是意识对事情的再次颠倒,因为在这里最高的善实现了,一切行为和一切道德都将归于消失,道德行为也不例外。

2.道德转化为它的反面

从这个结果出发,意识必须继续进行它的矛盾运动,并且必定再度倒置它对道德行为的扬弃。要想实现自在的道德,道德意识必须是自为的,并且必须有一个与它对立着的自然,而且这要是在道德意识本身完成的。这样,第二个公设就推导出来了——道德意识与自身内的自然——感性——相和谐。

道德意识将自己的目的设定为纯粹的、与欲求和冲动独立无涉的,以便这个纯粹目的在自身内消除感性目的,可感性的扬弃刚刚建立就再次被倒置了。道德意识行动起来促成目的,但应被扬弃的、有自我意识的感性却成了纯粹意识和现实的中介,是道德意识实现自己的工具或器官,也就是所谓的偏好和冲动。既然偏好和冲动是使自身变成现实的自我意识,道德行为又是冲动与道德实现了的和谐,因此道德意识不应当受到压制、偏好和冲动不该被扬弃。但是,感性是一种自然,冲动和偏好有它们自己固定的规律和特有的内容,与其说它们符合于意识倒不如说是意识符合于它们,而这种符合是道德意识所拒绝采纳的。因此,双方的和谐仅是自在和假设的。

在道德行为中，设定起来的道德与感性现成存在的和谐现在又被否定或废置了，和谐竟是在意识的彼岸，在那里既不能再作出任何确定区别也不能再作任何明确把握，意识已经扬弃了自己，道德与感性的斗争已经平息，后者以某种妙不可言的方式符合于道德。这样一来，这种完成又是对事情的一个倒置，道德成为与一切其他目的相对立的目的的意识，它必将抛弃自己，跃升于感性之上、与感性相混合以及与感性对立着斗争着。这种道德的完成永远不可能实现，所以意识并没有认真看待这一行为。

既然意识并没有认真看待道德之完成，反倒看重趋向于完成的那种前进过程，我们又看不出我们何能为了道德意识的价值替道德意识要求幸福，于是我们就从另一方面回到了第一条公设上来了。道德非常清楚它自己还没有完成，所以它不能把幸福当成是一种应得的赏赐来要求，而只能把幸福当成一种自由的赏赐来要求，即它所能要求的是自在自为的幸福本身，并且这种幸福只能是偶然和任意的结果。在这里，非道德状态将它的面目显露无遗：它并不是道德，而是与道德毫无关系的幸福。

通过道德世界观的这第二个方面，第一个方面的断言，即假定道德与幸福不相和谐的断言也被扬弃了。但人们通常会经验到：有道德的人时常遭遇不幸，而不道德的人往往安享幸福。其实这种所谓的经验是事实真相的一种倒置，因为既然道德是未完成的，即事实上没有道德，那么关于道德遭遇不幸这样的经验何以成立呢？称某个人为一个缺乏道德的人这种说法自在地就归于消失了，评价幸福所依赖的就是纯粹的任意武断。因此，那种经验判断的含义只是这样的：有些人不该得到自在自为的幸福，这个判断是一种披上了道德外衣的嫉妒。而我们又认为另外一些人该获得幸福，则是出于良好的友谊，出于友好，所以竟然祝福和祈愿他们能得到这种恩赐和好运。

3.道德自我意识的真理性

道德在道德意识中是未完成的，道德本质只在于它是完成了的、纯粹的东西，因而未完成的道德可以说是不道德。因此，道德本身是在不同于现实意识的另一个存在里存在着的，这另一个存在乃是神圣的道德立法者。作为上述那些公设之根据的道德，未完成的道德一旦在意识里被建立为现实的，自身就获得了他物或区别；它关注的只是一个纯粹义务，至于其他特定的义务在它这里则是没有真理性的。它只能在一个他物里获得其真理性，它在道德自我意识看来是不神圣的，只是通过一位神圣的立法者而成为神圣的。

但是，这种情况也只不过是事实真相的一个倒置。因为，道德自我意识是它自己的绝对，而义务仅仅是它所知道的那种义务。它只知道纯粹义务是义务，它认为不神圣的东西本质上就是不神圣，而那本质上不神圣的东西是不能拜神圣所赐而具有神圣性的。进一步讲，因为道德意识认为只有通过它自己的行为并在它自身内而神圣化的东西才是神圣的，所以它并非真的允许不神圣的东西通过它自己以外的另一个意识而神圣化。现在既然有些在道德意识看来本来没有本质性的东西，在另一意识中竟取得本质性，因此道德意识对“这另一个存在是一个神圣的存在”这一点也同样不是那么认真严肃对待的。

如果神圣的存在是假设的，不是作为纯粹而是许多的特定义务，以便义务可以在道德意识里具有合法性，那么这个设定必定也会再一次被倒置，而且只有当纯粹义务在它那里具有合法性时，这另一个存在才是唯一神圣的东西。事实上，纯粹义务确实在另一个存在中具有合法性，而不是在唯一一个道德意识中具有合法性。在道德意识中虽然似乎只有纯粹道德才是有效的或合法的，然而道德意识毕竟不仅仅是一种道德的意识，同时也是一种自然的意识，必须以另外的方式来加以设定才行，而且作为纯粹意志它是知识的一种偶然性。因此，就其本身而言，道德是在另一个存在中的，并且只有在不同于现实的道德意识这另一个实在里，才是自我完成了的。

现在既然道德在这一本质里不与自然和感性发生任何关系，它就是完成了的纯粹道德。然而，纯粹义务之所以有实在性，就在于道德超脱于自然与感性的斗争之上，使它在自然和感性中得到了实现。所以，纯粹道德本质与自然与感性之间就拥有一种肯定关系，也就是刚才称之为未完成的非道德的那种东西。但是纯粹道德本质既然与自然和感性完全割裂，以至于一点肯定关系也没有了，那道德就应当是一种无意识的、非现实的抽象。而在这种抽象中，作为对纯粹义务的一种思想、意愿和行动，道德的概念就应当被扬弃掉。所以，这个如此纯粹的道德，也不过是事实真相的纯粹倒置，必须予以放弃。

道德有时作为纯粹抽象未现实的思想事物，而具有合法性和有效性；有时又相反，在这种情况下它根本就没有合法性；它的真理性时而在于它与现实性的对立、在于它完全摆脱了现实性，时而又在于它就是现实。这些矛盾曾集中表现在道德世界观里，现在内在地土崩瓦解了，因为它所依据的区别——是不能不那么设想、是不得已设定起来、同时又是某种非本质物的区别——现在这种区别已经变成了一种哪怕在语言中都不存在的区别。

其结果是，被设想为具有差别性的东西，即既是虚无又是实在的东西，其实完全是同一存在和现实；而那应当绝对只作为现实存在和现实意识的彼岸，同时只存在于意识之中，并且根本就是虚无，乃是纯粹义务和关于纯粹义务是本质实在的知识。意识作出了这个不是区别的区别，宣称现实既是虚无又是实在的东西，宣告纯粹道德既是真正本质又是全无本质的东西——这样一种意识，现在把先前各自分开、相互矛盾的思想集合在一起说了出来，这证明它对这种规定性以及关于自我和自在存在等诸环节的区分都不是郑重其事、严肃认真的。相反，它宣称绝对在意识之外存在的事物，其实是保持和封闭在自我意识的自我之内的，并且被它宣布为绝对的思想事物或绝对自在的东西，正是它因此而当成是某种根本没有真理性的东西。

意识现在明确认识到，把这些环节区别开来乃是对它们的倒置，只会导致事情的颠倒混乱。如果继续这样做，它就会变成伪善。作为纯粹的道我意识，它现在已经抛开了它的表象方式和它的本质之间的不一致，抛开了这种似真而假的非真理性，并且怀着厌恶逃回了自身。它是纯粹的良心，良心鄙视这样一种道德世界观；它是在自身中简单的自身确信的精神，这种精神无须通过上述表象的中介而直接地凭良心行事，并且它的真理性就在于这种直接性中。

如果这个真伪颠倒的世界不是别的，而是道德意识在其多样性环节中的发展，即它的现实性，那么它返回自身后不会在其内在本性中变成什么别的东西，而只意味着它已经意识到它的真理性是一种假冒的真理性，一种纯粹的伪装。但是它又不得不将其自身表述和展示为一种对象性的表象，于是它只好继续使用这个假冒的真理，同时又对此采取鄙视态度，这已经是伪善的初步表现了。

(三)良知、优美灵魂、恶及其宽恕

道德世界观的二律背反,即存在着的道德意识又是不存在着的道德意识,或者说义务的有效性既存在于意识的彼岸又只在意识之内有效。这些背反的元素已经结合成这样一种观念,在这种观念中非道德的意识被当成道德意识,它的偶然知识和意愿被认为是充分重要的,并由于恩赐获得了幸福。这样自相矛盾的观念,道德自我意识并没有将之加到自己身上,而是安置在自身之外的另一本质里。道德自我意识的这种做法从形式上看是一个矛盾,正如从内容上是矛盾的一样。

但由于纯粹义务作为纯粹知识就是意识自我,而意识自我就是存在和现实,被认为是现实意识彼岸的东西也不是别的什么正是纯粹思维,因而就是事实上的自我。因此,看起来是自相矛盾的东西,和道德世界观里在其分裂和消解中反复兜圈子的东西, 自在地就是同一个东西。自我意识,无论在我们看来还是就其自身而言都返回其自身,并意识到那个本质就是它的自我,本质中现实的东西也是纯粹知识和纯粹义务。自我意识把它自身作为是在它的偶然性中有充分效准的东西, 并因此知道了它的直接个别性就是纯粹的知识和行为,就是真正的现实和和谐。

1.良心是在自身内的自我的自由

确信自身即是绝对真理和存在,这种良知的自我乃是第三种自我,它是从第三种精神世界中发展出来的。表现为伦理世界真理的整体或现实,是个人的自我;个人的特定存在是得到了承认的存在,但由于个人是没有实质的自我此存在是抽象的;个人是有效准的,而且是直接确定的;自我是在它的存在中静止不动的点,但这个点并没有同它的普遍分割开来,普遍无区别地存在着，两者没有相互运动和相互关系，它因而还没有得到充实，没有得到积极的内容，没有成为世界。

实际上，道德自我意识曾将它的普遍方面分离出来，使它成为一种独立的自然，可是它又以扬弃的形式把它的普遍性保留在自身之中了。但是，这只不过是一种伪装的游戏，是它将这两种规定互相替换的颠倒手法。只作为良心，有了它自身的确定性，道德的自我意识找到了充实以前那些空洞的义务、权利以及普遍意志的内容。而且，由于它的这种自身确定性是直接性，它在良知中也就找到了特定的存在。

达到这种真理性之后，道德自我意识就扬弃了它本身中导致伪装的那种分裂，也就是说，扬弃了自在与自我之间的、与作为纯粹目的的纯粹义务与作为跟纯粹目的相对的自然和感性的现实的分裂。道德自我意识这样返回到自身之后，就成为了一种具体的道德精神。这种形式的精神在它的直接同一性中，是一种实现着自身的道德本质，而行为直接是一种具体的道德形态。

良知拒绝道德世界观里所有倒置的做法，因为它根本拒绝认为义务和现实之间存在矛盾。良知是这样一种意识，它知道当道德意识宣称纯粹义务是其本质时，这种纯粹目的是对事实的倒置。在它认为，自己的真理就在自身的直接确定性中，这种自身的直接具体确定性是真正的本质。如果从意识所含有的对立来考察这一确定性，则固有的直接个别性就是道德行为的内容，而道德行为的形式正是作为纯粹运动，也就是认知过程的那个自我，换句话说，就是信念的这个自我。

良知了解到它自己既是纯粹的知识，又是关于自身这个个别意识生命的知识。既然它是一种现实的和具体的东西，就意味着它不是一种对本质而言外在的东西,而是一种具有自己规律的独立的自然。这个自我,是一种自在地具有的价值,确切地说是自在而自为地有效准的内容。而且,这个自我作为意识,构成着自为存在与为他存在的矛盾,义务是它直接的现实的东西,而不仅仅是抽象的纯粹意识。

良知是不同的自我意识的公共元素,这个公共元素是行为可以从中取得持续存在和特定存在的实体,也是被别人承认的那个环节。良知存在着的现实是这样一种现实,这种现实是一个自我,是对自己有所意识的特定存在,是一种被承认的精神元素。因此,行动只是一种翻译,只是把它的个别内容翻译成对象性的元素,如此个别内容就变成了普遍的和得到承认的,行为的本质就是自在地普遍的自我意识,换句话说被承认的东西就是存在着的东西,从而就是一种现实。

结合行为中对立的个别规定来考察良知,并且考察良知对这些个别规定所具有的意识,我们会发现,良知在对待行为在其中发生的情况时,是以一种认知着的知识自居的。只要普遍性这个环节呈现出来,对面前的现实进行详尽准确的把握和认知,就是作为知识的良知行为的分内之事。这种知识认识到普遍性是一个环节,是一种与非对立之物的联系,所以它在把握过程中并不是那么本着良知。但是,由于行为本身本质地包含着对立,是与一种否定意识的东西相联系的现实,行为就会作为绝对的他物,作为自在的多样性,无限地分裂以及向各个方向扩散,向后面扩散成为它的条件,向旁边扩散成为它的相关事物,向前扩散产生它的结果。当良知朝着行动的方向前进时,它与事件的各个方面发生联系。事件分裂成许多部分元素,同样,纯粹意识与事件的关系也分裂成许多部分关系,这样,事件的多样性就成了义务的多样性。

良知的意识对事情的这种性质以及它对待事情的态度是有所意识的，并且知道它必须在它们中间进行选择、作出决定，毕竟从规定性上说，只有纯粹义务才是绝对的。但是，这个抽象物已经在它的实现中被确认为是具有自我意识的自我，知道它自身的直接确定性中具有规定和内容，它是一切被规定的东西的绝对否定。因此，良知不承认任何东西对它来说是绝对的，而将自己视为纯粹的、直接的真理，而它的这种真理仅仅是个人的任意性和个人的无意识的自然存在的偶然性罢了。

在审核法律的理性时我们已经得知，纯粹义务对任何内容都绝对是一视同仁的，对任何内容都可以容纳和适应。因此，上述的那些内容同时又算是道德的本质性或义务，并且具有出诸良心的性质，因为这种内容直接包含在它对它自己具有的确定性中。道德之所以为道德，就在于意识到自己是在履行自己的义务。所以，只要采取行动的人知道他的所作所为是一种义务，而且只要一方面他知道这一点，一方面对义务的信念——是合乎义务的，那么他就得到了别人的承认，他的行为因而就是有效准的，是现实存在的。

由于在实际事例中义务总是分裂成对立的双方，即普遍性与个别性。普遍的义务作为自在自为的实体，作为法律和权力存在的东西，是独立于个体的知识和信念以及兴趣而有效准的东西，形成了普遍的善和个别的善的对立，因此，它的规律是这样一种规律，良知知道自己完全独立于这种规律，它给予自己绝对权力来对它进行增减、取舍。不仅如此，个别物义务和普遍物义务的区别也将不再是什么固定的区别了，相反个人为自己所做的事，也同时有利于普遍物。为个别亦即自我实现义务时，也实现着对普遍的义务。不过，这里不会出现能给普遍物提供多少利益的衡量和比较中，这部分是由于道德会湮灭在见识的偶然性中，部分在于良知的存在。良心的本性就在于去除这种对义务的计算和权衡，不考虑任何这种理由而直接从自身作出决定。

良知以这种方式行动并保持自己于自在存在和自为存在的统一之中，保持在纯粹思维和个体性的统一之中，并确信它的真理性就在自身中，就在它的知识中，并且是一种关于义务上的知识。这种精神之所以保持自己于义务的知识中，就在于义务的内容和形式以及有关的知识，都是隶属自我的、隶属它的确定性的。自我把自己从自然的个体性中获得的内容放到具有普遍内在本质的义务中，这种内容就变成了纯粹义务的被扬弃和抛弃了的空洞性，换句话说就是纯粹义务的充实。

但是，良知又同时不含有任何内容，它超身于任何要想充当规律的特定义务之外，在它自身确定性的力量中它具有可以可松可紧的绝对权力和尊严。所以，这种自身规定直接性绝对符合义务，义务就是知识自身。又因为自在存在是纯粹的自身等同，而自身等同又在这种意识中，因此这种简单的自我性就是自在存在。

2.良心的普遍性

作为纯粹的自身等同，这种纯粹知识是直接客观的，是一种为他存在。同时，这种存在也是一种纯粹普遍性，是一切个人的自我性。这种存在是这样一种元素：良知通过这种元素与一切自我意识处于等同的关系中，而且此关系并不意味着一种抽象的无自我的法律，而就是良知的自我。

良知所履行的义务是意识对它自己的知识，就是意识与自己的等同，但是这种等同一旦被放置到存在的一般元素中之后，它就不再是知识，就不再是那种既作出区别又立即扬弃区别的活动，区别被设定为持续存在着，而特定的具体行为并不与每个人的自我意识相等同，因此并不必然被承认。作为行为的良知发现这种情况后，把一种规定性建立为存在着的东西，别的意识把这种存在当作它的真理，但是它的现实显然不在这里，而是在绝对自身确定性中所具有的现实性。

因此，别的自我意识并不知道这种良知在道德上是善的还是恶的，甚至它们必须把它当成是恶的。因为良知所表示的只是一个人的自我，而不是它们自己的自我，它们不仅不受良知的约束，而且必须在意识中把良知消解掉，以便保持它们自己的自我。当实际行动在自身中不再具有自我，它就不再是唯一构成它本质的东西了，它的特定存在就将只是普通现实，而行为在我们看来只是一种实现个人兴趣和欲望的方式。实际存在着的东西之所以具有本质性，只是因为它被知道是一种自己表述自己的个体性，且这种被知道的东西是被别人承认的东西，是应该具有实际存在的东西。自我作为自我进入实际存在，并且只有自我意识是被承认的东西，具有现实性。

在这里，我们再一次见到了作为精神的特定存在的语言。但语言的内容在这里不再是教化世界里那种颠倒了的、颠倒着的、分裂了的自我，而是已经返回到本身、在自身中确信真理或者确信自己的承认活动、并作为这种知识而被承认的那种精神，且这种表述乃是行为的真正实现，是行为的效准。在这里，行为意味着把知道自己的知识或自为存在就是其本质的自身直接确定性，转变为确保意识对自己的义务是确信的，认识到义务即是良心的深切保证。正义的事情既然就在具有自身确定性的自我意愿中，在自我即是本质的知识中，存在的就是正义的本质。因此，谁说它是根据良知来行动的，它就是在说正确的东西，因为它的良知就是知道着和意愿着的自我。

良知凭借此凌驾于一切特定法律和义务内容之上，随便把任何内容安置到它的知识和意愿中去。它知道它的直接知识的内在声音就是神圣的声音，而它的行为就是对它自己的这种神圣性的直观。良知对自己的直观就是它的对象性存在，而这种对象性元素就是作为一种普遍物的知识和意愿的表述。通过这种表述，自我成为实际有效准的东西，行为就成为有效用的行为，成为具有的现实和持存，就是普遍的自我意识。

当得到表达的时候，良知就把它自身的确定性设定为纯粹自我的形式，并因此成为普遍的自我。别人由于有了自身被表达和承认为是本质的言辞，就承认行为是有效准的，他们所赖以结合的那种精神和实体就是对他们良知和善意的相互保证，就是对这种相互间目的的纯洁性的喜悦，就是对这种纯洁高尚的东西认知和表达、培养和珍惜中表现出来的光明磊落所产生的愉快。这种启示于外的东西，毕竟不同于隐藏于心的自我意识，毕竟不同于本质的直接性，是良知的抽象意识。

不过，随着良知的完成，良知知道抽象的意识恰恰就是自我，就是具有自身确定性的自为存在。自我意识返回到它自的内在本质中，它的一切外在现象和作为外在的东西都消失了，也就是说都返回到了与自我等同的自我直观中了，在这种直观中自我是一切本质和特定存在。自我意识已经淹湮在关于它自己的概念中了，因为它已经达到了它的极端的顶点了，而且达到了这样的程度——那些它赖以成为实在或保持其为意识的不同环节，不仅对我们而言是纯粹的极端，而且对其自己而言所是的东西、对它是自在的东西以及对它是自为存在的东西，所有这些环节都蒸发成为抽象之物了。

如果从自我意识的内部来考察这种沉没，我们就会发现，自在存在的实体乃是意识的知识。作为意识，自我意识分裂为它自己和它认为是本质的那种对象之间的对立，但这种对象恰恰就是它的自我，它的知识就是对自我的意识。所有的生命和所有精神性真理都返回到这个自我，并失去它们与自我的这种差异，因此意识的环节都是一些极端的抽象物，它们中没有一个是有根基的，相反都会丧失于别的之中，并产生别的。这体现的是苦恼意识无限地同自身的更替过程，但在这里这一活动是为自我意识知道的，自我意识知道它自己即理性概念，而苦恼意识只自在地是理性概念。因此，自我意识的这种绝对确定性，对它作为意识而言，转化为它的自为存在的对象性，这种返回本质并不是自在存在，而就是它自己。同样，自我意识也不具有特定存在，因为对象不能成为自我的否定方面，正如这种自我不能达到完全的现实一样。

缺少一种外化自己、把自己变成事物进而保持自身存在的力量，自我意识感到恐惧，它害怕实际行动和实际存在会玷污自己内在本质的光明，并因此逃避与现实的接触，认为自己无力给予自己实体性、无力放弃抽象的自我，换句话说无力把自己的思维转化为存在并无力依赖思维与存在的绝对差别。自己创造的这个空洞对象，让它充满了空虚感。它的行动成了这样一种渴望，这种渴望在成为无本质的对象的过程中丧失掉自身，并且从这种丧失返回本身时发现自己只是一种已经丧失了的东西，是一种所谓的不幸苦恼的优美灵魂，像烟雾一样消失得无影无踪。

3.罪恶以及宽恕

关于蒸发的生命的虚弱无力的非本质的运动，即意识脱离普遍性而返回于自身的这一运动，我们必须加以考察，因为这一运动导致了个别与个别以及个别与普遍的对立,或者还可以说,这种普遍性和义务具有完全相反的意义,义务意味着是摆脱了普遍性的特定的个别性,这种个别性把纯粹义务作为仅仅在表面出现并转向外部的普遍性,“义务只是一种言辞的事情而已”,并作为一种为他的存在。

良知,由于最初与特定的义务保持否定的关系,所以知道自己是独立于义务的。但是,由于它用自己的特定内容充实空洞的义务,它肯定地意识到它作为这个自我,在构成着自己的内容,而它的纯粹自我作为空洞的知识,是没有内容和没有规定的。意识到的是纯粹的自我,行动的目的现实的内容——却是自己的个别存在——于是良知意识到自身是这样的一种对立,即它的自为存在和它的为他存在之间、普遍性或义务和它之离开义务而返回自身之间的对立。

良知的特殊性在于构成着它的意识的两个方面,即自我和自在存在。这两者在良知内部具有不相等的价值、不同一的规定,其中自我确定性是本质,而自在存在或普遍物只能算一个环节,故两者形成对立。在坚持义务立场的意识看来,由于第一种意识表示它的内心生活与普遍物不一致,它本质是恶;它又宣称自己的行动与内在一致,是出自义务和良知的,所以是伪善。

进一步说,本质上是恶的而且正因为它是恶的它的本质才与客观存在相一致,伪善必须被揭示出来。伪善中包含的这种不一致性返回到一致状态,并不是人们通常所说的那种伪善通过承认义务和美德的假象来掩饰自己,以证明对美德和义务的尊重。因为当伪善口头上承认义务和美德时,它就已经放弃承认返回了自身,自在存在的东西只被用作一种为他存在的东西,无疑这是对自己自在存在的蔑视和否定。

而且，伪善中包含的这种不一致性既不能通过恶的意识片面地坚持自身来达到，也不能通过普遍意识的判断来达到。如果恶的意识否认自身是反对义务意识的，硬说义务意识是坏的、硬说自己违反公认的普遍意识是依照它的内心规律和良心而行动的，那么它实际上就承认了自己是恶，因为如果这种规律和良知不是出自它的个别性和任意性的规律，它就不再是内在的、私有的东西了，而是普遍承认的东西了，更不会揭露自己是伪善的了。同样，我们也不能只依靠普遍意识的判断来揭露和清除伪善。因为当普遍意识斥责伪善是坏的时，这种判断只是依据它自己的规律，正如恶的意识也根据它自己的规律一样。而且，因为普遍意识的规律看起来是与恶的意识的规律相对立的，因此也是一种特殊规律，这就使恶的意识成为自为存在的了，恶的规律也就成为合法的了。

然而，还有另一个方面可以使普遍意识的判断消除现存的对立，即普遍意识不再作为现实的和行动的意识，而且停留在思想的普遍性之中，只限于进行理解，它的首要行为是判断行为。通过这种判断，普遍意识把自己同恶的意识等同起来了，并且能在恶的意识中直观自己。但是，由于义务是没有任何内容也可以赋予任何内容的形式，现在判断的意识并不停留在义务的这一个方面，也不满足于行为意识宣称它的特定行为就是义务的知识，相反它已经站到另一方面，将行为转移到内心领域，并根据内心意图和自私动机来解释行为，这也就是返回到自身个别性的形式中，因此这种行为在自身中就具有了个别性，而且在判断意识看来，没有任何行为它不可以在其中找到个人的个别性方面与行为的普遍性方面的对立。由于割裂了行为，制造出行为自身的不一致性，这种判断意识自身是卑鄙的。而且，它是一种伪善，因为进行这种判断时它并不把它作为一种作恶的方式，而是作为一种行为的正确意识，将作恶的意识硬说成是行为的正确意识。

行动意识不仅知道自己被理解为一种外来的和异己的东西，而且还发现判断意识在本质特征上是和自己等同的。于是，它就公开向判断意识承认了这一同等性，意图出现一个互相承认的局面，与对方建立一种连续性。但是，这一同等性根本不是道德判断意识所能意会的，它不仅不会作出同样的坦白，反而会拒绝承认这种本性上的共同性，而维护自己的自为存在。这样一来，行动意识看到自己被拒绝，发现对方是很不公正的，具有自身确定性的它便达到了最高的愤怒，于是阻碍对方使之不能从实际行为返回于语言这一精神性的特定存在，使之不能与精神达到一致，并且正是由于这种生硬态度，它才又制造出本来还存在着的不一致。

不过，双方自觉的和现实的和解，按其必然性已经包含在先前的意识中了。使判断意识折服并上升到普遍性的那种运动，正是行动意识里表达过了的运动。已经实践的行为并不是一成不变的东西，精神已经把它撤回到自身之中；实践了的实际行为的个别性方面，不论作为意图还是作为意图的实际否定和限制，是一种直接消逝的东西；实现着的自我，即恶的意识，即精神行为的形式，只是整体的一个环节，同样通过判断对行为进行规定并就行为的个别性与普遍性进行的区别，也只是整体的一个环节。上述恶的意识，由于在对方中直观到自己，被诱惑进行坦白，可以说已经进行了外化。但是后者，对方，必须抛弃它的片面的、没有被承认的判断，正如前者必须抛弃其片面的、没被承认的、处于特殊的自为状态中的特定存在一样。而且，前者已经显示精神力量是在它的现实之上，后者也必须显示精神力量在它的特定概念上。

后者因为在前者中直观地认识到了自己，它抛弃了它的见解剖析的思想和思想中的自为存在变成了扬弃了的特殊物，这事实上就已经使自己显示为普遍物，它返回到了作为内在本质的自身，这样普遍意识就能从它那里认识到自身。因为它把当初曾是现实行动的那个意识与自己的非现实本质等同了，并把那原来曾被称为恶的东西——思想给予行为恶的这一规定——当成好的东西予以承认。更确切点说，它对前一种意识进行了宽恕，而这正是对自我的放弃，对自己的非现实本质的放弃。和解，这个词就是这样一种实际存在的精神，这种精神在它的对方中直观地认识到作为普遍本质的那种纯粹自我知识，这是一种相互的承认，也就是绝对精神。

绝对精神只有在最高点上，即关于自身的绝对精神与自身相互对立、相互交替，才能进入实际存在。绝对精神，对于它的纯粹知识之是抽象本质是有所认知的，也意识到它与另一种认识相互对立，这另一种认识即知道自己这个自我的绝对个别性就是本质的知识。前一种知识是普遍物的纯粹连续性，它知道那知道自己是现实的个体性说来是无物，是恶；后一种知识则是一种绝对的间断性，它知道它自己在纯粹单一性中是绝对的，并且知道普遍物是为他存在的非现实。双方都净化到了这样纯粹的程度，以至于都不存在无自我的实际存在，都不含有意识的否定方面，前者认知的义务乃是精神的自身知识的自身等同，后者恶的意识也同样在它自己的内在存在中具有它的目的，在其说出的话语中具有它的现实，这种话语是精神相信自己在本身中的这一确定性的保证。

尽管绝对精神和恶的意识有诸上相同点，但两者毕竟还是有差别，而且它们的差别是绝对的。因为这两个概念是彼此对立的特定概念，同时又自在地是普遍概念，它们构成着全部范围的自我，而这个自我除了自身规定性以外，没有任何其他内容。而且，它们各自的规定性本身是知识，或者说它的联系和对立就是自我。由于这种对立它们采取了意识的形式，但到目前为止它们还不是自我意识，只有在这种对立亦即自身等同的无间断的连续性和同一性中扬弃自身才能实现为自我意识。

同时，每个自我依然抗拒与对方的同一，将自身与对方相分离，并且复归到自我的同一，这种现实性、纯粹性的自我乃是完全普遍的东西。两个我都在和解中抛弃互相对立的实际存在，这种和解是发展到了一分为二的那个自我的实际存在，而这个一分为二的自我依然保持自身同一，并在扬弃和对立中取得对自身的确定性。这个自我，就是那知道自己就是纯粹知识的那些自我之间的上帝。

第七章　宗教概论

在前此所探讨的诸形态中——这些形式被大致区分为意识、自我意识、理性和精神——无疑，宗教作为绝对存在一般的意识也出现过，但是以绝对本质为认识对象的那种意识的观点为出发点的，自在自为的绝对存在、精神的自我意识并没有在那些形式中显现。即使是在意识的层面，就意识作为知性而言，理性之特定存在和形态也是没有宗教的，因为理性的自我意识只是在直接的现在中认识和寻求自身。

在伦理世界里，我们倒是看到了一种宗教。这是一种阴间的宗教，这是一种相信命运之恐怖、未知命运的黑暗，相信死去的精神能够复仇的信仰。前者是具有普遍性形式的纯粹否定性，后者则是个别性形式下的否定，后者形态上无疑就是自我。但是这个个别的自我在道德的宗教里并没有真正的概念，只是一个阴影、一个幽灵。因为这个自我的内容被联结于启蒙的否定性特性之中，是一个对象性的存在，是一个具有内在差别的内容，当它返回自身时被建立起来的各部分立刻就被否定了。既然是一个被取消了的、被代替了的特殊，因此就是一个普遍的自我。

在这种自我意识里，精神作为被表象的对象，对自己来说具有普遍精神的意义，这个普遍精神包含着一切本质和实在。然而，它不是自由持存的现实性形式，也不是独立外在的自然形式。因此，在宗教里，精神的真正意识的特定性质并不具有自由独立的异在形式，精神的特定存在与它的自我意识有所不同，并且它的真正的现实性是完全落在宗教之外的。不过，精神意识到在它自己的世界中的精神和作为意识到它自身作为精神的精神或在宗教中的精神乃是同样的东西，因此它作为意识到自身的精神，变成了对自身是现实的东西，并且是它自己意识的真实对象。

然而，精神的这种实在并没有得到公正的对待，也就是说它没有达到作为一个独立和自由的对象性存在。反之，因为实在在它自身之内没有完成，它就是一个限定的形态或形式，除了精神什么都不是，并且精神必须对自身显现，或者作为现实的，如它在自己的本质存在中那样。不过这样一来，它就会达到——似乎与所要求的相反——它的意识的对象同时拥有自由和独立的实在的形式。

第一，自我意识和简单的意识，宗教和存在于它世界内的精神或精神的对象性存在是有差别的，而由于后者的诸环节是相互分离且独立的，所以包含了精神的全体。然而，这些环节是意识、自我意识、理性和精神——精神是作为直接的精神，它还不是对精神的意识，只有诸环节合在一起的全体性才构成作为一个整体精神的现实存在。宗教以这些环节的经历过程为前提，并且是这些环节单纯的全体或绝对的自我或灵魂。第二，这些环节关涉到宗教的过程是不可以按照时间顺序进行描述的，而必须是作为全部精神在时间中，因为只有作为主体才有现实性，诸形态才表现出一个接一个的次序，设定它们纯粹自由的形式。但是，整体的诸环节没有分离的存在，正如精神与它的诸环节不同。第三，我们必须进一步把这些环节与它们的特殊的个别性区别开来。因为这些环节中的每一个环节在它发展过程中又分为各种不同的形态,它的普遍性下降到一个个别的形式,而我们关注的是这个环节本身所表现出来的精神的个别性或具体实在。

精神的个别环节,意识、自我意识、理性和精神返回并曾经返回到宗教作为它们的基础,它们个别阶段或环节独立完成的过程包含了宗教本身的规定,也一起构成了宗教的完成。同样,这个过程也是精神的个别环节区分并返回自身的过程。作为整体的精神,在宗教中的精神,重新又经历从它的直接性进而达到对于它自在的或直接状态的知识的过程,精神将完全充分地成为它的本质,并直观到自身的本来面目。因此,如果意识、自我意识、理性和精神属于自己知道自己的精神一般,那么它们每一阶段呈现出来的特定形式就是属于它们自己知道自己的精神的特定形态。宗教的特定形态从属于它的每一个环节的诸形式中,采取一个适合于它的形式当作它的现实的精神。宗教的这种单一的规定性遍及并渗入它的现实存在的所有方面,并且加以它们这个共同的烙印。

在我们考察过的系列中,每一个环节都不断地深入到自身中,使自身发展并以它自己的特定原则形成一个全体,并将知识亦即整个过程,或者精神,当作实体。然而,这个实体表现出来后又不允许个别环节把自己加以孤立并把自身当实体,反而它会把所有这些环节集中并保持在自身内,个别环节必须采取全体的同一规定性于自身之内,这就实现了每个个别环节的现实性和自在自为的存在。在宗教中,一切形式不论就其自身来说还是对我们而言,都包含在精神中并包含在每一个精神内。但是,对于精神的实在而言,最重要的在于它在它的意识中拥有什么样的规定性,它以什么样的规定来表现它自身,或者在什么形态下它认识到它的本质。

在现实精神和自己知道自己是精神的精神之间,或者在精神作为意识的自身和作为自我意识的自身之间的差异，就在那真正知道自己的精神中被扬弃了，它的意识和它的自我意识就达成了一致。但是，由于宗教在这里首先是直接的，这个差异还没能返回到精神，达成一致。被确立的仅仅是宗教的概念、原理。在这里，本质就是自我意识，它意识到自己就是全部真理，并在那真理之中包含了所有的实在。

但是，这个自我意识，既然是作为意识就以自身为对象，直接认识到的是在直接性形式下的精神，而精神显现给自身的形态的规定性就是纯粹简单存在的规定性。这种存在的内容仅仅是精神，并且知道自己是一切真理和实在。这样，精神被关闭在它的纯粹自我意识之内，它便不会作为一般自然界的创造者而在宗教中存在，而是在这个运动过程中创造出它作为精神的诸形态，这些形态合在一起构成它的现象的全体。并且，这个过程本身是它的个别方面或者它的种种不完善的实现而发展出它的完善的实现过程，也就是说它是诸环节尚未完成的模式。

精神的最初实现正是宗教本身的原理和概念，即直接的或自然的宗教。在这里，精神认识自身在直接和自然的形态下，但是精神的第二实现必然是在一种扬弃了的自然性形态中，即在自我的形式内认识自身。这个形态由于提高到自我的形式，通过这种形式这个意识能够在它的对象中直观到自己的活动或自身，这就是艺术形式中的宗教。最后，精神的第三个实现扬弃了前两个现实性的片面性：自我是直接的自我，同时直接性就是一个自我，成为了两者的同一形式。因此，精神具有了自在自为形态，在被作为它自在和自为的那样时，它就是启示宗教。

在这里，精神达到了它真实的形态，但这个形态本身和意识的表述仍然是一个没有被克服的方面，精神还必须过渡到概念，以便消除对象性的形式，使概念包含它的对方在它自身之内。如此，精神就把握了自己的概念，正如研究分析精神的人已经把握住它那样。而且，它概念的形态，它存在的要素，就是精神本身。

一、自然宗教

那认识着精神的精神意识到了自身，并且以对象性、自为的形式存在于自己面前。它是自为的，是自我意识的方面，因此是与意识相对立的，换言之它以自己为对象。既然精神内在地存在对立，它就存在着自身特定的形态规定性。因此，在考察宗教时，我们所要考察的就是这些特定的形态。鉴于意识和自我意识的区别发生在自我意识的概念中，宗教的形态乃是包含在思想中和自觉存在那里的思想内容。按照精神借以认识自己宗教形态的不同规定性，一个宗教便与另一个区别开了。

需要指出的是，按照个别规定性来表述精神对其自身的知识时，事实上并没有穷尽现实宗教的全部。因为那些将要被陈述的一系列不同宗教只不过是重新表现一个单个宗教的不同方面，甚至是每一个单个宗教的不同方面，而且那些似乎能把一个具体宗教与另一个宗教区别开来的种种观念呈现在每一个宗教当中。当精神处在它的意识和自我意识之间的差异中时，它运动的主要目的在于扬弃其中的主要区别，并赋予意识对象任何形态以自我意识的形态，这样一来被表象的自我意识就消失了。

这是因为，被表现的自我为了像这个形态的任何其他更明确的规定那样属于这个形态，它不得不通过自我意识的活动而部分地投入这个形态中，并且它必须表明自身被较高的规定性所扬弃而把握。由于意识的这种活动是否定性的，而这种否定性是由于否定对方而实现的，被表象的自我意识就消失了,被表现的自我并不是现实具体的自我。

因此,虽然个别宗教内的不同表象表述了它的诸形式的整个运动,但每一个宗教的性格是被意识与自我意识的特殊统一所决定的,即自我意识吸收属于意识对象的规定性,通过自己的活动使那种规定性成为自己的,并且知道这个规定性是本质性的规定性。对于宗教精神的某一规定的信仰,其真理性在这里显现,即现实的精神被以与形态同样的方式构成着,而在那种形态中、宗教中的精神直观自身。

在这里,我们实在没有必要从宗教特殊规定性的总体退回到个别规定性和它特殊的宗教里。因为,如果把较高的形式放回到较低的形式之下,那对自我意识的精神来说就没有意义,而仅仅以一种表面的方式属于精神,而且只是在知觉的层次上。较高的形式必须在它自己特定的意义上来考察,就它作为一个特殊宗教的原则、就它为它的现实精神所证明和认可等方面来考察。

(一)光明之神

作为本质,精神是具有自我意识的本质,是绝对的真理并且知道一切实在就是自身。在它的意识运动过程中所获得的实在性，首先是它的概念。这个概念,与直接发展的清晰的白天相比,就是黑暗和它内在生命的黑夜;当作为意识各个独立环节的特定存在时,它就是诞生之创造性的秘密。概念在自身内揭示自身,它自己知道自己的精神,具有成为意识并对象性地表现自身环节的能力。这样,我们就得到了纯粹自我,这自我于外在化自身的过程中看到自身作为普遍对象时就具有自身的确定性。换句话说,对于自我来说,这个对象是一切思维与一切现实性的渗透。

当这个自我在绝对精神中一分为二时,它的形态就呈现出直接意识或感性确定性的那种规定，它在这种存在形式内看到自己，发现了自身内主人和奴隶的对立。因此，它是充满了精神的存在，并且是精神自己与自己简单地相联系的形态，根本没有特殊形态的形式。由于这种特性，这个形态就是纯粹包含一切、充满一切的光明之神。光明的另一方，则是同样简单的否定——黑暗。同时，由于思想本质上的简单性，光明自身保持在无形的无规定的实体性中，它使自己形成各种不同形式，无限度地扩大自己的范围，结果使它提高到辉煌灿烂的美也消失在它的崇高性中。

这种纯粹存在状态，即光明，所发展出来的内容或它的知觉活动，并没有深入到自身成为主体且固定各个差别，因此是对实体的一种不真实、非本质的把握。实体的规定性仅仅是各种尚未独立的属性，只是被称作"一"的各种名字。这个"一"没有自己的意志，只是实体光荣的景象显示、赞颂的声音的传达。

不过，这个"一"必须设定自身为自为存在，并赋予它那些短暂的形态以长久的持存。它将自身放置于自己的意识的对立面，本身就是消除各个差别的否定性的力量，因此真正来讲它就是自我。这样，精神就向着在自我的形式下自己认识自己的方向过渡。纯粹光明把它的简单性分散为杂多性，并把自己表现为自我存在的一个牺牲品，使个体从它的实体中获得持久存在。

(二)植物和动物崇拜

具有自我意识的精神脱离抽象的、无形式的本质回到自身，将它的直接性提高到自我的水平，也就使它的简单性呈现出多样的自为存在性，而且是精神性的知觉的宗教。在这里，精神分散为或强或弱、或丰富或贫乏的无数多个的精神。个体性的静止与无力，过渡到具有破坏性的自为存在。

这种泛神论起初由这些精神性原子的静止持存组成，进而过渡为它们自身的敌对运动。也就是说，那天真的花草宗教或植物宗教由无自我观念的自我，过渡到严肃性、有罪恶的动物宗教。由于动物宗教具有规定性和否定性，各种植物天真的、无差别的状态被打乱，它们的自为存在被损坏。

这种纯粹否定性的自为存在被扬弃了，这种概念的运动精神就进入到了另一种形态，即被扬弃了的自为存在就是对象的形式，是一种自身扬弃着的自我、自己产生的自我的形式，也就是说成为事物的自我。这种精神的意识既超出了直接的自在存在又超出了抽象的自为存在的运动，可见这种运动不是消极的而是积极的。

现在既然自在存在受到了对立面的否定，被降低到一个特定的形态，它就不再是绝对精神的特有形式，而是一个由它的意识发现在那里，与自身相对立并取消自身的普通的现存事实。同时，这个意识不仅扬弃着自为存在，而且产生着对自身的对象观念，即由自为存在发挥成为对象形式的存在的对象。但这个产生是一个受约束的活动、是一种对现成材料加工成型的活动，过程尚不完善。

（三）工匠

在这一阶段，精神表现为工匠的形式，通过自己的行为产生自己作为自己的对象，但由于它还没有把握住自己的思想，它的行为就是一种本能的劳动，就像蜜蜂建筑蜂巢一样。由于这是直接形式，具有理性的抽象性，即按照图纸一样严格的形式进行着的生产，因此它并不能表示形式本身真正的意义，它不是精神的主体或自我。而作品之所以接受精神到自身内，或者是将之当作一个异己的、死去了的精神，或者是将之当作一种精神本身外在的东西和并非精神的东西。

精神作为工匠，是从自在存在亦即工匠所加工的材料与自为存在亦即工匠自我意识的分离出发的，这个分离在它的作品中使精神客观化，它的进一步努力必定趋向于取消和消除精神与周围住所的分离、对立。但由于精神与自身的统一包含着个别性和普遍性的对立，当作品在各方面的结合中越接近它本身，越接近执行它的工匠的自我意识时，作品首先只构成精神活动的抽象的一面，它还不了解它自身之内的活动的内容。同样，工匠自身和整个精神仍然是内在的、隐藏的实在，只有当被分裂为活跃的自我意识和自身所产生的对象时，它们才得以显现出来。

到目前为止，周围的住所、外部的实在仅仅被提高到理智的抽象形式，被工匠逐步修饰成具有灵魂的形式。为了达到目的，工匠使用了植物的生命，这里的植物已经不再是前面泛神论那般软弱的东西了，而是自在自为可以为工匠使用的东西，只不过它已经被降低为类似外在的装饰品了。不过，具有自我意识的工匠并非直接将植物拿过来使用，而是将植物内在的暂时性转变为一种较严格、较普遍的思想形式，这是一种在特殊性中任其生长和繁荣的有机形式。

先前仅仅表现了普遍要素或精神无机自然的作品，现在包括了一种个别性的形态，也就是动物形态。这个形态使得从前与存在相分离、外在或内在于存在的精神更接近现实性，使得作品更加符合工匠能动的自我意识。但是，在工匠的自我意识面前，动物形态变成一个被扬弃的形态，不再单独地和完全地被工匠所使用，只能与思想形态和人的形态混合使用。而且，这个作品缺乏自我本身存在于其中的形态和体现，缺乏在自身内表述自身内在的能力。也就是说，它缺乏表述自己的语言。因此，这个被制造的作品表现出来的仅仅是外在的自我，而不是内在的自我。

与这种形态的外在自我相对立,另外一种形态可以表明其自身具有内在意义的形态。自然,返回到它的本质存在中,把那使自身陷入迷乱的复多性降低为一个非本质的躯壳,这躯壳正是对它内在本质的遮盖。而至今这内在本质仍然不过是单纯的黑暗,是无运动的、黑色的无形的石头罢了。

内在性质和存在,这是精神的两个对立环节。上述两种表达在这种对立的关系中同时包含了两个方面,即自我既作为内在的又作为外在的两个方面。工匠要想作出好的作品,必须通过混合自然形式和自我意识而把这两个方面结合起来。这种意义双关的存在物,自身带有神秘性的本质——有意识与无意识相斗争,简单的内在本质与多样的外在形式相伴随,思想的暗昧性与表达的明晰性相并行——所有这些情况爆发进入一种黑暗深邃而难以理解的智慧的语言中。

由于在这里构成工匠自我意识的活动,面对着一个同样具有自我意识并给出自身表达的内在本质,因此与自我意识相对立的、创造无意识作品的本能活动停止了。工匠将自己的意识一分为二,并且意识知道它是它自己意识的形态和对象,它与自然的直接形态的无意识状态的混合得到净化,转变为一个精神性的形态——一个回复到自身的外在现象,一个出于自身并表达了自身的内在本质——思想自己产生自己,保持着与思想相符合的形态,并且是明晰的存在。如此,精神就是艺术家。

二、艺术宗教

精神将自己意识的对象的形态提高到意识自身的形态,并且为自己制造了这样一个形态——工匠放弃了综合性的行为,即放弃了把思想和自然两种不同性质的形态混合在一起的工作。当这一形态具有自我意识的活动形态时,工匠就是精神的工人。如果有人接下来问,在艺术的宗教里能意识到自己绝对本质的现实精神是什么，那回答则是它是伦理的或真实的精神。

这个精神是一个自由的民族，在其中习俗和秩序构成了一切的实体，它的实在和本质,每个人和一切人都知道是它们自己的意志和行为。然而,当伦理精神的宗教将它提高到超过它的现实的实现,即返回到自身的纯粹知识时,那么伦理形式就成为了纯粹的形式,个体就摆脱了它的特定存在和固定规定,于是它的领域内的个体就表现为与实体——持久存在——相分离,精神变成了把自己理解为本质的自我意识。

在这样一个时代,绝对形式的艺术便出现了。这种艺术劳作从实际存在里走出来,沉入于特定存在之中,它并不以一个伦理秩序的自由生活中为实体,因此关于自我操作的艺术也就没有自由的精神活动。稍后,精神超出了艺术,它不仅是从自我中产生出来的实体,而且在它作为对象的表现里就是这个真正的自我;它不仅从它自己的概念里产生出自我,而且使它的真实概念作为它的形式,这样概念和艺术创造的作品就可以相互认识到彼此是同一的东西。这种个人形式就是这样一种黑夜,在其中主体曾被背叛,它使自身成为主体。出自于自我的纯粹确定性的这个黑夜,伦理精神作为从自然和精神自己的直接存在里摆脱出来的形态就兴起了。

精神从它的有形体上的形态中跳出来而进入纯粹概念,它的存在就是一个个体。于是,精神就选择这个个体作为它表达痛苦的工具,作为它的普遍者和它的力量。个体遭受精神的支配,它的自我意识便失去了自由。但是,这种属于普遍者的积极力量会被作为否定的力量个体的纯粹自我所克服。这个纯粹活动,意识到自身的不可剥夺的力量,便与那还没有取得具体形态的本质作斗争，进而成为这些本质的主人。这种同一性作为一个作品出现，即个体化了的和表象出来的普遍精神。

(一)抽象的艺术品

最初的艺术作品，因为是直接的，就是抽象的和个别的。就它本身而言，它必须脱离这种直接的和对象性的阶段而趋向于自我意识。同时，在另一方面，自我意识本身企图在崇拜的仪式里消除它自身最初提出来与它自身精神相对立的差别，并借此以产生出自身充满了生命的艺术品。

1.神像

在最初的方式里，艺术的精神使它的对象性形态与它能动的意识相互远离，它的形态只是一般存在的东西。这种直接的艺术品分裂为个别性和普遍性两个方面，个别性拥有自己的形态，普遍性则是自我形态的无机存在，是自我的环境和住所。通过把全体提高到纯概念，普遍性的形态赢得了它的属于精神的纯形式。在这里，思想的活动还只是一个模仿，精神还是一种概念，那居住在内的神乃是从动物锁套抽取出来的、被意识之光所照射的黑石头，神的形态本身去掉了动物存在的自然条件的缺陷，并暗示着有机生命的内部结构融合进那形式的外表，并仅仅附属于这个外表。

但是，神的本质存在是自然的和自我意识精神的普遍存在的统一体，并且两者是一种对立存在，同时神的形态开始是一个个别的形态，它的存在是自然的一个因素。自然因素是返回到精神的因素，是被思想照亮了的，与自我意识的生命相结合的自然，它们自由存在着并彼此分离。自然因素只有作为普遍的本质才是必然的，因此这种自然形态必然要在统一体内进行一段混乱的斗争，消除无穷的、不安息的个体化，达到一种安静的个体性，即变成拥有自我意识的民族的清晰的伦理精神。

也就是说，艺术家在进行创作的过程中，必须抛弃自己的特殊性，并剥离自己的内容本质，提高到纯粹行为的抽象时，它才能给予作品以完善性。如果艺术家不抛弃自己的特殊性，以一个特定的个体性实现他的作品。在这种直接的艺术创造中，他的作品和他的自我意识的活动的分离还没有得到结合，亦即行为的规定和事物的规定，返回到它们所出发的统一体还没有成为事实。因此，艺术家并没有产生出一个和他等同的东西，艺术作品就它本身而言并不是真正有生命的东西。

无疑，艺术家从他的作品中获得的是这样一种意识，即一批赞赏的群众把他的作品尊崇为能够体现他们本质的一种精神。但是，由于艺术家知道自身与艺术品并不同一，所以艺术品带给他的感受只是一般的喜悦，他在其中感受不到他塑造和创作的艰苦，也感受不到他劳作的努力和紧张。无论群众再怎么评价这作品，或者把它作为祭品和献礼，或者以任何他们喜欢的方式赋予它他们的意识——艺术家都知道比起他们的理解和讨论来，他的作品有着多么丰富的内容；如果他们虚心地欣赏这作品，并且在它里面认识到他们自己的本质，则他知道他是这个本质的创造者。

2.赞美歌

因此，艺术品需要别的因素来表达它的存在，神需要另外一种产生的方式，能够使它从它创造的黑夜的深邃出来，堕入对立面，进入外部性，达到一个无自我意识的物的规定中。这种较高的方式就是语言，语言是一种特定存在，亦即是一种具有直接自我意识的实际存在。语言作为表达神的形态的媒介就是自身具有生命的艺术品，就是在神的存在中直接具有纯粹的活动性，这活动性和那作为“物”而存在着的神相对立。换句话说，当自我意识的本质存在变成对象性的时候，就是直接地和自身相同一，就是纯粹思维或献身，它的内在性同时在赞美歌中得到具体表现。

赞美歌区别于神的另一种语言，在统一体中它既坚持它的纯粹内在性，也保持了个别意识的为他存在和自为存在，它不是普遍的自我意识的语言。艺术宗教以及前此各种宗教的神谕都是神的必然的最初的语言，神不仅具有自然存在而且具有精神存在，这一环节仅仅包含在神的概念中还没有在宗教里实现出来，这种语言对宗教的自我意识而言就是一种异己的自我意识的语言，是纯全普遍的自为存在。从这样一种普遍的规定性里分离出去的自我只不过是一个个别的自我，因此语言说出来的只是关于本质的简单和普遍的命题，这些命题的内容实质就其简单的真理性而言，是崇高的，但由于这个普遍性，对进一步发展的自我意识而言又显得渺小了。

那进一步发展的自我，前进到自为存在形式的东方宗教克服了实体的纯粹情调，克服了光明之神的对象性，并且知道那普遍真理的简单性乃是自在地存在着的东西，知道它们本身是已经被认知的、自在存在的真理，因此它们的语言将不再是异己的、偶然的，也就是说不再是非普遍的自我意识的语言，而是它的真正自己的言说，而精神在这种语言里所获得的是真正具有自我意识的特定存在，就是我们前面所考察过的艺术品。

这种艺术品和表现为物的形式的雕像相对立。雕像是静止状态中的存在，另一种艺术品则是暂时状态中的存在。在雕像的对象性得到表现，没有一个它自己的自我或主体的直接的显现；而后者的对象性则被过多地和自我或主体联系，不能完全达到形象化的表现，而且就像时间一样，当它刚到那里时立刻就不在那里。

3.崇拜

崇拜包含着两方面：一是自我意识的纯粹感觉因素中运动的神的具

体体现,另一个是在事物性因素中静止的神的形象方面。这两方面在运动中彼此放弃各自拥有的不同特征,并使两者的同一性——概念——变成一个存在着的事实。在这里,崇拜中自我使得它自身意识到神圣本质从其彼岸性下降到它自身,进而使从前是非现实性、对象性的神获得了自我意识所特有的现实性。

崇拜这一概念已经本质上包含并呈现在赞美歌的动听韵律的流动中。那些赞美歌是自我通过自身并在自身之内得到直接纯粹的满足的方式,这种崇拜是被净化了的灵魂。但是,由于灵魂是还没有把自己的对象从本身区别开的那种意识,是抽象的,因此这种崇拜只是一种秘密进行的行动,也就是说,仅仅是在观念中完成的活动,是非现实的。崇拜要想成为现实,必定需要是一个现实的行动。

真正的意识通过行动才能把自身提高到纯粹自我意识层次上,本质在这种意识里具有一个自由对象的意义,它是在纯粹意识里具有纯粹、在现实性彼岸具有本质的意义。通过现实性的崇拜,对象返回自身,而自我意识则在本质上表现其自身为现实的自然。因此,宗教崇拜的行动本身就始于在它的纯粹意识里的本质或神面前放弃自己的某种特有物,把自己的行为归给普遍物或反射给本质而不是自己。然而,在这个自我放弃过程中,那存在着的本质也就消失了。

在崇拜仪式中,被牺牲的动物就是神的象征,被供奉给神的果实就是活着的谷物之神和酒神。神圣实体的牺牲,就它是行动的而言,属于自我意识的一方面。这种秘密的行动之所以可能,必定是由于本质已经潜在地牺牲了自身,并以牺牲的自我来代替绝对本质直接的现实性。然而,这种扬弃本质以及个别性的否定力量,同时也是肯定的现实性,将自身本质的对象性的存在转化为自我意识的存在,而自我也就意识到了它和本质的统一。因此，那献出供品的人在最初的牺牲物品里为自己保留了最大份额,并从中挑选最有用的东西供自己享受,我们被这种所谓的牺牲行为欺骗了。

至于其他的,这种崇拜的确是一种现实的行为,虽然它的意义大部分只包含在默祷里。那属于默祷的东西还没有对象性地被产生出来,所以崇拜仪式要进一步弥补这种缺陷。首先,它要给予默祷一种对象性的持存,形同修建庙宇一样。因为崇拜是一个共同的任务,或者是每个人要做的个别性任务。修建庙宇,一方面取消了雕像的外部对象性,因为通过献出自己的祭品和劳作,劳动者使得神对他有好感,被看作依附于神的;另一方面,这个崇拜行为也不是艺术家个别的劳作,特殊性被消融进普遍性中了。

但是,这里出现的不仅是神的崇高,神的赞许和恩典也不只是从观念或想象里偿还给劳动者的。神的庙宇是为了人所享用的,保存在那里的财宝在需要时也是属于人的,在艺术装饰中神所享有的光荣就是富于艺术天才和宏伟气概的民族的崇高和光荣。在节日的庆典中人们装点他们自己的住宅和服装,正如装饰神的庙宇一样,人民通过这种方式从对于神的献礼中获得了神的好感和报答。在那里,一个民族通过为神劳作而与神结合,并在献礼过程中直接享受到了民族自己的财富和装饰。

(二)有生命的艺术品

一个通过艺术宗教的崇拜去接近神的民族是一个伦理的民族,且意识到国家和国家的行动是自身的意志和成就时,众多个别自我的普遍本质和个别自我会消失于国家的统治力量中。于是,这种简单的无具体形态的本质的宗教崇拜主要只是这个意义:他们是他们所信奉的神的人民。神只能保证人们获得一般的持久存在和简单实体，但并不为他们争取他们现实的自我，这一点甚至被拒绝。因为人们只是把神当作空洞的高深莫测的东西，而不是神的精神来崇拜。

在宗教的崇拜仪式，与自我本质直接结合为一的本质自在地就是精神和认知着的真理，具有自我在自身内，崇拜没有了之前那种抽象的高深性，因而意识不仅获得了它的持久存在的一般保证，而且在本质上获得了它自身的自觉的存在。同时，这一本质并不在一个实在性没有自我的民族中存在，而是体现在自我被认为活跃在实体内的民族。因此，通过崇拜的仪式，在神或本质中得到满足的自我意识摆脱出来，而那进入了自我意识的神也像是进入了它栖息的场所。

在这里，实体从直观中、从被扬弃的对象性中返回来，包含特定存在和现实性在自身内；本质经历了它的自我实现的运动，从纯粹本质变成自然的对象性力量和这个力量的表现，它成为为他物、为自我存在的东西，并且被他物和自我所扬弃，成为无本质的自然。在这个阶段，被适时地准备和消化的自然提供它自己作为有自我的生命的材料。当被利用作食物和饮料时，它达到了它最高的完善性。因为在那里它是一种更高级存在的可能性，并且接近到精神的存在了。

神秘的东西不再是秘密或莫名其妙的东西，而是包含着知道自己是与本质为一的自我，因此，本质中也就显露出来了。只有自我才能揭露自己，或者显现的东西只在自我的直接确定性中显现，在这样的确定性中简单本质就被崇拜建立起来了。这个本质作为有用的东西不仅是能看见、嗅到、尝到的实际存在，也是欲望的对象，并且通过被享用与自我合而为一，在那里本质被完全揭露给这个自我，并且显明。这样，通过崇拜启示给自我意识的精神自身内的东西，就是简单的本质。

不过，这种绝对精神还不是作为精神本身的绝对精神，只是直接的、自然的精神，它的自我意识还只是表现在面包与酒、谷神与酒神等神秘事物的崇拜中，而不是表现在其他的、较高的神灵的什么之中，这些较高神灵的个体性包含着自我意识本身作为主要环节。所以，精神作为具有自我意识着的精神还没有把自己奉献给简单本质，这样一种崇拜是人们以他自己的崇敬所举行的庆祝仪式，还没有赋予宗教崇拜以绝对本质的意义，还不是精神——还不是一种本质上采取人的形式的存在。不过，这种崇拜仪式为这种精神提供了基础，并个别地展开它的环节。所以，我们在这里获得本质有生命的、形象的，又体现为抽象的环节，正如前面我们在无意识的狂热信仰中获得两个环节的统一一样。

自我意识和精神本质已经实现了统一，但是仍然缺乏应得的平衡。在酒神崇拜的狂欢热情里，自我是自身之外的；在美的有形体的体现里，精神的本质是外在于自身的。前者的蒙昧意识以及狂热的模糊语言必须吸取后者的明晰存在；而后者清晰但无精神的形象，也要吸收前者情感性的内在性。完善的因素，在其中内在性同样是外在的，正如外在性是内在的，仍然是语言。这里的语言，乃是得到了清晰的和普遍的内容和意义的语言。它的内容之所以是清晰的，是因为工匠已经从前一种实体性狂欢热情里超拔出来把自己创造成明晰的形象，这形象是他特有的存在，被自觉的灵魂所浸透，并且是他的同时代人的特定存在；它的内容之所以是普遍的，是因为在这个作为人的光荣的崇拜仪式上，那些只包含一个民族精神、只体现神的一种特定性格的雕像的片面性消失了。在这种外在化自身为完全具体形体的过程中，精神抛弃了自身内的本质之特殊的表达，它的民族所意识到的不再是它的特殊性,而是人的特定存在的普遍性。

(三)精神的艺术作品

如果那些意识到它们的本质体现在某些特殊动物形象中的民族神灵结合到一起,则会组成一个富有艺术性的万神殿,而构成万神殿的要素和处所的便是语言。对民族精神加以纯粹直观,看到的是普遍人性,当民族精神被实现时,这种普遍人性就取得了一种形式:一个民族精神由于自然或自然条件而与其他民族联合起来,从事于一个共同的事业,并为了这个事业而建立一个集体的民族。

但是,精神在它的特定存在中所达到的这种普遍性,仅仅是才开始从伦理生活的个体性出发,还没有克服它的直接性,还没有将这些分散民族形成国家的初级的普遍性。一个现实民族精神的伦理生活,一方面依靠个人对民族的信赖,另一方面依靠所有的人,不论其阶级差异,都参加到政府的决定和行为中。并且,所有的人的出发点都是为一个共同的行动,而不是建立一个永久性的秩序。这个最初的生活共同体是诸个体性的集合,而不是受抽象思想的支配和控制,抽象思想会剥夺个体参加全体意志和行为的自由。

1.史诗

诸民族精神的集合构成了一系列的形态,它包含着整个伦理世界以及整个自然。这两个世界服从一个最高本质的命令,而不是服从它们自身,因为它们是具有自我意识的本质本身,以其所作所为的两个普遍的实体。实体的自我意识是它们运动的力量,至少构成联系的中心,并似乎仅仅以一种偶然的方式把所有它们各自完成的工作结合起来。但是,神圣本质返回到自身意识时,就已经包含着自我意识形成那些神圣力量的中心,并在两个世界之友好、外在的联系形势下潜藏着它们的本质统一。

这个内容所具有的同一个普遍性，也必然依附于这个内容在其中显现的意识形式。这种意识形式虽然还没有提高到概念的层次，但却已经提高到了理念的层次，它是自我意识的存在和外部存在的综合联结。这些被呈现的理念存在于其中的因素，即语言，即最早的语言，这就是史诗。史诗虽说还不是以思想的普遍性作为它所表现的内容，但是它包含着普遍的内容，至少是世界的完全性。在这里，史诗的普遍性亦即诸神的世界，通过特殊性的中间项与个别性——游吟诗人——联结起来，这个中间项就是民族中的英雄。他们像游吟诗人一样是个体的人，但只是理想性地表现出来，并且在那里同时又是普遍的，就像普遍性的自由的那一端——诸神。

这样一来，在这种史诗里，那潜在地出现在崇拜中的东西、神与人的关系就作为一个整体显示在意识面前了，其内容是一个具有自我意识本质的行为。这行为打乱了实体的平静，将本质简单的同一性分割为几个部分，并展开出各种自然力量和伦理力量的世界，进而使它们在自我意识的行动中获得新生。这种普遍活动的行为具有两个方面：一是自我的一面，即为许多现实的民族的全体和以各民族中出类拔萃的人物为代表完成的部分；一是普遍性的一面，就是为各民族实体性力量所完成的部分。对于世界的评判都是以这种个别与普遍的综合为依据的，并且具有同一性的行为会被不合理地分割开，这一方的行为会不必要地被归给另一方。

各种普遍的力量具有了个体性的形式，这些力量就具有行动的原则，因此，神灵和人们所做的是同样的事情。那些神圣的力量进行活动时表现的严肃性是可笑而多余的，因为神圣的力量是行动着的个人的推动力量。而个人的紧张和劳作也同样是无用的努力，因为神圣的力量命令和操纵着一切事物。那些紧张努力、注定要死的凡人算不上什么，但同时是坚强有力的自我，能够制伏普遍的本质、冒犯的神灵，并且使神灵获得现实性并有所作为。那些无力的神灵、普遍性依靠人的献赠得以生存并通过人才有事可做，但它们是自然的本质，是一切行动的伦理素材。如果它们的原始本性通过个体性的自由自我才能获得实在和有效运转的话，那么这也是它们获得普遍性的情形，在这里它们摆脱了现实生活的纠缠，使自身不受限制和约束，并且通过它的统一体的高度伸缩性消除了个别行动及其各种形态的孤立，从而使一切个别的东西归于统一。

除了和对立着的个别的自我发生矛盾之外，普遍性的神灵还与它们自身特有的规定以及这种规定与他物的关系发生矛盾。但是，这种特殊的神灵与他物对立的关系，却是它们的永恒本质之可笑的自我遗忘。因为它们所拥有的规定性根植于神圣的持存中，这些神灵活动的目的和活动本身既然是针对他物而发，从而也针对一个不可战胜的神圣力量而发，注定是既没有成效也没有结果的自身确信的游戏。但是，如果诸神灵本性的规定性或否定因素只是表现为它们活动的不一贯，并表现为目的和结果之间的矛盾，并且如果那独立的自身确信超过规定性的话，那否定性的纯粹力量就会反对它们的本性，并且这种否定力量神灵最终必须服从，而且绝不可能超越。它们对那些注定要死的人的个别自我来说是普遍的肯定的东西，必死的凡人是不可能反抗这种力量的。但是，普遍的自我作为空虚的、非概念的必然性，盘旋在它们（诸神）之上——在这个完整内容所属的整个世界之上。它们只能面对这个无自我的、悲哀的意外事件，因为这些纯粹形式没有特定的本性。

然而，这种必然性是概念的统一体，个别环节的矛盾着的实体性是受此概念支配和控制的，它们不一贯和偶然性的行为会在其中得到有序的调整，使游戏性的行为具有概念的严肃性和价值。那表象世界零散的内容在被自我所分开的中间环节中进行其运动，围绕着某一英雄个体周围，使这个英雄感到自己的生命力量被破坏，并为自己即将的死亡而悲哀。因为那固定和现实的个体性是被隔离和排斥的那端，并且被分裂为两个还未彼此发现并联合起来的环节。其中一个个别的环节是抽象的非真实的环节，是还没有参加到中介性生活的必然性，而另一个环节，即那具体真实的个别环节，游吟诗人、歌唱者也置身于它之外，也没有参加到中介性的生活里，并消失在他表象的表演之中。这两个极端必须向内容靠近，一方面表象的内容必须用内容充实自身，另一方面游吟诗人的语言必须参加到表象内容里面，而那前面一直独立自存的内容则必须在其自身中保持着否定否定的东西的确定性和固定性。

2.悲剧

这种较高的语言即悲剧，就把本质世界中分裂了和分散了的环节更紧密地结合起来。神圣东西的实体按照概念的本性将自己分化成各个形态，这些形态的运动与概念是相一致的。就形式来看，由于悲剧语言进入了内容，它不再是史诗式的想象的叙述。英雄是自己的代言人，而悲剧表演的听众、观众都是有自我意识的人，他们知道自己权利和意志的规定性，还知道如何亲自去言说控制着他们的“情感”，而且是普遍的个体化的“情感”。这些悲剧中的英雄人物是现实的人，这些人扮演英雄正如人们用双手塑造雕像一样主要。而且，从艺术的观点来看，演员不是一个可以抽掉的外在条件，否则这艺术将不再包含真正的固有的自我。

这些从概念中产生出来的形态的运动基于共同的基础，即那最初表象式的语言和它的无自我性的，互不相关联的内容的意识。那由年长者组成的合唱队中用语言所表达的智慧是普通民众的智慧，普通人民便以这种软弱无力的合唱队为代表。由于普通人民本身只构成与他们相对立的政府的个体性之传统和被动的材料，缺乏否定和反对的力量，所以不能保持神圣生活的完善性，结果它把每一个个别环节当初为独立的神，合唱的颂歌时而是这个神时而又是另外一个。

当普通人民察觉到概念的严肃性，并觉察到他们所歌颂的神灵在概念所支配的地方陷入不好下场时，这时普通人民就保持自身在否定力量之无自我性的思想里、关于异己的命运的意识里，并产生要求宁静的空洞希望和寻求安抚的软弱无效的谈话。但是由于对实体较高力量的恐惧，对相互斗争的恐惧和对必然性的简单自我的恐惧，又由于对与自己相同的活生生的人的怜悯，普通人民会意识到无用的恐惧和无希望的怜悯，然后是听命于必然性安排的平静。这种必然性的作用既不被认为是人物性格的必然行动，也不被认为是绝对本质在自身之内的行动。

在这个旁观的意识，亦即合唱队漠不关心的表象或表演基础上，精神在概念的简单的一分为二的分割中出现，精神实体分裂为它的两个极端的力量。英雄，作为普遍本质的同时也是有自我意识的个体性，将他们的意识投入到这两种力量中的一个，并在那里找到了性格的规定性，并使得他们发挥作用。这个普遍的个体化要下降为特殊存在本身的直接现实性，作为一段佚事被表现在观众面前，观众们在合唱中发现了他们的反影，或者也可以说是他们自己的思想在其中得到了表达。在这里作为自身对象的精神的内容和运动已经被认为是伦理实体的本性和实现，而精神在它的宗教形式中把自身以较纯粹的形式和较简单的形态呈现在意识面前。

如果伦理实体按照它的概念和内容分裂为两个力量，那么这两种力量就是神的规律和人的规律，阴间的规律和上界的规律，一者支配家庭，另一者支配国家主权，前者带有女性的标记，后者是男性的标记。那么，前此各派神灵就归属于这两种力量了，而这些力量将更接近真正的个体性。因为前此整体分散为方面的、抽象的力量，是主体自身中的各环节，因此个体性只是实体的表现形式。相反，比刚才提到的各种性格人物更进一步的差别，就被估计为偶然的和自在外在的人格。

如果伦理实体按照本质性或者知道与否一分为二，那当精神作为意识行动时就和它的行为所指向的对象对立，对象就是认知主体的否定物。这个主体在知道和不知道的对立中发现了自己，从自己的性格中知道它的目的和伦理事实，但是受它性格限定，它只知道实体的一种力量，对另一种则毫无觉察。因此，现存的实在一方面是自在的，另一方面是为意识而存在的。在这个联结里，上界和下界的法则就意味着知道并把自身揭示给意识的力量，也是隐蔽着潜伏着的力量。

但是，由于能知的意识设定自身的确定性和对象对立，伦理实体的正义坚持现实性本身在于绝对法则对立中是微不足道的，因为它发现它的知识是片面的，它的法则只是它自己性格的法则，并且仅仅是把握了实体中的一个力量。不过，行为自身就是一种能够转化的过程，把它知道的东西转变为它的对立面，转变为对象性的存在，把性格和知识上的正义转化为相反的客观的正义，即于伦理实体本质相联系的正义，即转化为体现另一个被激起敌意的力量和性格的“复仇女神”、那种较低的正义与宙斯一起坐上王位，并且与启示的能知的神享受同等的尊重和敬意。

合唱队的神灵世界被行动着的个体性限制在这三个超自然的存在

中,而伦理实体则在现实中分化为两种不同性格的人物,知与无知的区别落在两个现实的自我意识上,其表象各自获得了自己的特殊形式:一个是启示的神的形式,另一个是使自身保持隐藏的复仇女神的形式。一方面两者都享有同等的荣耀,另一方面那被实体设定的形式,宙斯,是两者相互关系的必然性。实体是这样的关系:知识是自为的,但它的真理表现在简单的语言;现实的意识通过它并在它里面存在的差别,它的基础在于毁灭着它的内在本质;对确定性的确信在遗忘一切区别中得到证实。

意识通过行动揭开了这一对立,但是内容和意识这两种相互对立力量的真理性是这样的:两者都正确,但在由行动所产生的它们的对立中,两者都错误。两种力量和两个有自我意识的人物相互毁灭,结果是,实体力量的实在与行为消失,各种力量的个体性消失,善与恶抽象思想的消失,全体在自身内静止,达到无运动的统一、家庭和政府静止的存在,阿波罗和复仇女神同等光荣,完全简单地返回到宙斯。天堂的神灵越来越少,个体性和神圣本质的无思想的混合越来越少,这种混合使得神圣本质的行为看起来好像某种不连贯的、偶然的、无自我尊严的东西,而且神圣本质自身的诸化身以及它的实体的诸性格也都融合在一起成为无意识的简单性。这种必然性具有作为所有显现出的形态的否定性力量的特性,它是一种不能认识自身的力量,反而在其中毁灭了自己。

悲剧中的主人公的自我意识必须从这些混乱的面具中显露出来,并且表明自身知道它自己既是合唱队的神灵的命运,又是诸多绝对力量本身的命运,并且不再与合唱队、普遍意识相分离。

3.喜剧

那样,喜剧首先就把现实自我意识表述为神灵的命运。原始的神灵是普遍的环节，不是自我，也不是现实的。现实的自我没有将这种抽象的环节作为它的实体和内容，而是给神灵赋予了个体性的形式，这样神灵——抽象的普遍本质——就戴上了个别特质的假面具，并且在现实的自我中被揭露。正当普遍本质想要做出某种神圣正大的事情时，它却被发现被束缚在一个具体的实在之上，并摘掉了假面具。作为现实的东西脱离了这种外观和伪装，显示其意义的自我，这使得它显得与特有的自我、演员以及观众没有差异。

当这种体现在个体形态中的本质性解体时，如果它的内容越是严肃，越是具有必然性的意义的话，那么这种解体现象就越富有辛辣的讽刺意味。神圣的实体在自身内包含着自然和伦理的本质意义。就自然因素而言，当现实的自我意识在利用自然因素装饰自己、修建住所等时，表明它已经知道了自然的秘密，知道了它自然的独立自在性以及它们内在本质归自己所有，并且在喜剧中它也意识到这种意义所包含的讽刺性。这个意义就伦理实在本质而言，一方面自然事物的本质是国家或人民与个人家庭两方面的民族，另一方面它是具有自我意识的纯粹知识或普遍者的理性思维。人民知道自己是国家的统治者，也知道自己的理智和见解应该受到尊重，于是忘乎所以地对国家施加压力，看不见自身现实特殊性的局限，因而就表现出他们的必然性和偶然性、他们的普遍性与卑鄙性的可笑对照和矛盾。如果个体性以一个现实特有形式出现，公然地篡夺并管理着国家，将更加直接地暴露理论的普遍体与其相关实践之间的差异，显示出纯粹个别性的目的摆脱普遍秩序而获得的完全解放和纯粹的个别性对于普遍秩序的嘲笑。

于是，理性的思维将各种各样的伦理规则、法律和义务与权利的等观念以有效性和权威性予以确认，这样神圣本质性被表象赋予的偶然的规定性和肤浅的个体性就消失了，就提高到了美与善的简单思想。而对于这些抽象的简单思想，人们可以用任何内容去填补。因此，美与善的纯粹思想就展示出一出滑稽的戏剧——它们变成了个人意见和任何偶然个体性的任性的玩物。

在这里，那些没有意识的、持存于单纯的静止和忘记之中的、与自我意识分离的命运就和自我意识相结合了。个体自我在喜剧里是一种否定性力量，在这种力量的支配下，诸神灵以及它们特定存在着的自然和关于自然的诸规定的思想，亦即它们的环节，就消失了。而个别的自我虽然也会消失，但它不是单纯消失的空虚，而是把自身保存在这个虚无之中，坚持自身并且是唯一的现实性。

艺术的宗教在个别的自我里完成自身，并且完善地返回到自身。因为个别的意识自身表现为绝对力量的自我确定性，这个绝对力量就丧失了其为与一般意识相分离、相疏远的想象的东西的形式。而且，这里所达到的统一不是崇拜和神秘仪式无意识的统一，而是与扮演的角色相一致的演员的真正自我，他即表演者自己。有了这种自身确信，一切陌生和异己的东西不再可怕并会丧失其独立存在，而且这种确信是意识的一种健康状态和自安于意识的状态，这在这种喜剧之外的任何地方都找不到。

三、天启宗教

经过艺术宗教，精神从实体形式进展到主体形式。由于艺术宗教产生出精神形态并确定其行动或者自我意识，而自我意识只是消失在可怕的实体里，在对神的简单信赖里它不能理解自身，这种神圣本质之人形化的内在本质、能动性都会落在它的外面。

然而，在崇拜仪式中，这两个方面合而为一了。个体意识完全回到自身确信的精神里，一切外在的本质性都消失不见了，自我就是绝对的本质。在这种自我意识里，没有任何具有本质形式的东西能与精神对立，精神包含着那种对立的意识也就消失了。

(一)天启宗教的前提

自我就是绝对本质，这个命题很明显是属于非宗教的、现实的精神。这一命题所具有的精神状态，我们有必要回忆一下。这个形式包含着命题及其颠倒的运动，把自我降低为谓词和把实体提升为主词的运动。这个过程必须这样理解，即颠倒的命题就其本身或对于我们，并不是自在的。实体变成主体，并非因为精神意识的返回，而是通过自我意识本身的颠倒成为事实。自我意识有意识地放弃了自己，所以它就会在它的外在化中保持自身，同时也就具有了实体的意识，保持原有的我。就两个命题来看，第一个命题中主体只是消失在实体性中，在第二个命题中实体仅仅是一个谓词，主体和实体相反地以不同等的价值呈现在对方中，所导致的结果就是两种本性联合与渗透。在这种同等价值的联合与渗透中，双方是本质性的，也只是环节。因此，精神既把自身当作自己的对象性的意识，又同样是一种保持在自身之内的简单的自我意识。

艺术宗教属于伦理精神，在前面我们曾看到过这种精神消失在法权状态中，也就是这样一个命题：自我本身、抽象的个人就是绝对本质。在伦理生活中，自我沉浸在民族精神中，是被充实内容的普遍性。但是当简单的个别性从这个内容脱离出来时，它的意识就把这种个别化化为个人、抽象普遍性的权力，伦理精神的实在性就丧失了，并给予个别的自我以自在自为的存在。但是这个自我是空虚的,无内容的,这种意识仅在自身内是本质,仅具有它自身的思想,所以它是非现实的东西。独立的思维经过怀疑意识的运动,便发现了它的真理性在被称为苦恼意识的形态里。

在自身确信中,苦恼意识是丧失了实体和自我主体的意识,与之相反,喜剧则是实体的完全外在化。因此,在法权状态下伦理世界和伦理世界的宗教形态消失在喜剧的情绪中,而苦恼意识正是整个这种丧失的知识。神喻变成了哑巴,对神灵的外部律法的信赖也同样沉默了,被竖立的雕像变成了石头的尸体,同时歌颂的赞美歌也变成了所有信仰都已丢掉的空话,那敬神的桌子是被剥夺了精神性的事物,在游戏和节庆中人们不再获得与神圣本质相统一的令人愉悦的意义……面对这些没有了生命和精神的事物,我们所能做的不是进入它们的真正生活,而是在我们自身中观念地或描绘式地表现它们,而精神乃是在它们以外表现出来的在我们内心中的回忆——它是悲剧命运的精神,这命运把个体的神灵和实体的属性集合为一个万神殿,聚集成自己意识到自己的精神的精神。

精神产生的一切条件都具备了,这些条件的全体构成了精神的发展、概念或自在自为的出现。艺术创造各个阶段所形成的圆圈,包含了绝对实体外在化自身的各个形式,是自我意识精神的集合体。而那些个人和权利的世界、脱离了内容的掠夺粗野意识、斯多葛主义的抽象思维的个人和怀疑主义意识则构成诸形态的圆圈的外围,它们祈望着拥挤到那逐渐取得自我意识的精神的周围吸取新的生命,不过浸透着苦恼的不幸绝望的自我意识是它们的中心,也是精神赖以出现的共同的分娩——这个精神是一个简单纯粹的概念,它包含着作为它的诸环节的那些形式。

(二)绝对宗教的简单内容:上帝化身的现实性

在这里,精神包含两个方面的内容,像上面表现为两个相反命题所表明的那样:一个是实体外在化自身而变成自我意识,另一个则是自我意识外在化自身而成为事物性或普遍的自我。这两个方面相互遇合时,它们真正的联合就发生了。现实性或自我意识和作为潜在性的实体精神,互相过渡,互相外在化,每一方变成了另一方,它们是精神的两个环节,精神以作为它们的统一而有其存在。因此,我们可以说,精神有一个现实的母亲,但是却有一个潜在的父亲。

就自我意识仅仅片面地理解它自己的外在化而言,虽然它的对象对它来说既是存在又是自我,而且它知道一切存在本质上都是精神的东西,然而真正的精神却还没有成为它的对象。因为实体本身没有从它那一方面出发同样地外在化它自身而成为自我意识,所谓的精神只是自我意识的看法罢了。这样,精神仅仅有了一个假想的或虚构的存在,这种想象即狂诞情绪。这种精神的意义是假借来的,只不过是阴深的黑夜和意识的特有的狂热扭曲,不能赢得信仰和尊敬。

客观东西的这个意义如果不是单纯的想象和幻想,它就一定是固有的和本质的,也就是说,首先对意识来说它必须是从概念发生并且以必然性方式而出现的。因此,自己的精神就发生了,它是通过直接意识的知识或对存在着的对象及其必然性运动的意识的认知而出现的。其次,由于它通过存在或直接性所依据的概念的必然性而具有自我意识,这就和直接的实体或客观存在的必然性、主观思维的实体或必然性的知识有差别。同时,由于概念的简单统一性本身就是直接的存在,这一差别就在概念之中。

概念既是自身外在化的东西或被直观到的必然性之向主观转化,同样也是在必然性内即在自身内知道并把握这必然性。那采取自我意识形态的精神的自在存在不是别的东西，正是现实世界精神达到了这种关于自身的知识。因此，这种知识也首次进入它的意识，并作为真理而进入它。至于这情况如何发生，已经阐述过了。

绝对精神已经自在自觉地采取了自我意识的形态，精神作为一个自我意识亦即作为一个现实的人存在在那了。现在看来，精神已经成为直接确信的对象了，是存在在事实之中、被看到、被感觉到和被听到的神圣性了。这样一来，神圣性就不再是想象或幻想了，于是意识不再从它的内心、思想出发，并自在地把神的思维与存在结合起来，而是从直接当前的存在出发，并在其中认识到神。

这种神圣本质直接地和本质地具有自我意识的形态，是绝对宗教的简单内容。在这里，神圣本质被认为是精神。绝对宗教就是神圣本质对自己的意识，意识到自己就是精神。因为精神是对自己的异己状态的自己的知识：精神是这个存在，这个存在是在它的异己者那里与自身保持统一的本质。然而，这个本质就是实体，这是因为实体在它的偶然性里也同样返回到它自身，因此好像发现自己处在一些异己的因素里，而实际上它存在于自身内，亦即实体就是主体或自我。就这样，宗教形式中的神圣本质就被显示出来了。它的被显示意味着它的本质是被知道了，但是它的被知道正由于它是作为精神、主要地作为自我意识这样的本质而被知道的。

在和意识的关系中，对象是作为自我而存在的，意识在对象中直接认识到自己，并认识到对象与自身是不可分离的统一体、直接的普遍体。因此，意识直接地返回自身并存在于自身内，自我是真正地和唯一地被启示的东西，所有这些普遍的因素都是以主体为中心点。按照这种概念，意识被启示出来的就是精神的真实形态、真正本质和实体。精神作为自我意识而被知道，并且是直接启示给自我意识的，神的本性与人的本性是同一的，现在直观到的就是这个同一性，这个存在拥有纯粹思维和绝对本质的意义。这看似是意识的永恒简单性下降到较低地位了，实则是它第一次达到了它的最高本质。因为纯粹思维是绝对的抽象，并且由于它的简单性，又是直接的东西，所谓的感性意识就出现了。因此，最低的东西也就是最高的东西，完全出现在表面上的启示正是最深入的实在。而被看见、听见的至高本质，作为一个存在着的自我意识，事实上这就是它的概念的顶点与完成，并且通过这个完成那最高本质直接地存在于它的特性中了。

这个直接的存在同时并不仅仅是简单直接的意识，同时也是宗教。我们在这一概念里所意识到的，即认为存在为最高本质就是宗教意识所意识到的东西，存在和本质与作为直接特定存在的思维的统一，是宗教意识直接的知识，因此神就被启示了。神作为自在的精神存在在那，只有在纯粹玄思的知识中才能达到，并且它就是这种知识本身。而这种玄思知识是被启示的宗教所完成的知识。这种知识认识到神是思维或纯粹本质，也知道这种思维是现实存在，并且是一个真实的特定存在，并且存在是自我的否定性，从而是自我、一个个别的自我和一个普遍的自我。它就是启示宗教所知道的自我。

这个知道自身是精神的直接概念，必须在同样的直接性范围内展示和阐明概念。更确切地说，精神在自我意识的直接性中是一个个别的自我意识，它被设立为与普遍自我意识相对立的对象，这个他物还不知道精神是它自己的精神，换句话说，精神所呈现的形式还不是作为概念——普遍自我——的形式。但是，它又是现实性的普遍性、个别自我的总体和特定存在之提高为表象。因此，这一个个别的人就是绝对本质的启示，就是直接当前存在的神，但其本身仅仅是一个直接性的意识，还不知道它自身即精神。在那个被知道作为绝对本质的直接存在的消逝里，直接意识取得它的否定环节，精神仍然是现实性的直接的自我，不过已是作为宗教社团的普遍的自我意识，这普遍的自为是它自己固有的实体的主体，对这个社团而言它就是个别主体的完善的主体。

然而，这种直接性方式只是肤浅地被列入普遍性思维的要素内，虽然被表象构成着的规定性精神意识到了它自己是在这个宗教社团中的，但是还没有达到作为概念的精神的自我意识。在存在与思维的这种联结中，出现了一个缺陷，即精神本质在此岸和彼岸世界上还沾染有不可调和的形式。内容是真实的内容，但是它的所有环节只是表现为完全独立的外在的互相联系的各个方面。

我们必须按照内容存在于意识的那种方式，来考察这个内容。绝对精神是内容，所以体现这内容的形式是真理。但是，这个真理不仅仅包含它是宗教团体的实体或内在实在，也不仅仅包含从内在性上升为表象对象性，而是在于它变成现实的自我，自己返回自己，并成为一个主体。这就是精神在它的宗教团体中实现的过程，这就是它的生活。可见，精神的追溯是建立在概念解释的本能基础上的。

(三)绝对宗教概念的发展

精神最初是它的纯粹意识的内容，思维这个因素是它由普遍性下降到特定存在或者个别性的过程。在这两者之间的中间项就是它们的联结，是过渡到他者的意识，是表象的过程本身。第三个阶段是从表象和他者的回返，换句话说，它是自我意识自身的因素。这三个环节构成了精神的生命，精神的实现就在于在它的每个环节亦即要素中展开它自己本能的运动，并且就这些圆圈在自身中完成自身而言，向自身的返回同时就是向它的存在的另一个圆圈的过渡。而表象构成纯思维和自我意识本身之间的中项，散布在所有这些环节里并且是它们的唯一的共同特性。

精神，最初被表象为纯粹思维环节中的实体，是永恒的本质存在，简单的自我同一，是绝对精神的意义。然而，精神并不是意义，也不是内在的本质，而是现实的东西，停留在简单本质的表象和名词。不过，又由于简单本质存在是抽象，它本身就是否定性的东西，也就是说它是与自身的绝对区别或自己纯粹转化为他物。因此，作为本质的存在，它仅仅是自在的或为我们存在的，但是这个形式的纯粹性正是抽象性或否定性，它就是自为的对象性，是自我、是概念，必然要被表述为一个事实，这样永恒的本质就为自己产生了一个他物，但它可以通过他物返回自身，实现自身同一。

这样，精神就可以区分为三个环节：本质的存在；自为的存在，亦即本质上是他物或对方，为实体本质的对象；在他物中的自我存在或自我认识。本质只在它的自为存在中——对象性的他物中——直观到自身，这种外在化只是在自身内发生，那把自己从本质排斥开的自为存在即本质对它自己的知识。这样，被设定的差异一经作出时就直接被消除了，并且真理和实在正是这种回到自身的圆圈式运动。这个运动表明了绝对本质就是精神，如果没有被理解为精神，绝对本质就仅仅是抽象的虚空，这些环节就是不安息的概念，它们只有在对方中才是它们真正的自身，并且只有在全体中才能得到安息。

与之相反，宗教团体的表象性思维没有这种必然性，并且它并不是概念的形式，而是把父与子的自然关系带进纯粹意识的领域内。当它这样进行表象认识时，绝对本质诚然被启示给它了，但是本质的诸环节由于外在的综合的表象性思维，一方面分离开来彼此各不相干，以至于它们不能通过它们自己的固有概念彼此发生联系;另一方面,表象活动不能深入到对象,只是外在地与对象相联系。对象是由一个异在的东西被启示给表象的,在这种精神的思维中它认识不到自己的自我,认识不到纯粹自我意识的本性,便把自身内容同形式一起予以排除,仅仅保持和保存着纯粹外在的东西。结果,信仰变成一个缺乏知识内容的死东西,内在本质也就消失了,因为内在本质知道自己作为概念的概念。

当绝对精神被表象为纯粹本质时,它实际上不是抽象的纯粹本质存在,而是精神生活的一个环节,一个组成因素。不过,在这一因素里精神的表述过程本身具有本质作为本质所具有的缺点,即纯粹、抽象的本质与它的自为存在是纯粹思维之简单直接的关系,它的概念中即包含着它的异在、他物或反面,本身必定要过渡到真正表象的因素。在这个表象因素里,纯粹概念的环节各自取得一个彼此对立的实质性存在,而且还是主体,这些主体彼此脱离而以对立的状态返回自身。这样,仅仅抽象的精神将会变成自身的一个他物,这种为他物的存在同时就是一个世界。精神, 在作为为他物的存在的角色中,是那些前面被附着在纯粹思维上环节的静止的持续存在,从而也就是它们的简单普遍性的消除和它们向它们自己特性的分散。

然而,既然精神本质地是简单的自我,这个自我就同样在那里客观地存在着,它是拥有意识并把自身同作为他者、作为世界的自身相区别的个别的自我。这样,这个个别的自我就被首次确立,由于它还没有意识到自己是精神,也没有作为精神而存在,我们可以称之为天真的,不是严格地叫做善的。为了在事实上成为自我和精神,它必须成为自身的他物,并且深入到自身,由于这种深入会在自身引起自身的不同一,亦即它不是纯粹的知识,而是包含有他物的思想,所以恶就成为自身深入的第一个特定存在了，意识从而就是善与恶的自我对立的存在，善与恶的相互关系就建立起来了。只要它们不和解、对立不消除，它们就被表象为思想的本质，这正是思想所具有的确定的区别。

不过，善与恶的这些普遍力量仍然属于自我，或者自我就是它们的现实性。根据这一点就可以得出这样的看法，恶作为精神的特殊自然存在之深入自身，相反善便进入了现实实在，并表现为一个特定存在着的自我意识。在纯粹思维的精神里只是一般地被暗示为神圣本质异在的东西，在这里对于表象来说便更接近于它的实现。这个对立的解除并不是通过被表象为彼此分离、各自对立的双方斗争而发生，而正是由于它们的独立，每一方必须内在地通过自己的概念，在自身之内溶解自身。

如果这种和解被概念地表达，就应该说它在于这个事实，即恶内在地与善的本质是同一的，或者绝对本质在它的全部内容里与本性是同一的。当然也必须说，它们不是相同的，而是绝对有差别的，以构成对方的否定性。它们的真理性就在于它们彼此扬弃差别的运动，这种运动的同一性，或者说其中差别作为扬弃了的环节的这种同一性，对表象意识而言，就是上面所提到过的和解了。而且，由于这种同一性，思维的运动已经通过表象返回到自我意识，返回到它的概念了。于是，那属于表象思维领域的东西，即作为个别的或特殊的绝对精神，就在这里被转化为普遍的、现实的自我意识本身，转化为在它的特定存在中保持自身的知识。

于是，这样精神就成为知道它的自我的精神。它知道自身，知道精神之对象的东西就是存在，或者换句话说，精神的表象是真实的、绝对的内容。精神之所以是现实的精神，正因为它经历过它的本性的运动过程。即在这个运动里，绝对对立的东西认识到自己是与对立面统一的东西，并且这种知识是打破两个极端之间的对立而达到的一致。那获得神圣本质的这种启示的宗教意识直观到精神的这一概念，并且扬弃了它自身和它所直观到的对象之间的区别。因为它是主体，这样它也是实体，并且正因为或者只由于它是这种辩证运动，所以它本身就是精神。

然而，宗教团体还没有在它的自我意识里得到完成。因为，它像纯粹思维本身一样没有意识到自身的性质，自己不以自己为对象，或者自己没有发展为对自我的清晰意识。不过，就它是意识而言，它具有曾被考察的那些表象。我们看到，自我意识在它最后的转折点，有着自身内在化的过程，并且达到在自身内存在的知识；我们看到，自我意识放弃了它的自然存在，而达到纯粹的否定性，又因为这种纯粹性和否定性而变成自身同一的本质。换句话说，实体在这里达到绝对的自我意识。

而在虔诚的意识看来，这绝对的自我意识却是一个外在的他物。换句话说，它并没有意识到，纯粹自我的这个深邃性是这样一种否定性的力量，由于这种力量的作用，抽象的本质从它的抽象性被引开，而借助这种纯粹虔诚的力量而上升到自我的水平。因此，自我的行动就对出现本质保持着一种否定的意义，因为在实体方面的自身的放弃对自我来说是某种内在的东西，而自我也同样没有把握和理解到它，或者还没有在自己行为本身中找到这实体或本质。由于这种本质和自我的统一知识内在地得到了实现，所以意识对于它同本质的和解的观念还停留在表象阶段，它自身的意识还是一分为二的，并且它的现实性也是破碎的，还不具备精神实在的形式和形态。换言之，那宗教团体的精神在它的直接意识中，还没有成为绝对的自为存在。

第八章　绝对知识

一、确知自己是存在的“自我”的简单内容

天启宗教的精神还没有克服它的精神的意识本身，或者说它的现实的自我意识还不是它所意识到的对象。它的精神本身以及相区别的诸环节只是表象范围，并具有对象性的形式。这种表象的内容就是绝对精神，还须进一步扬弃这种单纯的形式，更确切地说是对象的自我扬弃。对象的自我扬弃对于自我意识有着肯定意义，一方面对象的否定或它的自我存在取消后，自我意识会外在化自身将自身确立为对象，建立它自为存在的实在；另一方面，在这个过程中还有另外一个环节，即自我意识又同时扬弃了这种外在化和对象性，并使它们返回到自身之中，它在它的异在本身里就是在它自身的。这就是意识的辩证运动，而意识在这个运动中就是它的各个环节的总体。意义必须同样按照对象的各个规定对待对方，并且按照全体规定中的每一规定去把握对象，也就是把个别的对象理解为自我，这样对象才能本质上或自在地成为精神性的东西。

对象一方面是直接的存在或事物一般，是相应于直接的意识；一方面是自身向对方的转化，并因意识的规定而有了规定性，这相应于知觉；一方面是本质的存在或普遍形式的东西，这相应于知性。对象作为全体乃是由普遍通过规定到个别性的运动，相反地个别性是通过扬弃个别性或者

特殊规定到普遍的运动，这三个方面规定了意识必须认识对象就是自身。由于这种知识的获得只在它的发展中，真正的概念或纯粹知识的诸环节则呈现出意识诸形态的形式，因此现存于意识中对象还没有显示出精神本质，是与自我意识漠不相关的存在。我们曾经看到过，观察的理性就是在这种漠不相关的事物中寻找和发现它自己，意识到自己的活动是一外在于自己的活动，同时意识到对象仅仅是一个直接的对象。我们也看到，观察的理性在它的最高阶段曾把它的规定表述在这样的无限判断中：我的存在是一事物。而且，进一步讲，自我是一种感性的直接事物，它仅仅表现为看不见、摸不着等意义上的事物，也就是说，事实上它不是直接的实体，是没有精神的东西。

事实上，事物并不是自在的东西，它只有通过自我以及它与自我的关系才有意义，比如有教养的自我意识，即被训练和培养的自我意识。有教养的自我意识经历了自我异化中的精神的领域，通过外在化产生了作为它自身的事物，因而在事物中保持着自身，并且知道事物本质上是自为存在的。这样，感性确定性就被宣称为绝对真理，自为存在的事物则被当作一个消逝着的环节，并且过渡到它的反面，即过渡到听其对方支配的为他存在的环节。但是，事物的知识到此还没有完成，我们不仅要按照存在的直接性和按照规定性来认识事物，而且还要把事物作为本质和内在的东西，作为自我来认识。

以上这些就是构成精神与其真正意识相和解的诸环节。就其自身而言，这些环节是单个的和独立的，但最后它们必然是这个统一体本身，并且这个统一体是把一切环节都结合在自身内的。它不再以别的东西来确信自己的精神，而是把这种关于自我的知识作为它的存在的要素，精神宣称它的所作所为都符合义务的信念。因此，意识与自我意识的这种和解被表明是以一种双重的方式产生的：一方面是在宗教的精神中，另一方面是在意识自我本身之中。它们之间的彼此区别在于，前者是自在存在形式中的和解，后者是自为存在形式中的和解，那些各自分离的环节实现结合，进而结束了精神的诸形态的系列。

然而，在宗教中，表象向自我意识的返回中，这种结合还不具有本来的形式，因为宗教一方面是自在的，自在又与自我意识相对立。因此，这种统一属于另外的方面，即是返回自身，从而它就是包含着它的自我和它的对立面的方面，并且还是自为的或已发展了的和有差别的形式。因为这种概念保持自身与它的实现化相对立，它就是片面的形态，但是它会积极地放弃自身并向前发展。通过这种实现化，概念与其充实内容相对立的规定性就被扬弃了，概念的自我意识获得了普遍性的形式，获得实现的概念——概念在它的真理之中，也就是在与它的外在化的统一体中。

这个概念一方面在行动着的自身确定的精神中，一方面在宗教中实现自我的完成。在后者中，它以绝对内容作为内容，对意识来说是异己形式的内容。而在前一种形式中，形式恰恰就是自我，因为形式包含了行动着的确信自身的精神，自我完成了绝对精神的生命。这种形式是简单的概念，不过其概念放弃了永恒本质，开始了对象性存在，或者行动。由于这种纯粹性是抽象性和否定性，简单概念分裂为二或表现于外，纯粹知识既是本质又是存在和特定存在，而前者是否定的思维，后者是肯定的思维。最后，特定存在返回自身的存在或恶的状态。在这种概念的对立中，本质的纯粹知识就这个分裂变成自为的过程而言，它是恶；就它是自在存在而言，它是持续的善。

现在，那最初自在发生的东西，同时也是为意识而发生的东西具有了两重性，即既是为意识的又是意识的自为存在或行动，并且每一方都为另一方抛弃自己与他相反的独立性。对立双方的一方是自身内存在，亦即在它的个别性存在对普遍性的不等同性；另一方面是在自身内存在的抽象的普遍性对自我的不等同性。前一方扬弃自为存在，并且外在化自己，承认自己的局限性；后一方放弃了它的抽象普遍性的坚硬性，从而消灭了它的无生命的自我和普遍性。通过这种行动的过程，精神作为知识的纯粹的普遍性亦即自我意识，作为自我意识亦即知识的简单的统一体出现了。

在这里，在宗教中曾经是内容的东西或者是表象他物的一种形式的东西，就是自我自己的行动，其概念就是知道自我在自身中的行动是一切本质性和一切特定存在的知识，就是关于这个主体就是实体以及关于实体就是它的行动的知识的知识。我们所做的仅是把特殊的环节集合到一起，每一个环节原则上都展现着整个精神的生命，概念的内容被揭露在这些环节中并且它已经以意识的形态显现出了自身。

二、科学即对自我自身的概念式的理解

精神的这个最后形态就是绝对知识。绝对知识是在精神形态中认识着自己的精神，是概念式的知识。真理在这里不仅自在地等同于确定性，而且也具有自我确定性的形态，知道它在自身知识的形式中。由于本质性的概念是特定存在，是对于意识具有对象性的东西的形式。在这种特定存在中显现在意识面前的精神，就是科学。这种知识的本性、诸环节和过程就表明了，知识是自我意识纯粹的自为存在。

关于这个特定存在，直到精神达到关于自身意识的阶段之前，科学并不会出现在时间中和现实中。凡是在那里存在着的东西，就是一般意象意识的对象。既然认识是精神的意识，而在这种意识看来，只有那在意识看来，自在存在的实体是为自我的存在，是自我的存在，或者是概念而言时，它才是存在的。基于这个理由，知识开始仅仅拥有一个贫乏的对象，相反实体和这个实体的意识在内容上就更丰富些，最初属于自我意识的只是有关实体的各个抽象的环节，并且自我意识发展越丰富，实体就会越被设立并稳固内容。因此，在知道自身作为概念的概念之中，各环节先于实现了的整体而出现，这些关节的运动就是整体出现的过程。反之，在意识中，整体——但不是作为被概念地理解的整体——是先于各环节出现的。

很明显，时间在那里存在着并作为空洞直观的形式呈现给意识的概念。因此，精神必然表现在时间之中，而且只要它没有把握它的纯粹概念，或者说没有把时间扬弃掉，它就表现在时间中。时间是外在的、被直观的、没有被自我所把握的纯粹自我，仅仅是直观认识的概念。当这个概念把握自身时，它便扬弃了它的时间性，就对直观作了概念性理解，并且是被概念所理解和正理解着的直观。因此，时间是精作为资深尚未完成的精神的命运和必然性而出现的，这种必然性使自我意识在意识里面具有的那一部分丰富起来，让精神使得内在本性，亦即实体在意识中具有的形式运动起来。

基于这个理由可以说，没有什么被认识的东西不是在经验中的。因为经验正在于此，它的内容即精神自在地就是实体，也是意识的对象。作为精神的这个实体，就是它变成它自在地是那个东西的过程，而且只有完成了对象性的表现、作为自己返回自身的变化过程或是实体变成自我或主体的过程，精神才是真正意义上的精神。而在这之前，若精神没有自在地完成自己，把自身完成为一个世界精神，它不可能作为具有自我意识的精神而达到它的完成的。因此，宗教的内容，在时间中比科学更早地表达了精神是什么，但是科学本身才是精神关于它自身的真知识。

推动精神关于自己的知识的形式向前开展的运动，就是精神所完成的作为现实的历史的工作。最初的宗教社团对绝对精神实体而言是一种粗糙的意识，这种意识的内在精神越深刻，它所拥有的特定存在就越粗糙和野蛮，自我在处理它的本质、它的异在于自身的意识的内容时就要承担越艰难的工作。直到意识放弃以一种外在的即异己的方式扬弃异己的希望，它才得在现实的存在中返回到自身，返回到它自己的特殊世界，进而发现存在着的世界就是它自己的财产，并因此迈出了从理念的可知世界下降的第一步。

通过观察，意识一方面发现了特定存在并对其有了概念性的理解，反过来它在自己的思维中发现了特定存在。当意识这样以一种抽象的方式表述思维与存在、抽象本质实在与自我的统一时，于是精神立刻从这个抽象的同一性、从这个无自我的实体性中畏缩后退，并坚持个体性以与实体性对立。但是，精神只有在教化中把个别性外在化，由此个别性使成为对象性存在并遍及整个存在，在绝对自由的领域中把存在理解为它的个别意志——在这些阶段之后，精神才把存在于它内心深处的思想显现出来，并以“自我等同于自我”这样的形式表述本质的实在。

“自我等同于自我”就是自身返回自身的过程，因为既然等同性作为绝对的否定性是绝对的差别，“我” 的自身等同就是这个纯粹的差别相对立，它——作为纯粹差异，同时对那知道自身的自我是对象性的差别——必然被表达为时间。自身返回自身，现在本质上该被理解为思维与时间的统一。但是，保留于自身的差异，不安静、不停顿的时间，事实上却陷入崩溃；时间是广延的对象性的景致；而广延则是与自我的纯粹同一性，即自我。或者说，自我并不仅仅是自我，而是自我与自身的同一性，这个主体就同样正是实体。但是，在认识的最初，实体就其自身而言是空虚而空洞的直观，其内容仅仅有一个偶然的特性而缺乏必然性，于是一切内容就其多样性而言必定会落在实体之外并被归于不属于实体的反思。

然而，精神已经向我们显示它不同于以上运动，它的自我是这种运动：自我外在化自己，并参加到实体中的自我运动中，而且作为主体它既从实体里出来而进入自身使它的实体成为对象和内容，又同时扬弃对象与内容的差别。由于特定存在以实体为其本质，又是自为地持存着，那被设定具有特定形式或规定性的概念就是概念本身的内在运动，即概念下降到简单实体的运动，实体则作为这个否定性和经历否定过程才是主体。此时，由于精神在扬弃自身的时保持着与自身的同一，并且把自在存在和自为存在之设定为环节，自我也不是完全扬弃各种差别，因此真正的知识好像并不活动，它只是观察那些有差别的东西是如何通过它自身中运动，又如何返回到它自己的同一的。

三、达到概念式理解的精神向着特定存在的直接性返回

就这样，精神在绝对知识中结束了它的具体化过程，达到了它的特定存在的纯粹因素，即概念。内容就其存在的自由而言，是自身外在化的自我或自我知识的直接统一。从内容方面来考察，我们会发现这种外在化自身的纯粹过程构成了内容的必然性。多样性的内容作为特定，不是自在的，而是在关系中扬弃它自身的否定性，在存在中直接就是自我。这种形式中的内容，就是一个概念。当精神达到概念时就展开了它的存在，它在

其生命的这种以太中发展的运动就是科学。

在科学中，精神运动的各个环节不再表现为各种特定的意识形态，而表现为各种特定的概念和这些概念的有机的、以自身为根据的运动。由于每个环节都具有概念的形式，概念是真理的对象性形式和认识着的自我的对象性形式的结合之同一体。而且，每一个别环节是摆脱了意识中的现象的形态的纯粹形态，即纯粹概念，纯粹概念的运动只是依赖于它的纯粹的规定性。一般来讲，科学的每一个抽象的环节总有一个表现着精神的形态跟它相对应，因此科学自身内就包含了纯粹概念抛弃其自身形式的必然性和由概念向意识过渡的必然性。这个从自我形式中释放自身的过程，就是最高的自由和它关于自我的知识的保证。

不过，这个外在化仍然是不完全的。外在化表现了自身确定性对于对象的关系，而对象正由于处在关系中是不自由的。知识不仅意识到自身，而且也知道自身的否定性，这意味着它需要牺牲自己。这种牺牲就是一种外在化形式，精神以自由的偶然的事件形式表现它成为精神的过程，把它的纯粹自我直观为外面的时间，把它的存在理解为空间。精神所进入的这个最后形式，自然界，就是它的活生生的直接发展过程。在自然界中，外在化的精神的存在，就是永恒地放弃了或外在化了它的持久存在和重建主体的运动。

精神变化过程中的另一面，历史就是在时间里外在化了的精神。不过，这种外在化也是对外在化自身的外在化，否定者是对自身的否定。因此，精神已消失的存在在这里被保存下来，而且是从知识中新产生的存在，是一个新的世界，并且是一个新的精神形态。在这里，精神必须从这种新的精神形态的直接性重新开始，并成长壮大起来。此前的运动作为回忆经验保存了下来，并且回忆是内在本质，事实上是实体的更高形式。因此，虽然精神的这个阶段又重新开始了它的形式上的发展，显得好像只是从自我出发，但是同时它是在一个更高的层次上开始的。

在实际存在中，这样发展起来的精神构成了一个前后相继的系列，精神为另一个精神所代替，并且每个精神都从之前的精神中接管了精神世界的王权。这个过程的目标就是对精神生活的奥秘的揭示，而这种奥秘就是绝对概念。因此这种启示就意味着扬弃它的“奥秘”，就是绝对概念的广延或空间的具体展现，就是这个在自身内存在着的“我”的否定性，而且这种启示也是绝对概念之时间上的体现，在其中，这种外在化在其自身内外在化自己，从而这个外在化存在于它的空间的广延中，也存在于它的“奥秘”或自我之中。

就这样，目标、绝对知识或知道自身为精神的精神，通过回忆它们自身是如何的和如何完成它们的王国的组织，在诸精神形式中发现了自己的道路。对那些成系列的精神或精神状态，以偶然性的形式显现出自由存在的方面来看，它们的保存就是历史；从被概念性地理解的组织方面来看，它们就是精神现象的知识的科学。两者结合起来，被概念性理解的历史就构成了绝对精神的回忆和墓地，也构成了它的王座的确定性、实在性和真理性。没有这个王座，精神就是没有生命的、孤独寂寞的，唯有从精神王国的圣餐杯里，它的无限性给它翻涌起泡沫。